高职汽车检测与维修专业资源库合作建设教材

U0648882

汽车发动机故障诊断与修复

Qiche Fadongji Guzhang Zhenduan yu Xiufu

中国交通教育研究会职业教育分会
汽车运用工程专业委员会　组织编写
上海景格科技股份有限公司　技术支持
　　　赵　宏　刘新宇　主　编
于晓喜　王　芳　孙广珍　副主编

人民交通出版社股份有限公司
China Communications Press Co.,Ltd.

内 容 提 要

　　本书为中国交通教育研究会职业教育分会汽车运用工程专业委员会组织编写的高职汽车检测与维修专业资源库合作建设项目配套教材,主要内容包括:发动机各系统认知、发动机各机械系统的故障诊断与修复、发动机总成装配与试验、发动机各电子控制系统的故障诊断与修复以及发动机综合故障诊断与修复。

　　本书可作为高等职业学校汽车检测类专业核心教材,也可作为汽车机电维修人员在职培训及自学指导用书。

图书在版编目(CIP)数据

汽车发动机故障诊断与修复/赵宏,刘新宇主编. —
北京:人民交通出版社股份有限公司,2017.1
高职汽车检测与维修专业资源库合作建设教材
ISBN 978-7-114-13253-7

Ⅰ.①汽…　Ⅱ.①赵…　②刘…　Ⅲ.①汽车—发动机
—故障诊断—高等职业教育—教材②汽车—发动机—故障
修复—高等职业教育—教材　Ⅳ.①U472.43

中国版本图书馆 CIP 数据核字(2016)第 185650 号

书　　　名:	汽车发动机故障诊断与修复
著 作 者:	赵　宏　刘新宇
责任编辑:	戴慧莉
出版发行:	人民交通出版社股份有限公司
地　　址:	(100011)北京市朝阳区安定门外外馆斜街 3 号
网　　址:	http://www.ccpress.com.cn
销售电话:	(010)59757973
总 经 销:	人民交通出版社股份有限公司发行部
经　　销:	各地新华书店
印　　刷:	北京市密东印刷有限公司
开　　本:	787×1092　1/16
印　　张:	15
字　　数:	335 千
版　　次:	2017 年 1 月　第 1 版
印　　次:	2017 年 1 月　第 1 次印刷
书　　号:	ISBN 978-7-114-13253-7
定　　价:	35.00 元

(有印刷、装订质量问题的图书由本公司负责调换)

前言
QIANYAN

2012 年《国家中长期教育改革和发展规划纲要(2010—2020 年)》的实施,为中国未来 10 年的教育改革和发展提供了明确的前进方向。《纲要》第三十二条提出:"适应经济社会发展和科技进步的要求,推进课程改革,加强教材建设,建立健全教材质量监管制度。"其中强调了教材建设要和课改相结合,要体现职业和职业教育发展趋势,满足学生职业生涯发展和适应社会经济发展的需要。

本套教材将理实一体化课程改革理念以任务驱动式教学模式呈现,以工作任务为课程设置与内容选择的参照点,以任务为单元组织内容,并以任务活动为主要学习方式的课程模式编写,满足高职汽车检测与维修专业的教学需求。同时,教材以中国交通教育研究会职业教育分会汽车运用工程专业委员会制订的汽车检测与维修技术人才培养方案和课程标准为依据,强调以就业为导向,以岗位需要和职业标准为依据,具有以下特点。

1. 学习任务工作化。以任务驱动为导向,按照实际工作任务、工作过程和工作情境设计教学内容。从岗位需求出发,实现以教学内容融合工作任务,通过实践任务操作来巩固学习过程,为学生提供体验完整工作过程的学习机会,改变了以往学科体系的系统教学框架结构。

2. 教学内容专业化。在中国交通教育研究会职业教育分会汽车运用工程专业委员会的指导下,组织课程专家设计、行业专家指导、一线技术专家和一线教学专家进行教材编写,保证了教材理念与内容的先进性。

3. 教材内容生动化。本套教材以"高职汽车检测与维修专业资源库"为支撑,资源库中含有内容丰富、数量巨大、知识全面的素材资源,教材与资源高度匹配,使教材更加形象化、情景化、动态化、生活化,可大幅提升教学效果。

本套教材是中国交通教育研究会职业教育分会汽车运用工程专业委员会、四川交通职业技术学院、广西交通职业技术学院、天津交通职业学院、广东交通职业技术学院、湖北交通职业技术学院、江西交通职业技术学院、陕西交通职业技术学院、北京交通运输职业学院(院校排名不分先后)及上海景格科技股份有限公司合作,在行业专家、教学专家的指导下共同开发的"高职汽车检测与维修专业资源库合作建设教材"。希望通过使用本套教材,使学生能够学到扎实的基础知识、练就娴熟的专业技能、具备实践操作经验,让学生决胜于职场,创造出一个美好的未来。

《汽车发动机故障诊断与修复》是本套教材中的一本,与传统同类教材相比,本书突出实用性、新颖性和操作性。教材编排图文并茂,通俗易懂,简明实用,由浅入深,便于学生学习。

本书的编写分工为:天津交通职业学院的赵宏编写了项目一～项目五,天津交通职业学院的孙广珍编写了项目六～项目八,天津交通职业学院的于晓喜编写了项目九,天津交通职业学院的王芳编写了项目十一、项目十三和项目十六,天津交通职业学院的刘新宇编写了项目十、项目十二、项目十四、项目十五和项目十七。全书由赵宏、刘新宇担任主编,由于晓喜、王芳、孙广珍担任副主编。

在本书的编写过程中,编者参阅了大量国内外文献与书籍,未能一一说明,在此,对文献及书籍的作者一并致以衷心感谢!

由于编者水平有限,加上时间仓促,书中疏漏与不妥之处在所难免,敬请有关专家和读者批评指正。

2016 年 6 月

目录
MULU

学习任务一　汽车发动机各系统认知

任务描述

修理工小王跟着师傅学习维修汽车已经快半年了,可是只学会了简单的汽车维护技能,而汽车修理技能提高得很慢。他经过分析后发现,主要是自己理论知识学习得不系统、不扎实。他也总结出一个结论,就是要想做好维修,必须要有坚实的理论基础。

学习目标

(1)了解发动机的分类;
(2)了解发动机各系统的组成、功用以及分类;
(3)认识发动机在整车上的位置和连接关系;
(4)认识发动机的基本组成;
(5)掌握发动机的基本工作原理;
(6)具备信息查询和手册使用的基本能力;
(7)能够按照企业5S要求和安全生产规范进行操作;
(8)能与同学密切合作,规范安全地完成学习活动;
(9)养成自主学习的习惯,培养规范操作的工作作风及环保意识。
建议学时:4学时。

知识准备

一、发动机的类型

按照不同的分类方法分类,可以把发动机分成不同的类型。

1.按照所用燃料分类

按照所使用燃料的不同,发动机可以分为汽油机(图1-1)和柴油机(图1-2)两大类。使用汽油为燃料的发动机称为汽油机;使用柴油为燃料的发动机称为柴油机。汽油机与柴油机相比较各有特点;汽油机转速高,质量轻,噪声小,起动容易,制造成本低;柴油机压缩比大,热效率高,经济性能和排放性能都比汽油机好。

图 1-1　汽油发动机

图 1-2　柴油发动机

2. 按照行程分类

发动机按照完成一个工作循环所需的行程数可分为四冲程发动机(图 1-3)和二冲程发动机(图 1-4)。曲轴转两圈(720°),活塞在汽缸内上下往复运动 4 个行程,完成一个工作循环的发动机称为四冲程发动机;而曲轴转一圈(360°),活塞在汽缸内上下往复运动两个行程,完成一个工作循环的发动机称为二冲程发动机。汽车发动机广泛使用四冲程发动机。

图 1-3　四冲程发动机

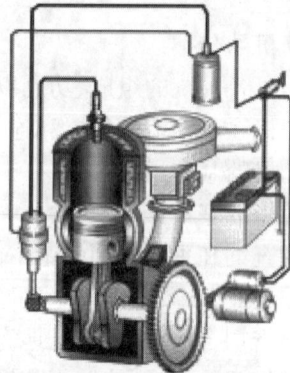

图 1-4　二冲程发动机

3. 按照冷却方式分类

按照冷却方式不同,发动机可以分为水冷发动机(图 1-5)和风冷发动机(图 1-6)。水冷发动机是利用在汽缸体和汽缸盖冷却水套中进行循环的冷却液作为冷却介质进行冷却的;而风冷发动机是利用流动于汽缸体与汽缸盖外表面散热片之间的空气作为冷却介质进行冷却的。水冷发动机冷却均匀,工作可靠,冷却效果好,被广泛地应用于现代车用发动机。

4. 按照汽缸数目分类

按照汽缸数目不同,发动机有单缸发动机(图 1-7)和多缸发动机(图 1-8)之分。仅有一个汽缸的发动机称为单缸发动机;有两个以上汽缸的发动机称为多缸发动机,如双缸、三缸、四缸、五缸、六缸、八缸、十二缸等都是多缸发动机。现代车用发动机多采用四缸、六缸、八缸发动机。

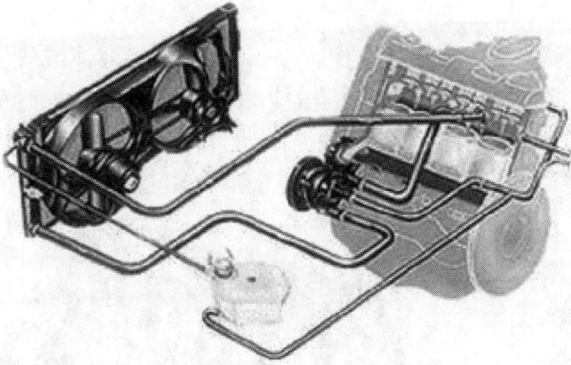

图 1-5　水冷式发动机

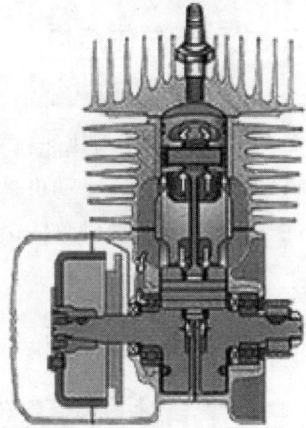

图 1-6　风冷式发动机

图 1-7　单缸发动机

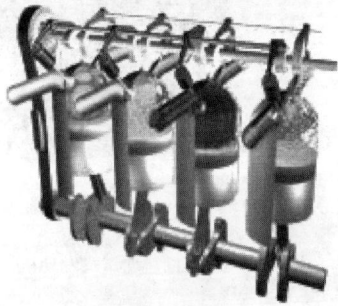

图 1-8　四缸发动机

5. 按照汽缸排列方式分类

按照汽缸排列方式不同,发动机可以分为直列式发动机和双列式发动机。直列式发动机(图 1-9)的各个汽缸排成一列,一般是垂直布置的,但为了降低高度,有时也把汽缸布置成倾斜的甚至水平的;双列式发动机把汽缸排成两列,两列之间的夹角小于 180°(一般为 90°)称为 V 形发动机(图 1-10),若两列之间的夹角为 180°称为对置式发动机(图 1-11)。

图 1-9　直列式发动机

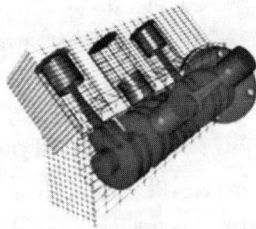

图 1-10　V 形发动机

图 1-11　对置式发动机

6. 按照进气系统是否采用增压方式分类

按照进气系统是否采用增压方式,发动机可以分为自然吸气(非增压)式发动机和强制进气(增压式)发动机(图 1-12)。汽油机常采用自然吸气式;柴油机为了提高功率有采用增压式的。

二、发动机总体结构

汽车发动机是将某一种形式的能量转换为机械能的机器。其功用是将液体或气体的化学能通过燃烧后转化为热能,再把热能通过膨胀转化为机械能并对外输出动力。汽车的动力来自发动机,可以说发动机是汽车的心脏,为汽车的行驶提供动力,关系到汽车的动力性、经济性、环保性。发动机总体结构如图1-13所示。

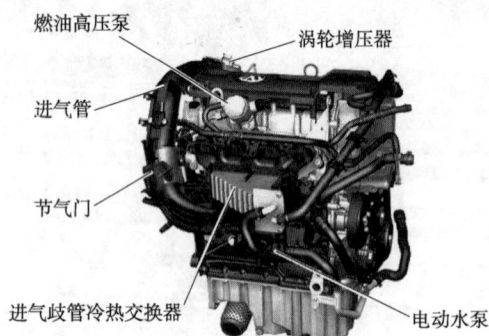

图 1-12　增压式发动机

图 1-13　发动机总体结构

发动机的所有结构都是为能量转换服务的,发动机伴随着汽车走过了一百多年的历史,无论是在设计、制造、工艺还是在性能、控制方面都有很大的提高,但其基本原理仍然没有改变。随着最新科技与发动机融为一体,已经把发动机变成一个复杂的机电一体化产品,使发动机性能达到近乎完善的程度。

发动机是由多个机构和系统组成的复杂机器。现代汽车发动机的结构形式很多,即使是同一类型的发动机,其具体结构也不尽相同,但不论哪种类型的发动机,其基本结构都是相似的。

汽油发动机简称汽油机,主要由"两大机构、五大系统"组成。"两大机构"指曲柄连杆机构和配气机构;"五大系统"指燃料供给系统、冷却系统、润滑系统、点火系统和起动系统。

1. 曲柄连杆机构

曲柄连杆机构主要由汽缸体、汽缸盖、活塞、连杆、曲轴和飞轮等机件组成(图1-14),它是发动机实现热能与机械能相互转换的核心机构。其功用是将燃料燃烧所放出的热能通过活塞、连杆、曲轴等零部件,转变成机械能,进而驱动汽车行驶。

2. 配气机构

配气机构主要由气门、气门弹簧、凸轮轴、挺柱、凸轮轴传动机构等零部件组成(图1-15)。其功用是根据发动机的工作需要,适时地打开进气通道或排气通道,以便使可燃混合气(燃料与空气的混合物)及时地进入汽缸,或使废气及时地从汽缸内排出;而在发动机不需要进气或排气时,则利用气门将进气通道或排气通道关闭,以便保持汽缸密封。

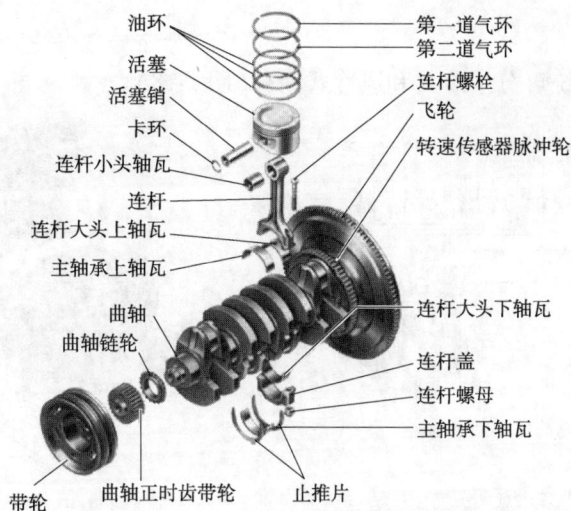

图 1-14　曲柄连杆机构

3. 燃料供给系统

电控燃油喷射式燃料供给系统由空气供给系统、燃油供给系统和电子控制系统组成(图 1-16)。其功用是根据发动机的工况(工作状况)的需要,配制出适应数量和浓度的可燃混合气并将其送入汽缸。

4. 点火系统

点火系统的功用是根据发动机的工作需要,及时地点燃汽缸内的混合气。其中包括供给低压电流的蓄电池和发电机、分电器、点火线圈、火花塞等(图 1-17)。

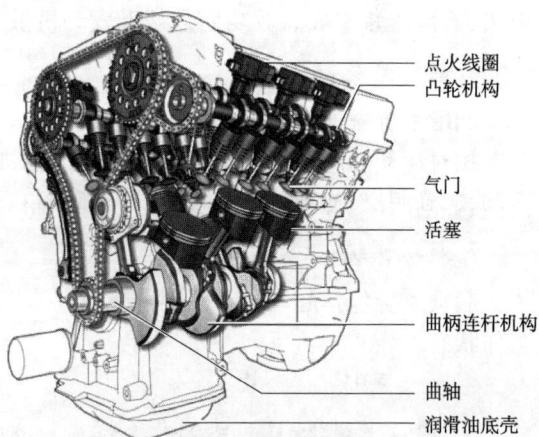

图 1-15　配气机构

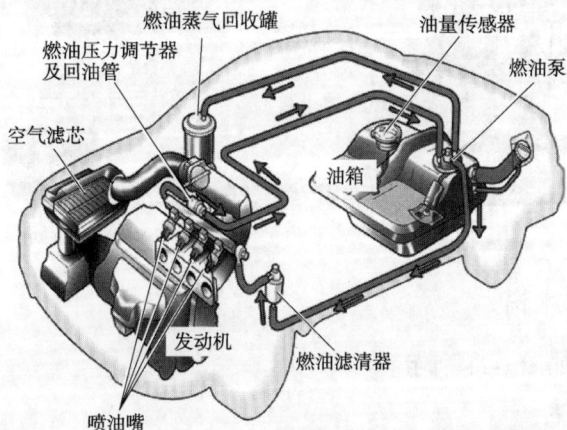

图 1-16　燃料供给系统

5. 冷却系统

发动机的冷却系统可分水冷式和风冷式两种（图1-18）。

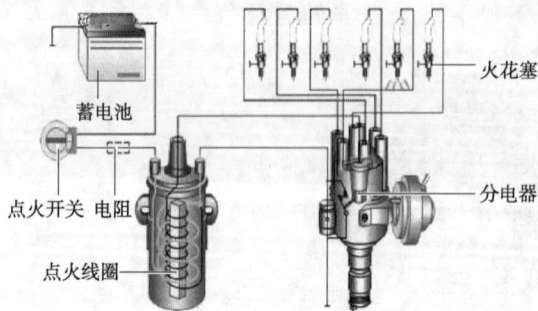

图1-17　点火系统

图1-18　冷却系统

水冷式冷却系统通常由水套、水泵、散热器、风扇、节温器等组成。风冷式冷却系统主要由风扇、散热片组成。其功用是帮助发动机散热，以保证发动机在最合适的温度下工作。

6. 润滑系统

润滑系统一般由机油泵、集滤器、限压阀、油道、机油滤清器等组成（图1-19）。其功用是向做相对运动的零件表面输送清洁的润滑油，以减小摩擦和磨损，并对摩擦表面进行清洗和冷却，起到润滑、冷却、洗涤、密封、防锈防腐和消除冲击负荷的作用。

7. 起动系统

起动系统包括起动机及其附属装置（图1-20），其功用是使发动机由静止状态进入正常工作状态。

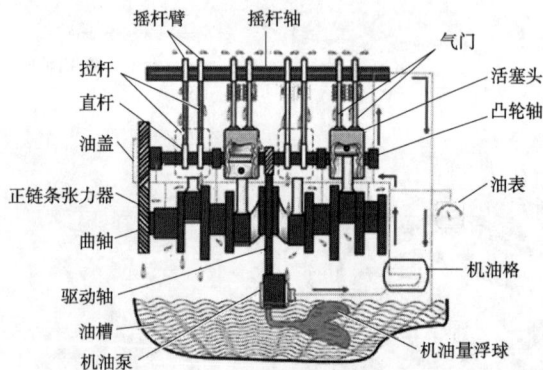

图1-19　润滑系统

图1-20　起动系统

三、发动机基本术语

发动机基本术语如图1-21所示。

1. 上止点、下止点

活塞顶部离曲轴回转中心最远的位置称为上止点；活塞顶部离曲轴回转中心最近的位置称为下止点。

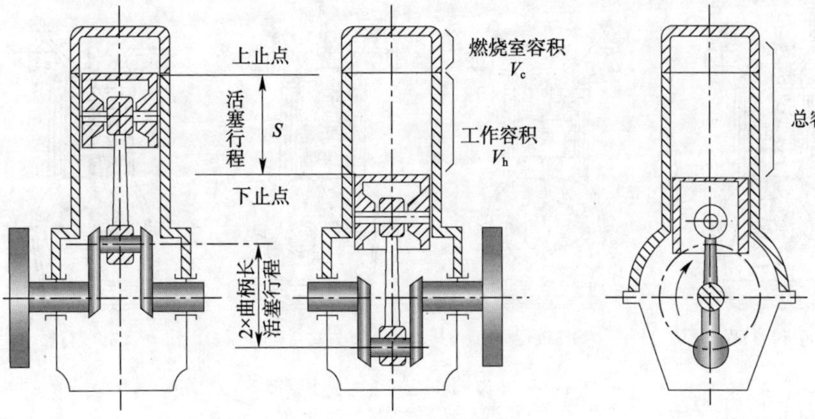

图 1-21　发动机基本术语

2. 活塞行程

活塞行程指上止点、下止点间的距离 S。曲轴的回转半径 R 称为曲柄半径,显然 $S = 2R$。曲轴每转一周,活塞移动两个行程。

3. 汽缸工作容积

汽缸工作容积指上、下止点间所包容的汽缸容积,用 V_h 表示,其单位是升(L)。

多缸发动机各缸工作容积的总和称为发动机工作容积(俗称发动机排量),用 V_L 表示。若发动机的汽缸数为 i,则 $V_L = iV_h$

4. 曲轴半径

曲轴与连杆下端的连接中心至曲轴中心的距离 R 称为曲柄半径。曲轴每回转一周,活塞移动两个活塞行程。对于汽缸中心线通过曲轴回转中心的发动机,$S = 2R$。

5. 燃烧室容积

燃烧室容积指活塞在上止点时,活塞顶部上方的容积,用 V_c 表示。

6. 汽缸总容积

汽缸总容积指活塞在下止点时,活塞顶部上方的整个空间,用 V_a 表示。汽缸总容积等于汽缸工作容积与燃烧室容积之和,即 $V_a = V_h + V_c$。

7. 压缩比

压缩比指汽缸总容积与燃烧室容积之比,用 ε 表示。它表示活塞由下止点运动到上止点时,汽缸内气体被压缩的程度。压缩比越大,则压缩终了时汽缸内气体的压力和温度就越高。汽油机的压缩比一般为 8 ~ 10,柴油机的压缩比一般为 16 ~ 22。

四、四冲程汽油机工作原理

四冲程汽油机每一个工作循环都有 4 个活塞行程,按其作用分别称为进气行程、压缩行程、做功行程和排气行程,如图 1-22 所示。

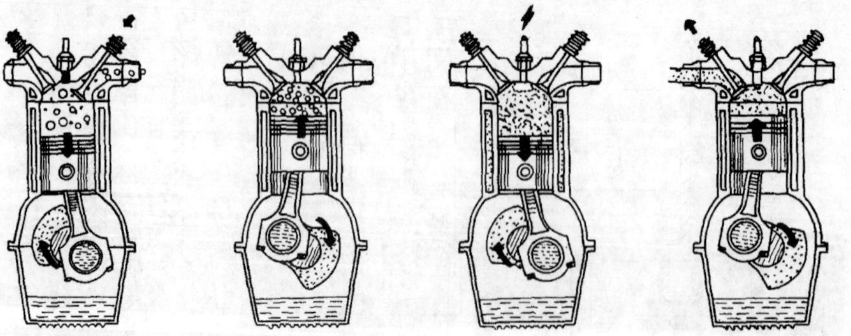

a)进行行程   b)压缩行程   c)做功行程   d)排气行程

图 1-22　单缸四冲程汽油机工作原理

1. 进气行程

在进气行程中,活塞由曲轴带动由上止点向下止点运行,此时排气门关闭,进气门开启。活塞由上止点向下止点运动过程中,汽缸内的容积逐渐增大,形成一定的真空度,可燃混合气通过进气门被吸入汽缸。当活塞到达下止点时,整个汽缸内充满了可燃混合气。

2. 压缩行程

进气行程结束时,活塞在曲轴的带动下开始由下止点向上止点运动,此时排气门仍处于关闭状态,而进气门开始逐渐关闭。随着活塞的向上运动,汽缸内的容积逐渐减小,由于进气门和排气门均处于关闭状态,进入汽缸内的混合气被压缩,其温度和压力升高,直到活塞到达上止点时压缩行程结束。

3. 做功行程

当活塞运动接近压缩行程上止点时,火花塞跳火点燃汽缸内的混合气,此时进气门和排气门均处于关闭状态,汽缸内气体的温度和压力同时升高,从而推动活塞从上止点向下止点运动,并通过连杆推动曲轴旋转输出机械能。

4. 排气行程

做功行程结束时,汽缸内的气体将活塞推至下止点,汽缸内的混合气也因燃烧变为废气。此时排气门打开,进气门仍处于关闭状态,活塞在曲轴的带动下从下止点向上止点运动,汽缸内的废气经排气门排出,直至活塞到达上止点时排气行程结束。

发动机工作时,需要连续不断地进行循环,在每个循环中都是依次完成进气、压缩、做功、排气 4 个行程。

操作指引

1. 组织方式

(1)场地设施:举升机一台,装有废气抽排系统和消防设施的场地。

(2)设备设施:发动机台架、整车一辆、发动机各总成。

(3)工量具:常用工具和量具等。

2. 操作要点

（1）穿戴干净整洁的工作服。

（2）遵守场地安全规定，注意用电安全。

（3）正确使用举升器。

（4）正确认知发动机各总成在发动机上的安装和连接关系。

（5）正确认知发动机各总成的组成零件名称。

任务实施

（1）认知发动机在整车上的位置和连接关系。

（2）了解发动机各系统在发动机上的位置。

（3）认知发动机各系统的主要组成部件、作用和简单工作原理。

任务小结

（1）按照不同的分类方法可以把发动机分成不同的类型。

①按照所用燃料分类：分为汽油机和柴油机。

②按照行程分类：分为四冲程发动机和二冲程发动机。

③ 按照冷却方式分类：分为水冷发动机和风冷发动机。

④按照汽缸数目分类：分为单缸发动机和多缸发动机。

⑤按照汽缸排列方式分类：分为直列式和双列式。

⑥按照进气系统是否采用增压方式分类：分为自然吸气（非增压）式发动机和强制进气（增压式）发动机。

（2）发动机总体结构主要由"两大机构、五大系统"组成。"两大机构"指曲柄连杆机构和配气机构；"五大系统"指燃料供给系统、冷却系统、润滑系统、点火系统和起动系统。

（3）发动机基本术语主要包括：上止点、下止点、活塞行程、汽缸工作容积、曲轴半径、燃烧室容积、汽缸总容积、压缩比等。

（4）发动机的工作原理：发动机的工作过程包括：进气行程、压缩行程、做功行程、排气行程。

学习任务二　汽缸体及汽缸盖故障诊断与修复

任务描述

车主李先生反映,最近汽车行驶无力,并且伴有发动机排气管冒白烟现象。维修人员怀疑是汽缸漏气并且有水进入汽缸造成的。

引起此故障的可能原因有:汽缸体或汽缸盖有裂纹,汽缸垫损坏;汽缸磨损过大等。现在需要对汽缸体及汽缸盖做进一步检测。

学习目标

(1)认识汽缸盖、汽缸体的组成、结构与功用;

(2)了解汽缸磨损的原因;

(3)能运用检测和诊断设备进行汽缸体和汽缸盖裂纹的检修;

(4)能运用检测和诊断设备进行汽缸体和汽缸盖平面变形的检修;

(5)能运用检测和诊断设备进行汽缸压力的测量;

(6)能运用检测和诊断设备进行汽缸磨损的检修;

(7)具备信息查询和手册使用的基本能力;

(8)能够按照企业 5S 要求和安全生产规范进行操作;

(9)能与同学密切合作,规范安全地完成学习活动;

(10)养成自主学习的习惯,培养规范操作的工作作风及环保意识。

建议学时:8 学时。

知识准备

一、汽缸体、汽缸盖结构

根据汽缸的排列形式,汽缸体有直列式、对置式和 V 形三种类型,如图 2-1 所示。直列式汽缸体的各个汽缸排成一列,一般是垂直布置;对置式汽缸体的汽缸通常排成两列,两列之间的夹角为 $180°$;V 形汽缸体的汽缸也排成两列,但两列之间的夹角 $\gamma < 180°$(一般为 $60°$

或90°)。对置式和V形汽缸体与汽缸数相同的直列汽缸体相比,高度降低,长度缩短,但宽度增大。

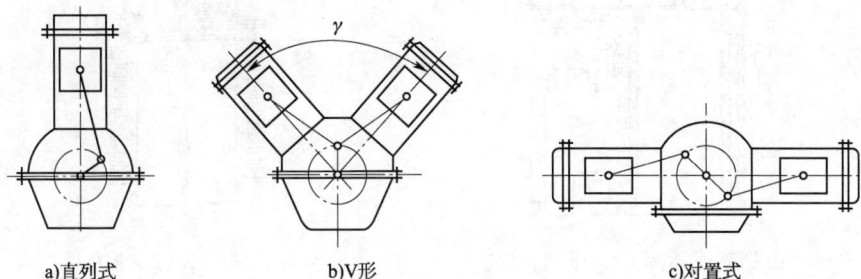

a)直列式　　b)V形　　c)对置式

图2-1　汽缸体结构形式

　　汽缸体下部包围着曲轴的部分称曲轴箱。为安装曲轴,在曲轴箱内加工有若干个同心的主轴承座孔。曲轴箱的主要功用是保护和安装曲轴,也可用于安装发动机附件。曲轴箱有三种结构形式,如图2-2所示。汽缸体下平面与曲轴中心线平齐的为平分式曲轴箱,此结构形式便于加工,多用于中小型发动机。汽缸体下平面位于曲轴中心线以下的为龙门式曲轴箱,此结构形式强度和刚度均比平分式大,但工艺性较差,多用于大中型发动机。隧道式曲轴箱的主轴承座孔为整体式,其强度和刚度最高,但工艺性差,只用于少数机械负荷较大、采用组合式曲轴的发动机。

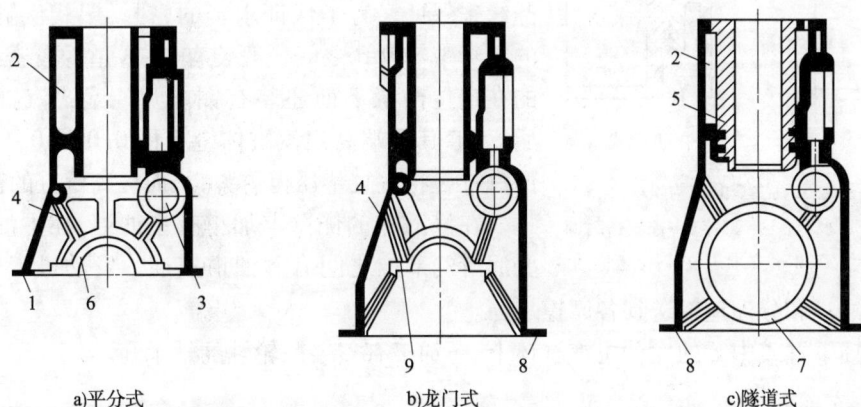

a)平分式　　b)龙门式　　c)隧道式

图2-2　曲轴箱的结构形式

1-汽缸体;2-水套;3-凸轮轴座孔;4-加强筋;5-湿式汽缸套;6-主轴承座;7-主轴承座孔;8-汽缸体安装平面;9-主轴承盖安装平面

　　汽缸盖与汽缸体接合平面上的凹坑是燃烧室的组成部分。

　　在汽缸盖上加工有气门座、气门导管孔、气道、摇臂轴安装座或凸轮轴安装座孔等。在缸心距较大、缸数较多的发动机上,为制造和维修方便,减小缸盖变形对汽缸密封性的影响,有些采用分开式汽缸盖,即一缸一盖、两缸一盖或三缸一盖。

　　为了保证发动机正常工作温度,在水冷式发动机的汽缸体和汽缸盖内设有充水空腔,称之为水套,如图2-3所示。汽缸体与汽缸盖内的水套是连通的。而风冷式发动机,在汽缸体与汽缸盖外面有散热片,以帮助散热,如图2-4所示。

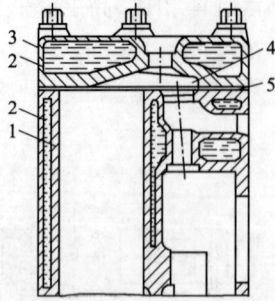

图 2-3 水冷式发动机水套
1-汽缸;2-水套;3-汽缸盖;4-燃烧室;5-汽缸垫

图 2-4 风冷式发动机散热片
1-散热片;2-汽缸盖;3-汽缸体

活塞在汽缸内运动,汽缸表面必须耐磨,如果汽缸体全部用优质耐磨材料制造,其成本较高。为此,除了一些小型发动机外,在大、中型的发动机内一般镶有汽缸套。汽缸套有干式和湿式两种,如图 2-5 所示。干式汽缸套不与冷却液接触,冷却效果较差,但加工和安装都比较方便,其壁厚一般为 1~3mm。湿式汽缸套外表面直接与冷却液接触,所以冷却效果好,但加工和安装工艺复杂,壁厚一般为 5~9mm。湿式汽缸套靠上支承定位带和下支承定位带保证径向定位,而轴向定位则是利用定位凸缘来保证。为了保证水套的密封,湿式汽缸套下端的密封带与座孔之间一般装有 1~3 道橡胶密封圈,有的在定位凸缘下面还装有铜垫片。湿式汽缸套安装后,一般其顶端高出汽缸体上平面 0.05~0.15mm,以便汽缸盖将汽缸垫压得更紧,从而提高汽缸的密封性。

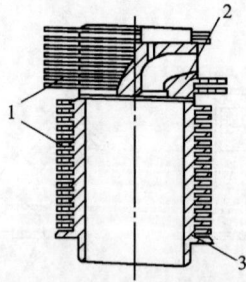

图 2-5 汽缸套的结构图
1-汽缸套;2-水套;3-汽缸体;4-橡胶密封圈
A-下支承定位带;B-上支承定位带;C-定位凸缘

在汽缸体的侧壁上加工有主油道,在主油道与需要润滑的部位之间有分油道连通。发动机工作时,润滑油经主油道和分油道输送到各摩擦表面。

凸轮轴下置或中置的发动机汽缸体上,还加工有安装凸轮轴的轴承孔。

二、汽缸垫

汽缸垫安装在汽缸盖与汽缸体之间,保证汽缸体与汽缸盖的接合面密封。汽缸垫多数由金属与石棉及黏合剂压制而成,如图 2-6 所示。它具有一定的弹性,用以补偿汽缸体和汽缸盖平面的平面度误差。汽缸垫的水孔和燃烧室孔周围有镶边,以防被高温的冷却液或气体烧坏。

汽缸垫的常见故障是烧蚀击穿,其原因主要是汽缸盖和汽缸体平面不平、汽缸盖螺栓拧紧力矩不足、汽缸垫质量不好等。汽缸垫烧蚀击穿部位一般在水孔或燃烧室孔周围,会导致发动机漏气或冷却液进入润滑油中,损坏的汽缸垫只能更换,不需修理。

汽缸体的上、下平面分别用于安装汽缸盖和油底壳。在对汽缸进行维修加工时,一般也以其上平面或下平面作为定位基准面。

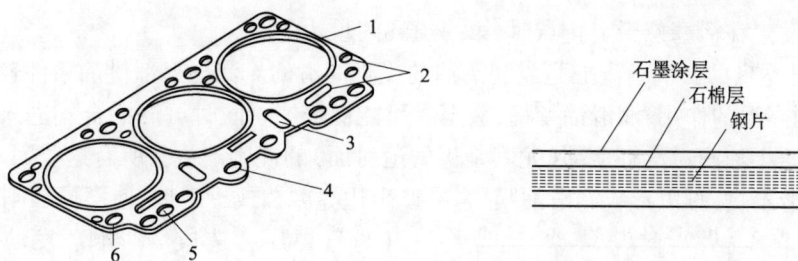

图 2-6　汽缸垫
1-汽缸口;2-水孔;3-油道口;4-推杆孔;5-定位孔;6-螺栓孔

三、机体组损伤

1.机体组损伤形式

发动机机体组主要的损伤形式有汽缸体及汽缸盖的破裂损伤、各接合面的翘曲变形或其他部件的变形、汽缸磨损损伤等。所有这些损伤都会影响发动机的技术性能指标、工作可靠性和耐久性。因此在修理过程中应认真检验,发现问题及时解决。

2.汽缸磨损原因分析

发动机工作中,由于活塞在汽缸内作往复直线运动,所以会造成汽缸的磨损。磨损严重时,会导致漏气、窜油,使发动机动力性和经济性下降。导致汽缸磨损的原因很多,主要体现在以下方面。

1)腐蚀磨损

汽缸内可燃混合气燃烧后会生成碳、硫、氮的氧化物,这些氧化物直接与缸壁作用,使汽缸壁产生腐蚀,即化学腐蚀。

当发动机汽缸壁温度较低时,混合气燃烧后生成的水蒸气会在汽缸壁上凝聚成水珠,水珠溶解废气中的腐蚀性气体而生成碳酸、硫酸、蚁酸等腐蚀性物质,这些腐蚀性物质附在汽缸壁上,使汽缸壁产生腐蚀,即微电池化学腐蚀,使其组织结构松散,当活塞在汽缸内运动时,在活塞环的作用下金属腐蚀产物被刮下来,从而造成腐蚀磨损。腐蚀越严重,磨损越厉害。

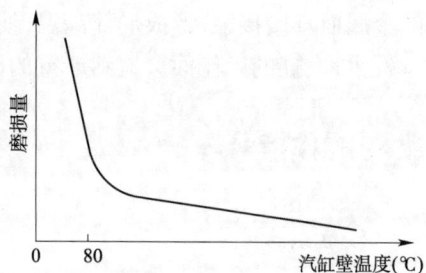

图 2-7　汽缸壁温度与汽缸磨损曲线

腐蚀磨损的强度取决于汽缸壁的温度,如图 2-7 所示。如一缸前壁与六缸后壁冷却效率较强,所以这些部位的腐蚀磨损就严重。

进气道对面的汽缸壁经常受到混合气的冲刷,既破坏油膜的形成,又使该部位冷却效率较高,因此该部位的腐蚀磨损就严重。

发动机冷起动时,汽缸的磨损很大,其磨损量占汽缸总磨损的45% ~60%。但在温度过高时,由于润滑油黏度低,油膜难于形成,不仅机械磨损加剧,高温氧化腐蚀磨损也会剧增,所以温度过高也会造成汽缸壁的严重磨损。

2)机械磨损

机械磨损属于正常磨损,它主要是由于润滑不良和气体压力等原因造成的。机械磨损的最大部位发生在活塞位于上止点时,第一道环的顶边上。

(1)润滑不良的影响。汽缸是靠润滑油的飞溅润滑的。汽缸上部供油条件较差,又邻近燃烧室,受到高温的作用,润滑油变稀,甚至有可能被烧掉。同时可燃混合气进入汽缸时,混合气中所含的小油滴对汽缸上部(尤其是进气道对面)的冲刷严重。所有这些因素都造成了汽缸上部润滑不良,难以形成润滑油膜,容易产生边界摩擦或干摩擦,使磨损加剧。

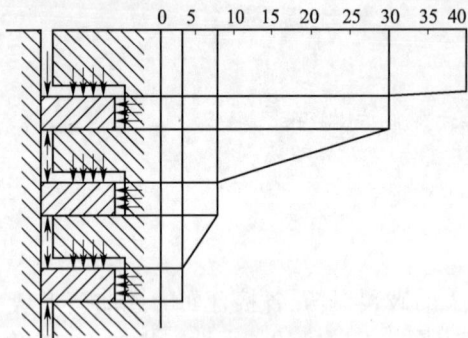

图 2-8　活塞环的磨缸现象

(2)气体压力造成的影响。发动机工作时,活塞环在自身弹力和气体压力作用下,压紧在汽缸壁上,如图 2-8 所示。当活塞在汽缸中作往复运动时,活塞环与汽缸壁发生相对摩擦而磨损。活塞环作用在汽缸壁上的压力越大,润滑油膜的形成越困难,汽缸与活塞环的磨损就越严重。

3)磨料磨损

润滑油中含有未滤清的金属屑微粒,它来自发动机本身的磨损产物,燃烧产物的固态颗粒和来自外部空气的尘土,这些磨料随润滑油飞溅到汽缸表面,并与汽缸和活塞(环)摩擦而产生磨损。

磨料对汽缸磨损的影响与磨料粒子的大小、数量和硬度有极大的关系。润滑油越脏,含有的磨料越多,引起的磨损就越严重。

硬度高的磨料在汽缸内表面产生平行于汽缸轴线的拉痕,个别粗大的磨料附在活塞表面并随活塞不断地上下运动,会对缸壁产生明显的拉伤,俗称"拉缸"。

4)黏着磨损

在发动机冷却不良、润滑不足及长时间大负荷工作的情况下,汽缸摩擦副有极微小凸起的金属面直接接触,形成局部高温,使其熔融黏着、脱落,逐渐扩展为黏着磨损。这种磨损一旦发生,汽缸的工作面会遭到严重的破坏,甚至报废。

操作指引

1. 组织方式

(1)场地设施:举升机一台,装有废气抽排系统和消防设施的场地。

(2)设备设施:发动机台架、整车一辆、水压机、发动机总成等。

(3)工量具:刀口尺、塞尺、量缸表、汽缸压力表等。

(4)耗材:汽缸垫等。

2. 操作要点

(1)穿戴干净整洁的工作服。

(2)遵守场地安全规定,注意用电安全。

(3)正确使用汽缸压力表、刀口尺、塞尺、量缸表等工量具。

(4)正确使用水压机、汽缸压力表等设备。

任务实施

1. 汽缸压力检查（以迈腾 2007 1.8L 为例）

（1）发动机润滑油温度至少为 30℃。

（2）蓄电池电压至少为 12.7V。

（3）断开燃油输送单元和喷油阀的熔断丝。

（4）拆下带输出级的点火线圈。

（5）用火花塞扳手旋出所有火花塞，如图 2-9 所示。

（6）用压缩压力检测设备 V. A. G1763 和适配接头 V. A. G1381/1、V. A. G1381/5A 检测汽缸压缩压力。

（7）将压缩压力检测设备放入火花塞的孔中，并沿图 2-10 箭头方向压紧。

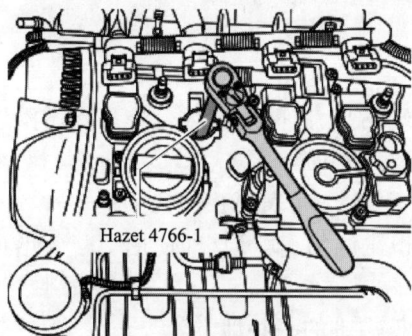

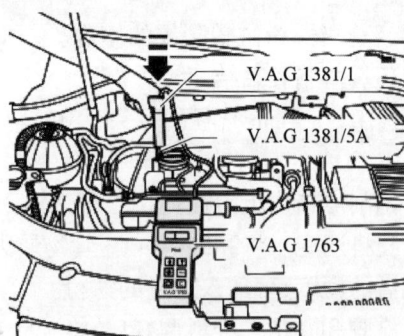

图 2-9　火花塞拆卸　　　　　　图 2-10　压缩压力检测设备安装

（8）按照说明书操作检测设备，完全踩下加速踏板，操纵起动机直到检测设备显示压力不在上升为止。

汽缸压力值如下：新的为 1.1 ~ 1.4MPa；磨损极限为 0.7MPa；所有缸之间的允许偏差：最大为 0.3MPa。

（9）安装：用火花塞扳手以 30N·m 的力矩拧紧火花塞；其他安装以与拆卸时相反的顺序进行。

2. 汽缸体、汽缸盖检修

1）汽缸体、汽缸盖裂纹的检修

（1）汽缸体、汽缸盖裂纹的原因。汽缸体与汽缸盖常因工作温度不均匀，导致热应力产生，在结构薄弱环节因刚度不足而产生破裂，在交变和脉动应力作用下导致疲劳裂纹的出现。发动机过热时，突然添加冷却液，或者因冲击、撞击、过度拧紧或对中不好而导致零件变形等不规范操作，使缸体、缸盖产生裂纹甚至断裂。

（2）汽缸体、汽缸盖裂纹的检查。

①水压试验。将汽缸盖和汽缸垫装合在汽缸体上，用一盖板装在水套的进水口位置上，用水管与水压机联通，其他水道口一律封闭，然后将水压入水套内，如图 2-11 所示。在条件许可时，应使用80 ~ 90℃的热水进行试验，也可把具有一定压力的自来水直接通入汽缸体进

行试验。水压试验的要求是：在 0.3 ~ 0.4MPa 水压下，保持 5min，应没有任何渗漏现象。

②气压试验。在没有水压机的情况下，可往水套内加入自来水，用气泵或打气筒向水套内充气，借气体压力检查渗漏部位。为了防止水或气倒流，在使用气压试验时，应在充气软管与汽缸体水管接头之间装一止回阀。

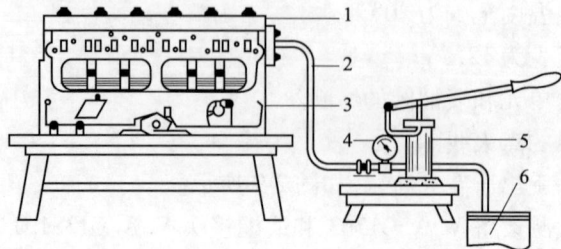

图 2-11　汽缸体、汽缸盖水压试验
1-汽缸盖;2-软管;3-汽缸体;4-水压表;5-水压机;6-储水槽

（3）汽缸体、汽缸盖裂纹的修理。

①环氧树脂胶黏结。

a. 选用 3 ~ 4mm 直径的钻头，用电钻将裂纹两端钻孔，以防止裂纹延伸。然后沿裂纹长度錾出 V 形坡口，并打毛表面。

b. 刮削坡口附近表面氧化层和铁锈，并用丙酮清洗，洗净表面并使其干燥。

c. 胶料调配。将黏结剂 A、B 管物质大致按体积比调匀，就可立即使用。若要增加黏结剂固化后的硬度，可加入适量的铁粉。

d. 涂胶和黏结。胶料调好后，将胶涂在槽内和槽周围的一些地方。

e. 胶料固化。经黏结剂涂胶黏结的物体，在 25℃经 3h 就完全固化，可投入使用。

f. 整形。零件黏结固化后，应根据零件形状进行整形，以使外表整齐美观。

②焊修。汽缸体和汽缸盖的裂纹，如发生在受力较大或用其他方法不易操作的部位，则可采用焊补法修复。

灰铸铁件的焊修，一般是在不预热或预热低于 400℃ 的情况下焊接。可采用气焊，也可采用电弧焊，在应用上以电弧焊为主。

铝合金汽缸体焊修方法很多。由于铝合金材料的可焊性差，给焊修带来了一定的困难。因此，要选用与焊件材料近似的焊条，掌握正确的焊接工艺，才能保证焊修质量。

对铸铁汽缸体采用气焊修复前，可用汽油或清洗剂清除焊接表面油污，并用砂布或其他方法清除锈迹和杂质，直至露出金属本色。当焊接厚度在 6mm 以上时，应开 V 形坡口，如图 2-12所示。若焊接厚度在 15mm 以上，应开 X 形坡口。进行焊接修理时，应选用 QHT1 铸铁焊条，并将汽缸体加热至 600 ~ 700℃，保证气焊修复过程中汽缸体的温度不低于 400℃。

对铸铁汽缸体采用焊条电弧焊修复前，应清洁焊接表面，并在裂纹发展走向前方距裂纹终点 3 ~ 5mm 处钻止裂孔，以防止裂纹延伸，止裂孔直径一般为 3 ~ 5mm。对裂损较深的汽缸体，为保证焊条金属与基本金属很好地接合，增加焊接强度，应在裂损处开坡口，坡口形式如图 2-13 所示。

进行焊条电弧焊修复时，汽缸体不必预热，使用 $\phi 3.2mm$ 的 T308 焊条，直流电 80 ~ 100A，采用短焊道（焊缝长 20mm 左右）断续由内向外的焊法，每段尽量一次焊好，每焊完一段应立即趁热锤击焊缝,等冷却 3~5min 不烫手后再继续施焊,直到补焊完毕。锤击焊缝可消除焊接应力,砸实气孔,提高焊缝致密性。

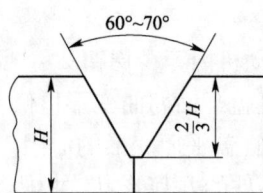

图 2-12　气焊坡口尺寸　　　　　图 2-13　焊条电弧焊坡口尺寸

③钳工修理。

a. 螺钉填补。先在裂纹两端各钻一个止裂孔,如图 2-14 中的 1 和 2,以防止裂纹继续延伸。再沿裂纹钻孔 3、4、5,孔的直径视螺纹直径而定,并保证孔与孔之间重叠 1/3 孔径。并在 1、2、3、4、5 孔中攻螺纹。

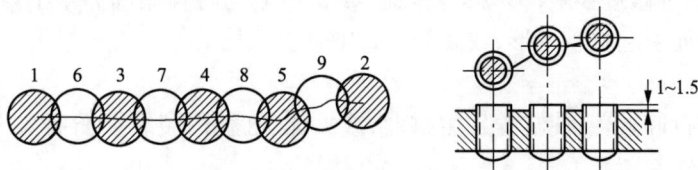

图 2-14　螺钉填补修理汽缸体裂纹

在攻好的螺孔中,拧入预先攻好螺纹的纯铜杆(拧入部分涂以白漆),拧好后切断铜杆,使切断处高出裂纹表面 1~1.5mm。

在已切断的螺杆之间钻孔 6、7、8、9,按上述方法攻螺纹和拧入螺杆,使之填满裂纹。为使填补紧密起见,应用小锤在切断的螺杆之间轻轻敲打,最后用锉刀修平。必要时可涂环氧树脂,以防渗漏。

b. 补板封补。首先在各裂纹端部钻止裂孔。再用 2~3mm 厚的纯铜板或 1.5~2mm 厚的铁板,截成与破口轮廓相似,四周大于破口 15~20mm 的补板。如裂纹的表面有凸起部分,须在补板上敲出同样凸起形状,使整个补板能与封补处的表面贴合。

在补板四周每隔 10~15mm,钻直径 4~6mm 的孔,如图 2-15 所示。其位置离补板边沿 10mm 左右。

将补板按在破口上,从补板中用划针在汽缸体上做出钻孔的记号,移去补板,然后在记号中钻出深度约 10mm 的孔(一般水道都钻通),并攻出所需要直径的螺纹。

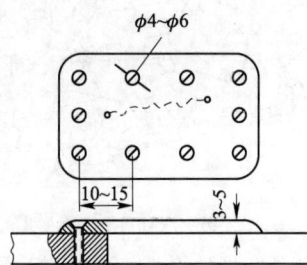

图 2-15　补板封补修理汽缸体裂纹

在汽缸体与补板之间,填涂有白漆的石棉衬垫,然后用平头螺钉将补板紧固在汽缸体上,必要时将补板四周用小锤敲击,并进一步拧紧螺钉,以增加密封性。

④堵漏剂堵漏。先用 2% 的碱水(碳酸钠)清洗循环水路,清洗时应去掉节温器,将水路和破缝表面清洗干净后,方可进行堵漏。其堵漏方法如下。

a. 在冷却液中加入堵漏剂。

b. 起动发动机,在怠速下升温,控制在 10~15min 时间内温度升到 80℃ 左右。在 80~

85℃下保持 15～20min。

c. 发动机完全冷却后，再次起动发动机怠速升温到 80～85℃，并保持 10min。这一步骤最好在第二天进行。

d. 堵漏剂在发动机内至少保留 2～3 天。

2）汽缸体、汽缸盖平面翘曲变形检修

（1）汽缸体、汽缸盖平面变形的原因。汽缸体与汽缸盖在发动机工作过程中，往往产生变形，从而破坏了零件的几何形状，使配合表面的相对位置偏差增加。变形超过允许限度时，将会引起漏水、窜气、冲毁汽缸垫等故障的产生。汽缸体、汽缸盖产生变形的原因主要有以下几方面。

①在制造时进行的时效处理不足，因此零件内应力较大。在高温条件下工作时，内应力重新分配，达到新的平衡，使零件产生过大的翘曲变形，破坏各部位之间的位置精度，因此换装新的零配件，效果也是很不理想的。

②由于装配、维修过程中，不按工艺规程操作，汽缸盖螺栓紧固力矩不均匀，不按规定顺序装卸缸盖螺栓而引起缸盖变形，或装配过程中缸盖螺栓的拧紧力矩过大，使螺孔四周因受螺栓拉力作用而凸起。

③在高温下拆卸缸盖，使缸盖发生拱曲，或缸体、缸盖因裂纹损伤而采用热焊补修理法发生受热变形。

④由于汽缸垫不平引起漏水、漏气，使平面形成腐蚀斑点，或修理工作平面采用环氧树脂浇灌引起不平。

在这些变形中，往往缸盖变形较大，缸体变形较小。

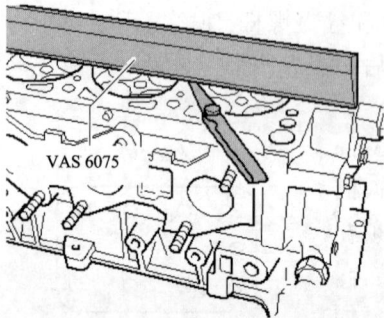

图 2-16 汽缸盖下平面变形的检测

（2）汽缸体、汽缸盖平面变形的检测。汽缸体上平面和汽缸盖下平面的平面度，可用长度大于汽缸体长度的刀口尺或光轴测量，平放在缸体或缸盖平面上，仔细观察各部位是否漏光。对漏光处，用塞尺进行检测，如图 2-16 所示。检测时，应沿汽缸体上平面（或汽缸盖下平面）边缘和过中心交叉位置共 6 个方位进行。

汽缸盖允许的最大变形为 0.1mm。如超出规定标准值应予以修复。

（3）汽缸体、汽缸盖平面变形的修理。修整的一般方法是：螺栓孔附近的凸起可用油石或锉刀修平，其余可采取铣、磨的加工方法修复。

汽缸体的上平面采用铣、磨修理加工过程中，要始终以主轴承孔和汽缸孔中心线为加工定位基准。每个缸体顶面最多允许加工修理 2 次，每次修磨的尺寸限度应小于 0.25mm，最多允许修复总量不超过 0.50mm。在缸体后端右上角做上记号，第一次修复记号为"X"，第二次修复记号为"XX"。

汽缸体的上平面经铣、磨加工后，为保持原来的汽缸压缩比，须选用加厚的汽缸垫。

汽缸盖与进、排气歧管接合平面的变形采用上述方法进行修理。

汽缸盖若出现翘曲变形，可用压力加工修复法修复。将汽缸盖变形的凸面朝上，放置平板，两端下面垫以 0.5～0.7mm 的垫片，然后用压力机向凸面处逐渐加压，同时用喷灯将变形部位加热到300~400℃,当缸盖平面与平板贴合后,保持冷却,经时效处理后,取下复测。

3.汽缸磨损检测

测量汽缸的磨损情况,主要是为了测出汽缸的磨损量,从而确定该发动机的技术状况。若磨损未达到大修标准而发动机的其他性能又较好,即可确定汽车继续行驶的里程;若需要进行发动机大修,即可确定汽缸的修理尺寸。

1)汽缸直径的测量

(1)测量时注意事项。发动机汽缸的磨损情况,通常使用量缸表进行测量。测量时应注意以下几点:

①做好准备工作,彻底清除油污、积炭、结胶和水垢;

②不要在发动机修理台架上测量汽缸的内径,以防缸体被夹紧变形而测量不准;

③测量汽缸时,一定要保持测杆与汽缸中心线垂直。

(2)确定测量部位。选用适当量程的量缸表,按图2-17所示的部位和要求进行测量。在汽缸体上部距汽缸上平面10mm处、汽缸中部,以及汽缸下部距缸套下部10mm处,各取三点,按①、②两个方向测量汽缸的直径。

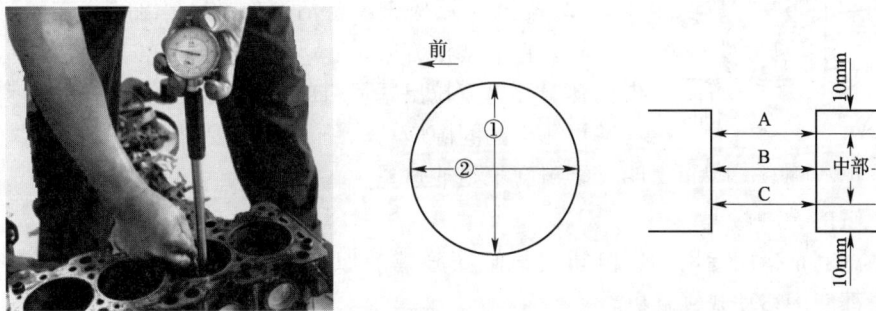

图2-17　汽缸内径测量部位示意图
①-横向;②-纵向

(3)测量汽缸的方法。

①汽缸圆度测量。选择合适的测杆,并使其压缩1~2mm,以留出测量余量。将测杆伸入汽缸中,微微摆动表杆,使测杆与汽缸中心线垂直,量缸表指示最小读数,即为正确的汽缸直径。用量缸表在A部位①向(垂直于曲轴方向)测量,转动表盘,使"0"刻度对准大表针;然后,将测杆在此横截面上旋转90°,此时表针所指刻度与"0"位刻度之差的1/2,即为该缸的圆度误差。

②汽缸圆柱度测量。用量缸表在A部位①向测量,并找出正确直径位置。旋转表盘,使"0"刻度对准大表针。然后,依次测出其他5个数值,取6个数值中最大差值的一半作为该汽缸的圆柱度误差。

③汽缸磨损尺寸测量。一般发动机最大磨损尺寸在前后两缸的上部,应重点测量这两缸。测量时,用量缸表在A部位①向测量,并找出正确汽缸直径的位置。旋转表盘,使"0"刻度对准大表针,并注意观察小指针所处的位置。取出量缸表,将测杆放置于外径千分尺的两测头之间。旋转外径千分尺的活动测头,使量缸表的大指针指向"0",且小指针处于原来

的位置(在汽缸中所指示的位置)。此时,外径千分尺的尺寸即为汽缸的磨损尺寸。按此找出该发动机汽缸的最大磨损尺寸。

2)汽缸修理级别(尺寸)的确定

汽缸磨损超过允许限度后,或缸壁上有严重刮伤、沟槽和麻点时,应将汽缸按修理级别镗削修理,并选配与汽缸修理尺寸相符合的活塞及活塞环。汽缸修理尺寸可按下式进行计算:

修理尺寸 = 汽缸最大磨损直径 + 镗磨余量(镗磨余量一般取 0.10 ~ 0.20mm)

计算出的修理尺寸应与修理级数相对照。若与某一修理级数相等,可按某级数修理;若与修理级数不相符,应按向上靠近大的修理级数进行汽缸的修理。汽缸磨损超过最大一级修理尺寸时,应镶配缸套。只要有一缸需镗、磨或更换缸套,其余各缸应同时更换,应保持发动机各缸一致性。

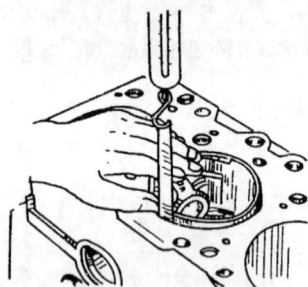

图 2-18 配缸间隙检查手法图

3)汽缸修复后的检测

(1)圆度及圆柱度的检查。汽缸经镗、磨后,圆度及圆柱度误差应不大于 0.005mm,各缸直径之差不得超过 0.005mm。

(2)配缸间隙检查。将活塞倒放入汽缸中,在汽缸壁与活塞之间垂直活塞销方向,插入厚 0.03mm、宽 12 ~ 15mm 的塞尺;再用弹簧秤检查拉出塞尺时的拉力,如图 2-18 所示。其拉力值与塞尺测得的间隙应符合维修手册要求。拉力过大或过小,表明汽缸镗磨不足或过量。

4)汽缸的镗磨修理

镗磨汽缸是指用专用的镗缸机对汽缸实施镗削加工后,再对镗削后的汽缸进行珩磨。目前一般都使用移动式镗缸机。

图 2-19 所示为移动式 TM1 镗缸机结构示意图。

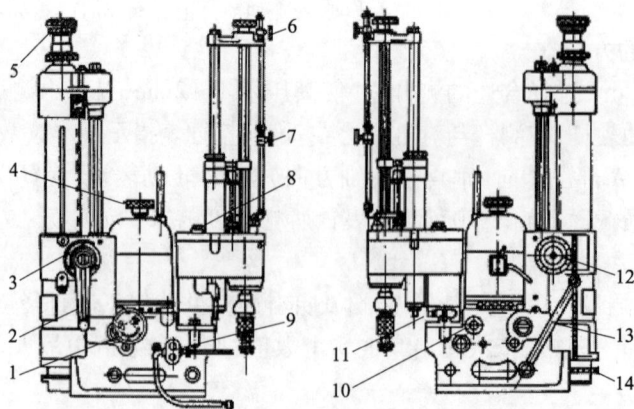

图 2-19 TM1 镗磨缸机

1-变速手轮;2-手摇臂;3-自动走刀离合器;4-砂轮盘;5-中心定位手轮;6、7-行程调节螺钉;8-加油孔螺钉;9-冷却油泵;
10-磨缸离合手轮;11-磨头锁紧螺母;12-行程刻度盘;13-夹紧扳手;14-中心定位杆

图 2-20 所示为镗磨汽缸工艺过程示意图。

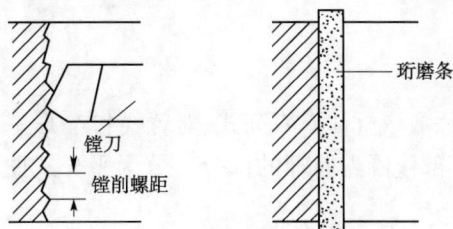

图 2-20 镗磨汽缸工艺过程示意图

汽缸镗磨工艺要点如下。

(1)按汽缸磨损情况计算并选择原厂规定的修理尺寸等级,按所选修理尺寸进行汽缸镗削修理。有修理尺寸的汽缸镗磨一般分 3 ~ 6 级,视不同机型而异,每级加大 0.25mm,几种常见车型发动机汽缸修理尺寸分级见表 2-1。

常见车型发动机汽缸修理尺寸分级 表 2-1

车 型	各级加大尺寸(mm)			
	1	2	3	4
一汽捷达	+0.25	+0.50	+0.75	+1.00
天津夏利	+0.25	+0.50	—	+1.00
上海桑塔纳	+0.25	+0.50	—	+1.00
广州本田	+0.25	—	—	—

(2)镗削前,应先检查汽缸体平面的平面度是否符合要求,并将汽缸体上平面和镗缸机下平面清理干净,用定心装置使镗缸机镗杆轴线与汽缸轴线重合,并用固定装置将镗缸机固定在汽缸体上。检查镗削刀具,刀刃宽度一般为 0.2 ~ 0.3mm。

(3)进行汽缸镗磨修理时,应先在汽缸孔顶部的缸肩处进行试镗,然后测量镗出的缸径尺寸,以确定进刀量是否合适,必要时调整进刀量。第一刀和最后一刀的进刀量不宜过大,一般第一刀的进刀量为 0.05 ~ 0.07mm,最后一刀的进刀量不超过 0.05mm。

(4)汽缸的镗削尺寸应比最终所要达到的缸径尺寸小,以留出珩磨余量,一般珩磨余量不大于 0.02mm。

(5)汽缸珩磨一般使用固定式珩磨机。珩磨时,应严格控制珩磨头的转速和往复速度,以保证获得理想的网纹夹角,夹角为 50° ~ 60°。

(6)汽缸镗磨修理后,其圆度和圆柱度误差应不大于 0.005mm,汽缸壁的粗糙度应为 $Ra0.8\mu m$,汽缸与活塞配合间隙应符合标准。

5)汽缸的镶套修理

无修理尺寸的汽缸,或汽缸虽有修理尺寸,但其磨损后的尺寸已接近或超过最后一级修理尺寸时,可用镶套法修理。

对无汽缸套的汽缸进行镶套前,必须先加工承孔,承孔内径与缸套外径采用过盈配合。对镶有干式汽缸套的汽缸体,应用压力机压出旧缸套,并检查承孔与待换缸套过盈量是否符合要求。干式汽缸套与承孔过盈量一般为 0.03 ~ 0.08mm。新缸套应使用压力机压装,压装后汽缸套上平面应与汽缸体上平面平齐。

对装用湿式汽缸套的汽缸体,更换汽缸套时,只需拆旧换新,不需对承孔加工。

任务小结

(1)根据汽缸的排列形式,汽缸体有直列式、对置式和 V 形三种形式。

(2)曲轴箱是汽缸体下部包围着曲轴的部分。分为平分式曲轴箱、龙门式曲轴箱、隧道式曲轴箱三种形式。

(3)汽缸盖与汽缸体接合平面上的凹坑是燃烧室的组成部分。

(4)在汽缸盖上加工有气门座、气门导管孔、气道、摇臂轴安装座或凸轮轴安装座孔等。在缸心距较大、缸数较多的发动机上,为制造和维修方便,减小缸盖变形对汽缸密封性的影响,有些采用分开式汽缸盖,即一缸一盖、两缸一盖或三缸一盖。

(5)发动机的冷却方式有水冷式和风冷式两种。

(6)除了一些小型发动机外,在大、中型的发动机内一般镶有汽缸套。汽缸套有干式和湿式两种。

(7)发动机机体组主要的损伤形式有汽缸体及汽缸盖的破裂损伤、各接合面的翘曲变形或其他部件的变形、汽缸磨损损伤等。所有这些损伤都会影响发动机的技术性能指标、工作可靠性和耐久性。因此在修理过程中应认真检验,发现问题及时解决。

(8)汽缸磨损类型:腐蚀磨损、机械磨损、磨料磨损和黏着磨损等。

(9)汽缸体和汽缸套的损坏形式主要有变形、裂纹和磨损等。常见的检测项目主要有:汽缸体和汽缸盖裂纹的检查、汽缸体和汽缸盖变形的检查、汽缸磨损检查等。

学习任务三 活塞连杆组故障诊断与修复

任务描述

车主李先生反映,他的轿车行驶了 27800km,行驶中发动机舱有一声异响,之后车辆自动熄火,无法起动,发动机舱底盘漏油,于是打 24h 救援电话,经维修人员现场查验,发动机无磕碰,一缸连杆断裂,将缸体打裂。

发生此故障的原因可能是连杆弯曲变形、连杆螺栓断裂、发动机高温、燃烧室进水或其他原因造成的,但要确认原因需要进一步拆检以便确认故障原因。

学习目标

(1)认识活塞连杆组的组成、结构与功用;
(2)能运用检测和诊断设备进行活塞检测,并能进行正确的选配;
(3)能正确运用量具进行活塞环的检验;
(4)能正确选配活塞销与活塞销座孔及连杆衬套;
(5)能运用检测和诊断设备检验连杆变形,并能进行校正;
(6)具备信息查询和手册使用的基本能力;
(7)能够按照企业 5S 要求和安全生产规范进行操作;
(8)能与同学密切合作,规范安全地完成学习活动;
(9)养成自主学习的习惯,培养规范操作的工作作风及环保意识。
建议学时:6 学时。

知识准备

一、活塞

发动机工作中,活塞承受汽缸中气体的压力,并将此压力传给连杆,以便推动曲轴旋转;此外,活塞的顶部还与汽缸盖和汽缸壁配合共同组成燃烧室。

活塞一般都用铝合金材料铸造或锻造而成,其构造如图 3-1 所示,主要由活塞顶部、活塞头部和活塞裙部三部分组成,在活塞裙部的上部有活塞销座。

图 3-1　活塞的构造

1-活塞裙部;2-活塞销卡环;3-活塞销;4-活塞销座;5-活塞头部;6-加强筋;7-活塞环;8-活塞顶部

1. 活塞顶部

活塞顶部是燃烧室的组成部分,承受高温气体的压力。

为适合各种发动机的不同要求,活塞的顶部有各种不同的形状,如图 3-2 所示。有些活塞顶部在与气门对应的位置上有凹坑,是为防止活塞在上止点与气门相碰而设置的。活塞缸位序号、加大尺寸、安装向前标记等一般也刻在活塞顶部。

2. 活塞头部

活塞头部是指活塞环槽以上的部分,主要用来安装活塞环,以实现汽缸的密封。

a)平顶　　　　b)凸顶　　　　c)凹顶　　　　d)成形顶

图 3-2　活塞顶部形状

活塞头部加工有安装活塞环的环槽,一般有 3 ~ 4 道环槽,最下面一道环槽安装油环,其他环槽安装气环。

油环环槽底部一般加工有回油孔,以便使汽缸壁上多余的润滑油通过活塞内腔流回曲轴箱。有些油环环槽的底部是一条较窄的槽,除回油作用外,还有减少活塞头部向裙部传递热量的作用,所以称之为隔热槽。有些活塞的隔热槽设在活塞裙部。

3. 活塞裙部

活塞环槽以下的部分称活塞裙部,为活塞的往复运动起导向作用。

发动机工作时,由于气体压力和活塞销座处金属较多的影响,活塞裙部沿活塞销轴线方向膨胀量较大,所以在常温下,活塞裙部截面形状呈椭圆形,如图 3-3 所示,椭圆形长轴垂直于活塞销方向,其目的是保证在热态下活塞与汽缸的配合间隙均匀。

此外,发动机工作中,由于活塞的温度从上到下逐渐降低,膨胀量逐渐减小,所以在常温下,活塞裙部直径上小下大,如图 3-4 所示。

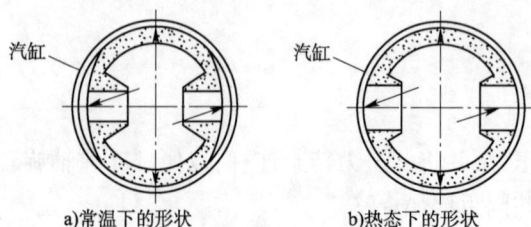

a)常温下的形状　　　　b)热态下的形状

图 3-3　活塞裙部截面形状图

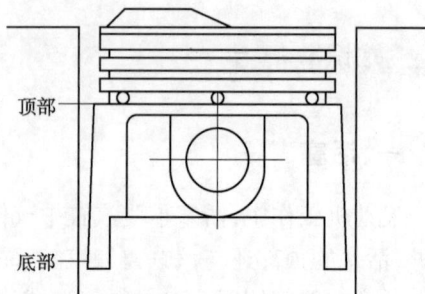

图 3-4　常温下活塞裙部直径上小下大

有些活塞裙部除设置有隔热槽外,还有膨胀槽,如图3-5所示。膨胀槽可使活塞裙部具有一定的弹性,在低温时与汽缸的配合间隙较小,且高温时又不致在汽缸中卡死。膨胀槽必须斜切,不能与活塞轴线平行,以防导致汽缸磨损不均匀。为防止切槽处裂损,在隔热槽和膨胀槽的端部都必须加工止裂孔。活塞裙部开槽会降低其强度和刚度,一般只适用于负荷较小的发动机。

为限制活塞裙部的膨胀量,有些活塞在销座中镶铸有膨胀系数较低的恒范钢片,如图3-6所示。

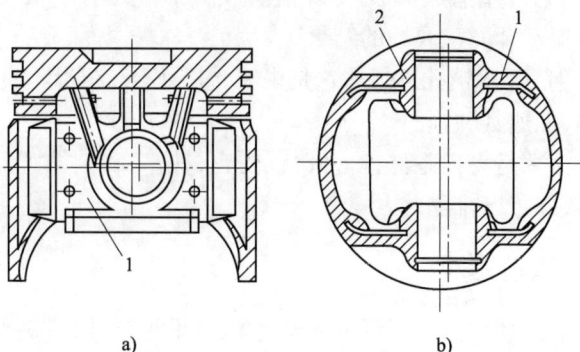

图3-5　活塞膨胀槽和隔热槽
1-膨胀槽;2-隔热槽

图3-6　活塞销座中镶铸的恒范钢片
1-恒范钢片;2-活塞销座

按裙部结构形式不同,活塞可分为拖板式和筒式。拖板式活塞的裙部下端沿销座轴线方向去掉一部分,这种结构是在行程较小的发动机上为防止活塞与曲轴上的平衡重相碰而设计的。行程较大的发动机则一般采用全裙式活塞,也称筒式活塞。

4. 活塞销座

活塞销座位于活塞裙部的上部,加工有座孔,用以安装活塞销。

活塞销座孔轴线通常向活塞中心线左侧(由发动机前方看)偏移 1~2mm,称为活塞销偏置,目的是防止活塞在受气体压力较大的压缩上止点换向时,撞击汽缸壁而产生"敲缸"。活塞销偏置作用原理如图3-7所示,活塞在压缩上止点,由右侧与汽缸壁接触向左侧与汽缸壁接触过渡时,由于活塞销偏置使活塞倾斜,左侧下端先与汽缸壁接触,随着做功行程活塞向下止点移动,活塞承受向左的侧向力增大,活塞左侧上端逐渐靠向汽缸壁,从而减轻了活塞换向时对汽缸壁的撞击。

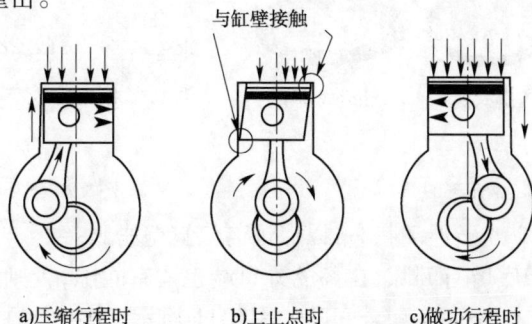

a)压缩行程时　　　b)上止点时　　　c)做功行程时

图3-7　活塞销偏置作用原理

5. 活塞损伤形式及原因

活塞处于高压、高温、高速情况下工作会造成磨损、裂纹、断裂和烧蚀等损伤,主要表现如下。

(1)活塞磨损,主要在裙部、环槽部位和活塞销孔,这是由于机械磨损、化学腐蚀造成的。

(2)活塞损伤,主要有裂纹、顶部脱落、环槽岸边断裂和裙部拉毛、烧蚀等。这是由于材质不佳,活塞与汽缸配合间隙过小,工作温度过高,以及高速、超负荷等因素所引起。

(3)环槽磨成梯形,即环槽磨成内小外大的形状。这是由于环与槽的配合间隙过大,并产生振动、漏气、腐蚀的结果。

(4)活塞销孔磨损。这是由于选配不当、润滑不良引起的,工作时受周期交变负荷冲击作用,加速其磨损。

活塞是易损零件,价格比较便宜,在汽车维修中一般不对活塞进行修理,但应查明故障原因,并予以排除。

二、活塞环

活塞环按其功用可分为气环和油环两类,如图 3-8 所示。气环又称压缩环,其功用是密封活塞和汽缸之间的间隙,防止漏气和窜油,并将活塞承受的热量传给汽缸。油环的功用是刮去汽缸壁上多余的润滑油,并在汽缸壁上均匀布油。一般发动机上装有二道气环和一道油环。

活塞环上切有一个开口,称活塞环开口。活塞环开口不仅便于活塞环拆装,而且可以使活塞环直径略大于汽缸直径,靠其弹性在缸内压紧汽缸壁,以加强密封性。

在各种发动机上装用的气环按其断面形状可分为矩形环、锥形环、梯形环、桶面环、扭曲环、反扭曲锥形环,如图 3-9 所示。其中扭曲环又分为内切口和外切口两种,内切口扭曲环的切口在其内圆上边,而外切口则在其外圆下边。油环可分为整体式和组合式两种。整体式油环一般用在负荷较大的发动机上,其外圆中部切有环槽,槽底开有若干回油孔,发动机工作时,利用上下两个板状环形刃口将汽缸壁上的多余润滑油刮下,并通过回油孔流回曲轴箱。多数轿车发动机都采用三件组合式油环,它由上下两片刮油钢片和一个衬簧组成,如图 3-10 所示,刮油钢片很薄,刮油作用强,对防止润滑油窜入燃烧室更有利。

a)气环   b)整体式油环   c)组合式油环

图 3-8 活塞环的分类

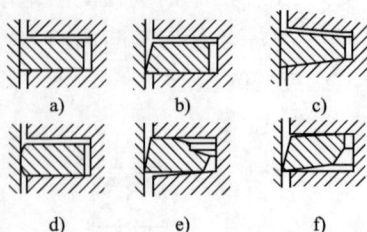

a)   b)   c)
d)   e)   f)

图 3-9 气环断面形状

活塞环装在环槽内应处于浮动状态,以保证与汽缸壁密封接合。因此,活塞环的上下侧与环槽留有间隙,环与槽底留有间隙,在环的开口端也留有间隙,否则活塞环受热膨胀会卡死在环槽内,拉坏汽缸。活塞环各配合间隙如图 3-11 所示。各汽车制造厂为维修生产的活塞环,都按标准留有装配间隙,修理时不必再进行加工,但也有必要进行一次检验。各种车型的发动机活塞环装配间隙也不相同,即使是安装在同一台发动机上的活塞环,由于其安装部位和作用不同,其装配间隙也不同。更换活塞环时,应选用与汽缸和活塞同一修理尺寸级别的活塞环,同时还应检查其侧隙、背隙和开口间隙是否符合标准,以保证活塞环与环槽和汽缸的良好配合。同时还要检测活塞环在自由状态下的弹力和在工作状态下与汽缸壁的贴合情况,确保汽缸工作时的密封性。

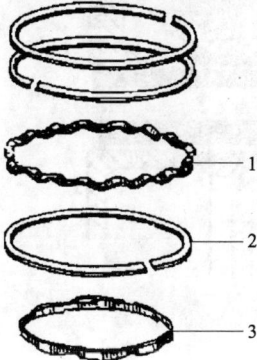

图 3-10　组合式油环结构
1-轴向衬环;2-刮油片;3-径向衬环

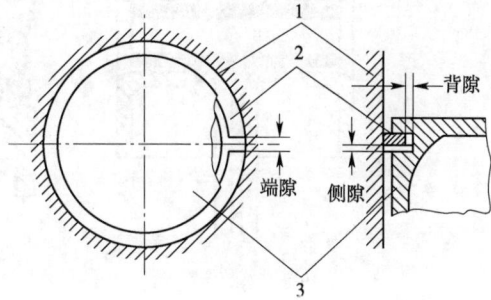

图 3-11　活塞环配合间隙
1-汽缸;2-活塞环;3-活塞

三、活塞销

活塞销的功用是将活塞和连杆连接在一起,将活塞承受的气体压力传给连杆。

活塞销为空心管状结构,外表面为圆柱形,内孔形状有圆柱形、截锥形和组合形,如图 3-12 所示。圆柱形孔容易加工,但圆柱形孔的活塞销的质量较大。截锥形孔则加工较复杂,但有利于减小活塞销的质量。组合形孔的活塞销性能介于二者之间。

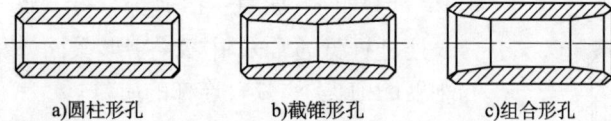

a)圆柱形孔　　　　　b)截锥形孔　　　　　c)组合形孔

图 3-12　活塞销

有些活塞销座孔内加工有卡环槽,以便安装活塞销卡环,防止活塞销工作时轴向窜动。为减小活塞销座处受热后的变形量,有些活塞的销座外表面是凹陷的,如图 3-13 所示。

在活塞内腔的活塞销座与活塞顶部之间一般铸有加强筋,以提高活塞的刚度。

连杆小头与活塞销相连,采用全浮式连接的活塞销时,在连杆小头孔内装有连杆衬套,以减少活塞销与连杆接触面的磨损。衬套一般为青铜制作,如图 3-14 所示,为润滑连杆衬套和活塞销,在连杆小头和连杆衬套上加工有集油孔或集油槽。更换活塞、活塞销的同时,必须更换连杆衬套。

活塞销的连接方式有半浮式和全浮式两种,如图 3-14 所示。半浮式连接是在发动机工作时,活塞销与活塞销座孔为间隙配合,而活塞销与

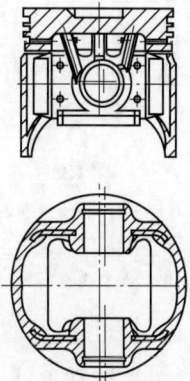

图 3-13　活塞销座孔

连杆小头为过盈配合,活塞销只能在活塞销座孔内浮动。全浮式连接是在发动机工作时,活塞销与连杆小头和活塞销座孔均为间隙配合,活塞销可在活塞销座孔和连杆小头的衬套孔内自由转动。

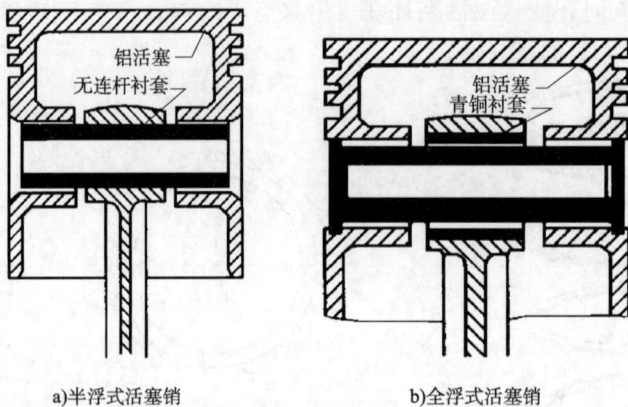

铝活塞
无连杆衬套

铝活塞
青铜衬套

a)半浮式活塞销   b)全浮式活塞销

图 3-14   活塞销的连接方式

采用半浮式连接,连杆小头不必装连杆衬套,从而也减少了连杆衬套的维修作业,但活塞销磨损不均匀。而采用全浮式连接,必须在活塞销座孔两端装入卡环,以防止活塞销窜动而刮伤汽缸,全浮式活塞销磨损均匀。

四、连杆

连杆的功用是将活塞承受的气体压力传给曲轴,使活塞的往复直线运动变为曲轴的旋转运动。连杆由连杆小头、连杆杆身和连杆大头(包括连杆盖)三部分组成,如图 3-15 所示。

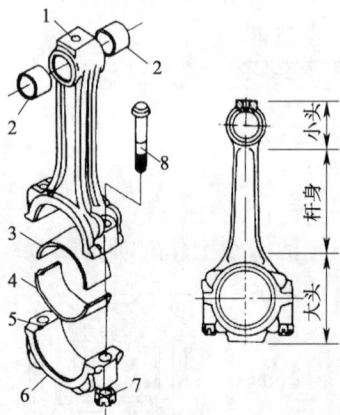

连杆杆身通常采用"工"字形截面,以求在保证连杆强度和刚度的前提下,减轻连杆的质量。

连杆大头是分开的,分开的部分称连杆盖,连杆盖与连杆用连杆螺栓连接。连杆螺栓是特制的,其根部有一段直径较大的部分,它与螺栓孔配合起定位作用,防止装配时连杆盖与连杆错位。为保证连杆螺栓连接更加可靠,一般都采用了自锁螺母,以防工作时松动。

连杆大头连接曲轴上的连杆轴颈,连杆大头内孔装有两半的连杆轴承,轴承有一定的弹性,安装后轴承背面与连杆大头内孔紧密贴合,形成过盈配合。连杆大头的内孔加工有连杆轴承定位凹槽,安装时轴承背面的凸键卡在凹槽中,使连杆轴承正确定位。连杆轴承的内表面加工有油槽,用以储油保证可靠润滑。有些连杆轴承及连杆大头还加工有径向小油孔,从油孔中喷出的油可使汽缸壁得到更好的润滑。

图 3-15   连杆的组成
1-连杆杆身;2-连杆衬套;3、4-连杆轴承;5-轴承的定位凹槽;6-连杆盖;7-自锁螺母;8-连杆螺栓

连杆大头与连杆盖按切分面方向可分为平切口和斜切口两种,采用最多的是平切口。

有些负荷较大的柴油发动机连杆,由于连杆大头直径比汽缸直径大,为拆装时能使连杆通过汽缸,连杆大头与连杆盖切分面采用斜切口形式。斜切口的连杆盖与连杆大头一般不是靠连杆螺栓与螺栓孔配合定位,有的在连杆盖的螺栓孔内压装一个定位套与连杆大头螺栓孔配合定位,有的则在切分面上采用锯齿定位、定位套定位、定位销定位或止口定位,如图3-16所示。

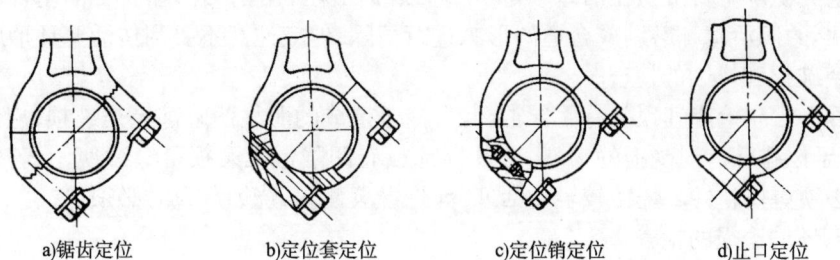

a)锯齿定位　　　b)定位套定位　　　c)定位销定位　　　d)止口定位

图3-16　斜切口连杆大头的定位方式

连杆大头一般都是对称的,但也有部分发动机(多数是V形发动机)为减小连杆大头的轴向尺寸,采用偏位连杆,如图3-17a)所示,即连杆大头两端面与连杆杆身中心平面不对称。偏位连杆安装时方向不能装反,V形发动机装在同一连杆轴颈上的连杆应短面相对,直列发动机偏位连杆的短面应朝向曲轴主轴颈,如图3-17b)所示。

连杆变形主要是弯曲和扭曲,其主要危害是导致汽缸、活塞和连杆轴承异常磨损。对采用全浮式连接的活塞销,连杆弯曲可能会引起活塞销卡环脱出。连杆变形量的检查必须使用专用的连杆检测仪器。

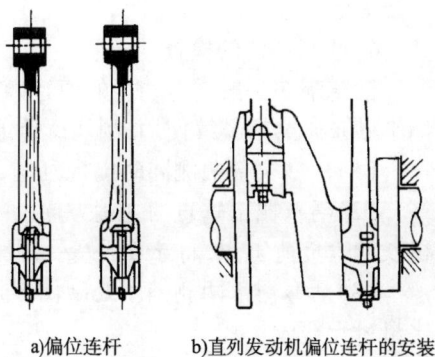

a)偏位连杆　　　b)直列发动机偏位连杆的安装

图3-17　偏位连杆及其安装

操作指引

1. 组织方式

(1)场地设施:举升机一台,装有废气抽排系统和消防设施的场地。

(2)设备设施:发动机台架、活塞连杆组、连杆检测器等。

(3)工量具:外径千分尺、内径千分尺、塞尺、刮刀、铰刀等。

(4)耗材:洗油等。

2. 操作要点

(1)穿戴干净整洁的工作服。

(2)遵守场地安全规定,注意用电安全。

(3)正确使用外径千分尺等工量具。

(4)正确使用连杆检验器等设备。

任务实施

1. 活塞检测与选配

1) 活塞的清洁

活塞上的积炭主要沉积在活塞顶部，活塞顶部积炭可用刮刀清除。若活塞环槽内有积炭，可用折断的旧活塞环磨制成合适的形状进行清除，但应注意不要刮伤活塞环槽底部。

2) 活塞破损和烧蚀的检查

活塞拆出后应检查其顶部有无异常，若有撞击造成的明显凹陷甚至是裂损，应及时查明故障原因，予以排除。对受损的活塞，若其顶部虽有凹陷但无裂损可继续使用，若发现有裂纹或孔洞必须更换新件。烧蚀较轻的活塞，允许继续使用，烧蚀严重时必须更换。

3) 活塞环槽磨损的检查

活塞环槽的磨损通常发生在高度方向上，第一道活塞环槽磨损最严重。活塞环槽磨损后使活塞环侧隙增大，如不及时修理或更换活塞，会导致发动机工作时烧润滑油和汽缸压力下降等后果。

4) 活塞刮伤的检查

活塞刮伤一般都有明显的痕迹，轻度刮伤的活塞，如果不影响与汽缸的配合间隙，允许用细砂布研磨后继续使用；刮伤严重的活塞必须更换，并根据下述情况查明故障原因。

（1）活塞裙部两侧同时出现刮伤，通常是新换活塞与汽缸配合间隙过小所致。

（2）活塞裙部垂直活塞销方向的一侧刮伤，通常是怠速转速过低使缸壁润滑不良或发动机长期大负荷工作，而导致活塞受侧压力较大的一侧刮伤。

（3）活塞裙部两侧销座处刮伤，通常是活塞销与座孔配合过紧，受热后沿活塞销方向膨胀量过大造成。

（4）活塞与汽缸配合间隙过大，将会引起第一道环槽的上部磨损或刮伤。

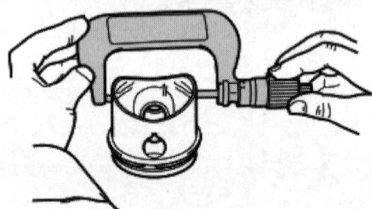

（5）刮伤部位出现在一侧活塞销座的上方，通常是连杆变形造成。

5) 活塞直径的测量

活塞的主要磨损部位是裙部，测量时用外径千分尺从距离下边缘约 10mm，活塞销的轴线错开 90°处测量，如图 3-18 所示。

图 3-18　活塞直径的测量

6) 活塞的选配

（1）活塞尺寸选配。

活塞的修理尺寸等级是按汽缸修理尺寸等级决定的。活塞的修理尺寸，大型车发动机一般分为六级，每级加大尺寸为 0.25mm；小型车发动机有分三级或二级的，这由制造厂设计而定。活塞的加大数值一般刻在活塞顶部，以资识别。如日本丰田雷克萨斯 LS400 轿车 IUZ-FE 发动机汽缸和活塞尺寸分三级，用数字"1、2、3"表示，记号分别打印在汽缸体上平面和活塞顶部，如图 3-19 所示，选配时应使活塞与汽缸上的数字记号一致。二汽富康轿车装用的 TU32K 发动机汽缸和活塞尺寸也分三级，更换活塞时，顶部刻有"A、B、C"标记的活塞应分别与汽缸体上刻有"1、2、3"标记的汽缸对应选配。

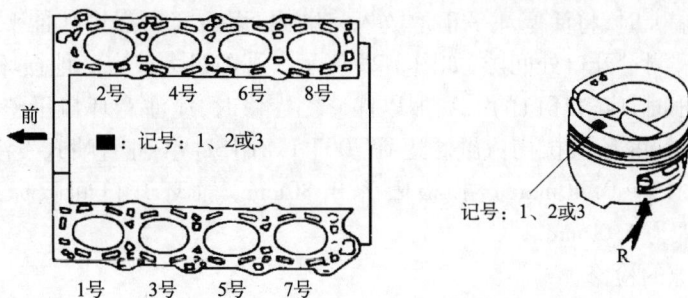

图 3-19　日本丰田雷克萨斯 LS400 轿车 IUZ-FE 发动机汽缸和活塞的选配

如果没有数据标记,应用外径千分尺在活塞裙部垂直于活塞销方向的规定部位进行测量,以确定活塞裙部直径和汽缸直径,并计算出其配合间隙,配合间隙应符合标准。测量活塞裙部直径因发动机不同有不同的测量位置。几种常见车型活塞直径测量位置及配缸间隙见表 3-1。

几种常见车型活塞直径测量位置及配缸间隙　　　　　　　　　表 3-1

车　　型	活塞直径测量位置（mm）		配缸间隙（mm）	
	距活塞顶尺寸	距活塞裙底尺寸	标准值	使用极限
上海桑塔纳	—	15	0.03 ~ 0.08	—
一汽奥迪、捷达	—	15	0.03 ~ 0.08	—
二汽富康	—	15	0.04 ~ 0.06	—
天津夏利	—	15	0.045 ~ 0.065	0.12
切诺基	42	—	0.023 ~ 0.043	—
广州本田	—	16	0.02 ~ 0.04	0.05
丰田雷克萨斯 LS400	49	—	0.02 ~ 0.04	0.06

（2）活塞质量选配。

为保证发动机的平衡,更换新活塞时必须仔细称量活塞的质量,新活塞质量与旧活塞质量应相同,即使加大尺寸的活塞也应如此。同组活塞的质量误差不应超过规定值,否则应适当车削裙部内壁下部向上到 20mm 处或重新选配。

同一台发动机上应选用同一厂牌成组的活塞,使活塞的材质、性能、质量、尺寸公差取得一致。同一组活塞的尺寸公差不得大于 0.025mm,质量差不得大于 3%。

7）操作注意事项

（1）发动机工作中,活塞与汽缸进行了良好的自然磨合,在拆装时不允许各缸活塞互换。因此,从汽缸内拆出活塞时,必须注意活塞顶部有无缸位标记,如果没有应作缸位标记。

（2）活塞的方向一般不能装错,在活塞顶部有箭头、缺口标记的通常应朝向发动机前方,裙部有膨胀槽的应朝向承受侧压力较小的一侧。

2. 活塞环的检验

1）活塞环端隙的检修

活塞环端隙就是活塞环装入汽缸后,活塞环两端头的开口间隙。

检查活塞环端隙时,将活塞环平正地放入汽缸内,用活塞顶部将其推平,离汽缸边缘约15mm,然后用塞尺测量开口处间隙,如图3-20所示。端隙过大或有其他损坏时,应重新选配活塞环。端隙过小时,应对环口的一端加以锉修。锉修时,应注意环口平整,锉后环外口应去掉毛刺,防止锋利的环口拉伤汽缸。迈腾2007 1.8LTSI4V4缸直喷式发动机气环的开口间隙标准值为0.15~0.40mm,磨损极限为0.80mm。油环开口间隙标准值为0.25~0.50mm,磨损极限为1.00mm。

2)活塞环侧隙的检修

活塞环侧隙就是活塞环与活塞环槽上下方向上的间隙。检查活塞环侧隙时,将活塞环放入环槽内,用塞尺测量,如图3-21所示。如果侧隙过大,影响活塞环的密封作用,应重新选配活塞环。如果侧隙过小,活塞环受热膨胀后有可能卡死在环槽内,可以把活塞环放在铺有砂布的平板上或专用设备上进行研磨。

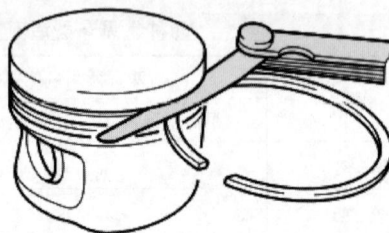

图3-20　活塞环端隙测量　　　　　　　图3-21　活塞环侧隙检查

注意:有切槽的环在修磨时,应磨没有切槽的一面。修磨时,要注意均匀用力,成"8"字形转圈磨,同时在手上不断挪动。

迈腾2007 1.8LTSI4V4缸直喷式发动机气环的侧隙标准值为0.04~0.08mm,磨损极限为0.15mm。

3)活塞环背隙的检修

活塞环背隙就是活塞环安装到活塞上放入汽缸后,活塞环内圆面与环槽底之间的间隙。因此间隙难以直接测量,通常背隙以槽深与环宽之差来表示,背隙一般为活塞环低于槽岸边0~0.35mm。若活塞环高出槽岸边,应车深环槽,防止活塞卡死在汽缸内。

检验侧隙、背隙的经验做法是将活塞水平放置,以环在槽内低于槽岸边,能转动自如,无松旷感觉为合适。

计算活塞环背隙B的公式为:

$$B = (D - A - 2T)/2$$

式中:D——汽缸直径,mm;

　　　A——活塞环槽底直径,mm;

　　　T——活塞环径向厚度,mm。

4)活塞环的漏光检验

活塞环漏光检验是选配工作中的重要环节,用它可检验活塞环与汽缸壁的密封程度和接合状况,密封不良会造成漏气、窜润滑油,接合不好会造成拉缸。

简易的检验方法是将活塞环水平放入汽缸内,用一盖板盖住环的内环,在汽缸下部放置一个点亮的灯泡,用察看透光的方法检查活塞环与汽缸壁间的密封情况,如图 3-22 所示。

活塞环漏光度的检验技术要求如下。

(1)活塞环上漏光弧长所对应的圆心角,每处不得大于 25°,其漏光间隙不大于 0.03mm;同一根环上不得多于两处,总和不得大于 45°。

(2)在靠近活塞环开口处两侧各 30°范围内,不允许有漏光。

5)活塞环弹力试验

活塞环的弹力是保证汽缸密封性的重要条件。但弹力过大会加速汽缸磨损;过小容易产生漏气。活塞环的弹力试验器如图 3-23 所示。将活塞环置于滚轮和底座之间,并使开口处于水平位置,移动量块可沿秤杆移动,使环口间隙达到规定值时,读出秤杆上的刻度数值,以此进行比较。

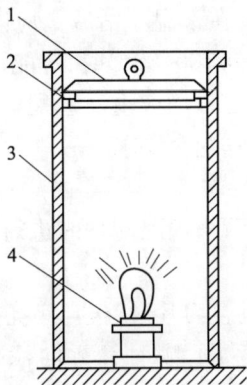

图 3-22　活塞环漏光检验　　　　　　　　图 3-23　弹力试验器
1-盖板;2-活塞环;3-汽缸;4-灯光　　　　1-弹力检测仪;2-施压受柄;3-活塞环;4-量块

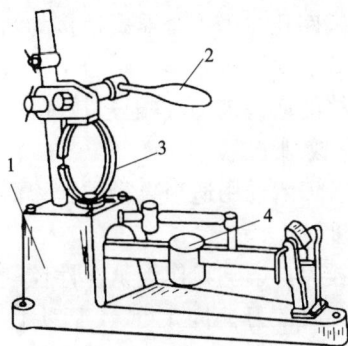

6)操作注意事项

(1)拆装气环应使用专用卡钳,若手工拆装活塞环时,应先用布包住活塞环开口端部,然后用两手拇指使活塞环开口张大,但应注意,不要使活塞环开口两端上下错开,以免活塞环变形或折断。

(2)安装非矩形断面的气环时,应注意活塞环端面上是否有"TOP"等标记,若有,有标记的一面应向上。内切口扭曲环的切口应向上,外切口扭曲环的切口应向下。活塞环装反,会导致漏气和窜油。

(3)组合式油环的安装顺序是衬簧、上刮油钢片、下刮油钢片,衬簧接头处不能重叠过多,安装后两刮油钢片开口应相对并与衬簧接头错开 90°。

(4)活塞环开口方向的布置直接影响汽缸的磨损和密封性,开口方向的布置形式很多,但最好按原车要求进行。除全裙式活塞外,一般活塞环开口不应与活塞销对正,同时开口应尽量避开做功时活塞与汽缸壁接触的一侧。

3. 活塞销与活塞销座孔及连杆衬套选配

采用半浮式连接的活塞销,必须在压床上拆卸或安装,在维修中若不更换活塞,就不必拆下活塞销。采用铝合金活塞时,活塞销在常温下与座孔为过渡配合,安装时先将活塞在温

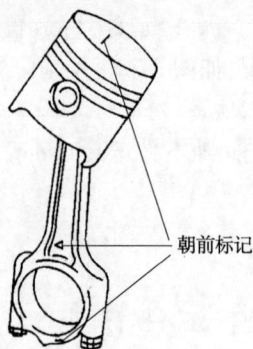

图 3-24 活塞和连杆上的
安装标记

度为 70～80℃的水中或油中加热,然后再将活塞销装入。

拆卸活塞销时,应将活塞和连杆按缸位摆放好,以免装错。同时还应注意活塞与连杆上是否有安装方向标记,如果没有应作标记,以便安装时保证其正确的方向。活塞和连杆上的安装标记如图 3-24 所示,安装活塞销时应使标记在同一侧,活塞连杆组件安装到汽缸内时标记应朝向发动机前方。

1)活塞销与活塞销座孔的选配

发动机工作中,活塞销座孔一般比活塞销更容易磨损。活塞销座孔磨损后,因修理成本较高,一般都更换活塞,并同时更换活塞销和活塞环。

更换活塞销时,活塞销应与活塞销座孔进行选配。采用半浮式连接的活塞销,将活塞放置在销座孔处于垂直方向的位置上,在常温下活塞销应能靠自重缓缓通过活塞销座孔。采用全浮式连接的活塞销,在活塞加热到 70～80℃时,应能用手掌心将涂有润滑油的活塞销推入座孔。若不符合上述要求,过松或过紧均应重新选配活塞销,对采用全浮式连接的活塞销,允许通过铰削活塞销座孔的方法达到配合要求。

(1)手工铰削工艺。

①选用铰刀。选用适当直径的长刃活络铰刀,使活塞的两个销孔能同时进行铰削,保证两孔的同轴度。

②调整铰刀。第一刀作为试探性铰削,其铰削量甚微,调整刀片时,仅与座孔接触即可。

③铰削。将铰刀柄固定在台虎钳上,双手握住活塞,轻压,顺时针方向徐徐铰动,如图 3-25 所示。铰到底,使活塞从铰刀下方脱出。

④试配。每铰一遍,应将活塞销试配一下,当活塞销能用手推入座孔 1/3 时,应停止铰削,如图 3-26 所示,然后用木锤或铜锤头轻轻击入,根据配合松紧度检查和修刮接触面。

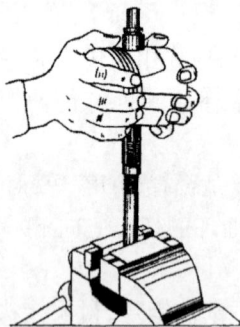

图 3-25 铰削活塞销座孔

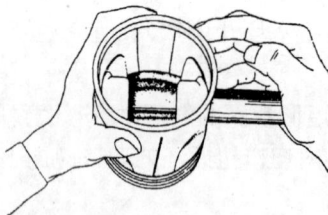

图 3-26 活塞销与活塞座孔试配

⑤配合。活塞销与活塞销座孔的配合,在常温下应有 0.0025～0.0075mm 的过盈量,当活塞处于 75～80℃时,感觉应有微量间隙。

修刮后的配合松紧度,应能用手掌击入 1/3～1/2 为宜。活塞销与活塞销孔的接触面积应在 75%以上。

(2)活塞销与活塞销座孔配合松紧度的检验。

①活塞的热变形试验。目的主要是检验活塞销与座孔配合松紧度是否符合技术要求。

活塞热变形的步骤如下：

a.在常温下测量并记录活塞的长轴、短轴实际尺寸；

b.将活塞放入热水中加温到 75 ～ 85℃；

c.取出活塞,将活塞销涂润滑油迅速装入活塞销座孔趁热转动几圈；

d.冷却后再测量活塞的长轴、短轴尺寸,与原数据比较。

活塞热变形的要求:长轴缩短,短轴变长,变化量均不超过 0.025mm。

几种情况的处理方法如下：

a.长轴、短轴变化不一致,以长轴变化为主；

b.变化大,说明配合过紧,应对活塞销座孔重新修刮；

c.无变化,说明配合过松,应换加大一级的销重新铰配。

②检查活塞销的浮动情况。在工作中,可以通过检查活塞销在活塞销座孔内的浮动程度,判定其配合情况。

a.把活塞加温,组装活塞销及连杆；

b.把活塞连杆组放入水中加温到 75 ～ 85℃,迅速取出,一手按住活塞,另一手握住并扭连杆大头,前后推拉连杆；

c.活塞销能在活塞销座孔内浮动,说明配合符合要求；

d.若温度达 85℃ 以上时,活塞销在活塞销座孔内仍不能活动,为配合过紧,应修配；

e.若温度低于 75℃ 时,活塞销就开始浮动,为配合过松,应更换活塞销,重新修配。

2)活塞销与连杆的选配

(1)半浮式活塞销与连杆小头的选配。

半浮式连接的活塞销与连杆小头为过盈配合,过盈量一般为 0.01 ～ 0.04mm。活塞销与连杆小头孔不允许试装,只能通过测量尺寸进行选配,如图 3-27 所示。

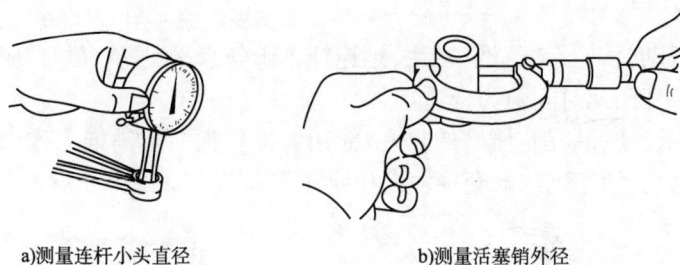

a)测量连杆小头直径　　　　　b)测量活塞销外径

图 3-27　半浮式活塞销与连杆小头选配

在装配时必须将连杆小头放在电炉内加热到 200℃ 左右,使销孔胀大,然后连同活塞一起装入,冷却后使活塞销固定在销孔内。工作时,活塞销只与活塞销孔转动。

(2)全浮式活塞销与连杆衬套的选配。

在维修中,若活塞销与连杆衬套配合间隙过大,或更换活塞和活塞销时,必须更换连杆衬套,以保证其正常配合。连杆衬套与连杆小头孔应有适量的过盈量,以防止工作时衬套转动或轴向窜动。新衬套可用台虎钳压入连杆小头,压入时,衬套倒角应朝向连杆小头倒角一侧,并将其放正,同时对正衬套的油孔和连杆小头的油孔,如图 3-28 所示,确保润滑油道畅通。

有些发动机的连杆衬套无加工余量,压装后不需修配。对有加工余量的连杆衬套,压入

连杆小头后,需进行铰削修配,铰削程序如下:

①选择铰刀。根据活塞销实际尺寸选择,将铰刀夹紧在台虎钳上,并与钳口平面保持垂直。

②调铰刀。将连杆小端套入铰刀内,与铰刀吻合,以切削刃露出衬套3~5mm为宜。铰削量不得过大,以免铰削时出现摆动,铰出不正常的棱坎或喇叭口。

③铰削(图3-29)。

a. 一手握住连杆大端,均匀用力扳转;一手把持小端,并向下略施压力,进行铰削。

b. 当衬套下平面与切削刃下方相平时,停止铰削。此时,将连杆小端下压,使衬套平稳脱出铰刀。铰刀的调整量以旋转调整螺母60°~90°为宜。

c. 在铰刀直径不变的情况下,将连杆翻转一面再铰一次。

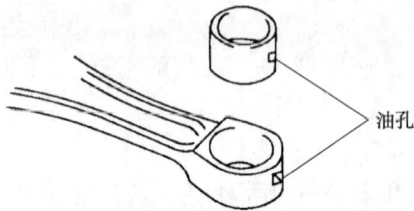

图3-28 衬套油孔和连杆小头的油孔

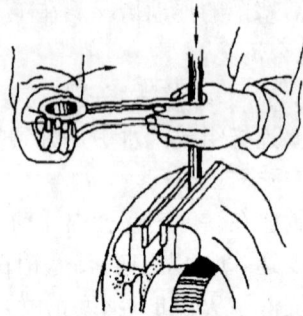

图3-29 铰削连杆衬套

d. 配对研磨。在铰削或磨削时,应留有研磨余量。如图3-30所示,将活塞销装入连杆衬套内配对研磨,并加少量润滑油;将活塞销夹持在台虎钳上,沿活塞销轴线方向扳动连杆,应无间隙感觉。

加入润滑油扳动时,应无"气泡"产生;把连杆置于与水平呈75°角时,应能停住;轻轻触动连杆,应能徐徐下降,此时间隙为合适。

如图3-31所示,经过铰削、研磨的衬套,能用大拇指把活塞销推入连杆衬套内,此时应无间隙感觉。研磨后,活塞销与衬套接触面积应在75%以上。

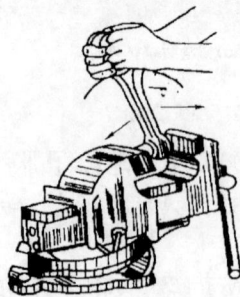

图3-30 配对研磨连杆衬套

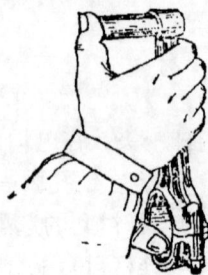

图3-31 活塞销配对间隙检查

4. 连杆变形检验与校正

1)连杆的外观检验

（1）连杆体、轴承盖等不得有裂纹和损伤。

（2）轴承盖与轴承座应密合，结合面无损伤，定位槽完整无损。

（3）用塞尺检查连杆大头两端面与曲柄臂间隙应符合规定，否则应予以更换。

（4）检查连杆螺栓及螺母。如螺纹有损伤（在两扣以上），螺栓有裂痕或有明显的缺陷，螺栓拉长变形，或螺栓、螺母相互配合间隙过大，有明显松旷，应更换。

2）连杆变形的检验

连杆弯、扭的检验在连杆检测器上进行，如图 3-32 所示。

检查连杆变形时，将连杆轴承 3 装好，活塞销装入连杆小头，再将连杆大头固定在连杆检测器的定心轴上，然后把三点式量规的 V 形槽贴紧活塞销，用塞尺测量连杆检测器平面与量规指销之间的间隙。三点式量规有 3 个指销，上面 1 个下面 2 个，3 个指销均与连杆检测器平面接触，说明连杆无变形；若量规仅上面 1 个指销（或下面 2 个指销）与检测器平面有间隙，说明连杆有弯曲变形，如图 3-32a）所示，间隙大小反映了连杆的弯曲程度。若量规下面的 2 个指销与连杆检测器平面的间隙不同，说明连杆有扭曲变形，如图 3-32b）所示，2 个指销的间隙反映了连杆的扭曲程度；若上述两种情况并存，说明连杆既有弯曲变形又有扭曲变形，连杆的弯曲或扭曲变形超过其允许极限时，应进行校正或更换连杆。

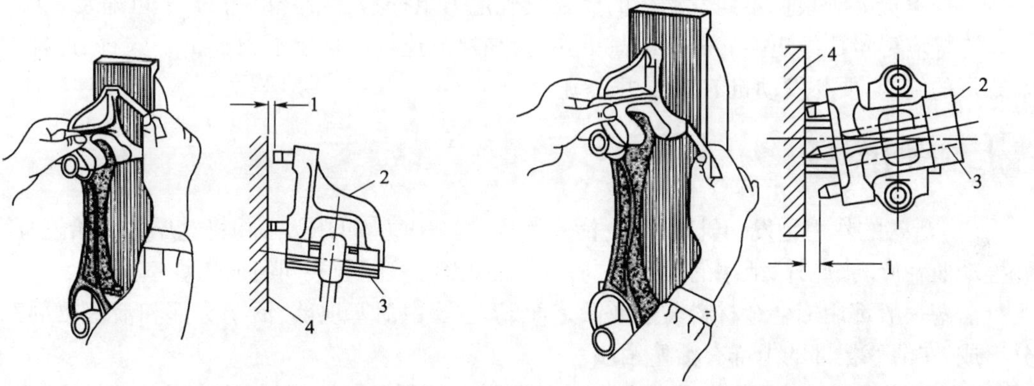

a)弯曲　　　　　　　　　　　　　　　　　　　　b)扭曲

图 3-32　连杆弯扭的检验
1-量规间隙;2-量规;3-活塞销;4-检测器平面

3）连杆弯、扭的校正

（1）对弯曲的连杆，可用压床或连杆校正器上的校弯工具压直，如图 3-33 所示。

（2）对扭曲的连杆，可夹在台虎钳上，用连杆校正器上的校扭工具校正，如图 3-34 所示。没有校正工具时，用长柄扳钳、管子钳等也可校正。在常温下校正连杆，将会发生弹性变形和后效作用，即卸去负荷后，连杆有恢复原状的趋势。因此在校正弯、扭变形较大的连杆时，校正后最好进行稳定处理。方法是将校正后的连杆用喷灯稍许加温。在校正弯、扭变形较小的连杆时，使校正负荷保持一定时间即可。经校正的连杆，应再次进行检验。如此反复进行，直至把弯、扭消除为止。

4）连杆的选配

连杆大头内孔是与连杆盖配对装合后加工的，而且连杆装配后的质量在出厂时都有较严格的控制,为此,连杆和连杆盖的组合不能装错,一般都刻有配对标记(常用数字标记),拆装时必须注意。

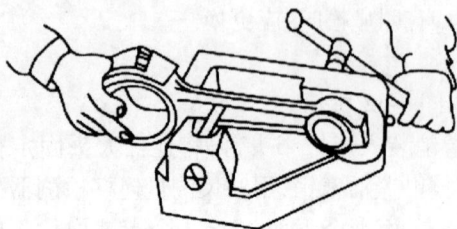

图 3-33　校正连杆的弯曲　　　　　　　　　图 3-34　校正连杆的扭曲

连杆上的喷油孔和偏位连杆都有方向性,同时为保证连杆大头和连杆小头与配合件的配合位置,连杆的杆身上刻有朝前标记,并在连杆大头侧面刻有缸位序号,装配时不可装反,也不可装错缸位。

连杆螺栓必须根据不同发动机的要求按规定力矩拧紧。带开口销的,不可漏装开口销。

连杆应尽量成组更换。需要单只更换时,须保证连杆质量差不大于3g。连杆、连杆螺栓及螺母的结构,要与发动机的型号相适应。

任务小结

(1)活塞的作用是发动机工作时,活塞承受汽缸中气体的压力,并将此压力传给连杆,以便推动曲轴旋转;此外,活塞的顶部还与汽缸盖和汽缸壁配合共同组成燃烧室。

活塞一般都用铝合金材料铸造或锻造而成,主要由活塞顶部、活塞头部和活塞裙部三部分组成,在活塞裙部的上部有活塞销座。

(2)活塞环按其功用可分为气环和油环两类。气环又称压缩环,其功用是密封活塞和汽缸之间的间隙,防止漏气和窜油,并将活塞承受的热量传给汽缸。油环的功用是刮去汽缸壁上多余的润滑油,并在汽缸壁上均匀布油。一般发动机上装有二道气环和一道油环。

(3)活塞销的功用是将活塞和连杆连接在一起,将活塞承受的气体压力传给连杆。

(4)连杆的功用是将活塞承受的气体压力传给曲轴,使活塞的往复直线运动变为曲轴的旋转运动。连杆由连杆小头、连杆杆身和连杆大头(包括连杆盖)三部分组成。

(5)活塞检测与选配主要包括活塞的清洁;活塞破损和烧蚀的检查;活塞环槽磨损的检查;活塞刮伤的检查;活塞直径的测量;活塞的选配等内容。

(6)活塞环的检验项目主要包括活塞环端隙的检修;活塞环侧隙的检修;活塞环背隙的检修;活塞环的漏光检验;活塞环弹力试验等项目。

(7)活塞销与活塞销座孔及连杆衬套选配主要包括活塞销与活塞销座孔的选配和活塞销与连杆的选配。

(8)连杆变形检验与校正主要内容包括连杆的外观检验;连杆变形的检验;连杆弯、扭的校正;连杆的选配等内容。

学习任务四 曲轴飞轮组故障诊断与修复

任务描述

一辆轿车在行驶中,在发动机下部发出一种有节奏的连续异响,听起来是"刚刚"的金属撞击声,严重时车身抖动。

发生此故障的原因可能是曲轴变形、曲轴与轴瓦间隙过大或其他原因造成的,但要确认原因需要进一步拆检以便确认故障原因。

学习目标

(1)认识曲轴飞轮组的组成、结构与功用;

(2)能运用检测和诊断设备进行曲轴轴颈磨损、曲轴变形的检测;

(3)能运用检测和诊断设备进行曲轴轴向间隙和径向间隙的检测;

(4)能运用检测和诊断设备进行曲轴轴承的检修,并能够正确地选配;

(5)能运用检测和诊断设备进行飞轮的检修;

(6)具备信息查询和手册使用的基本能力;

(7)能够按照企业5S要求和安全生产规范进行操作;

(8)能与同学密切合作,规范安全地完成学习活动;

(9)养成自主学习的习惯,培养规范操作的工作作风及环保意识。

建议学时:8学时。

知识准备

一、曲轴

曲轴的功用是承受连杆传来的力,并由此产生绕自身轴线的旋转力矩,该力矩通过飞轮输送给底盘驱动汽车行驶。曲轴还用来驱动发动机的配气机构和水泵、发电机、空气压缩机等附件。

曲轴的基本组成包括前端轴、主轴颈、连杆轴颈(曲柄销)、曲柄、平衡重和后端凸缘等,如图4-1所示。

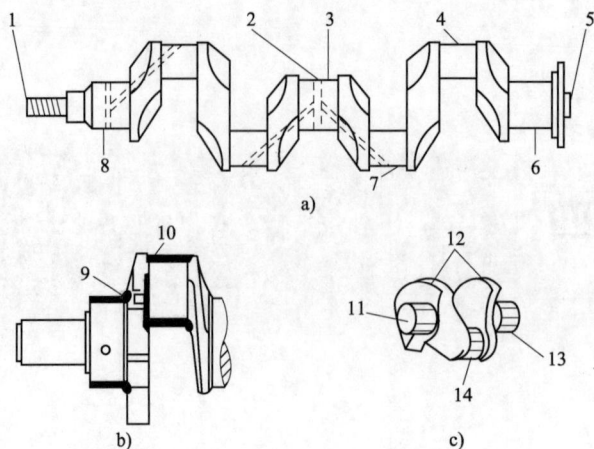

图 4-1　曲轴

1-前端轴；2-润滑油道；3、6、8、11、13-主轴颈；4、14-连杆轴颈；5-后端凸缘；7-曲柄；9-主轴颈圆角；10-连杆轴颈圆角；
12-平衡重

曲轴上磨光的表面为轴颈。将曲轴支承在曲轴箱内旋转的轴颈为主轴颈，主轴颈的轴线都在同一直线上。偏离主轴颈轴线用以安装连杆的轴颈为连杆轴颈（或称曲柄销），连杆轴颈之间有一定夹角。连杆轴颈与主轴颈之间还加工有润滑油道。

将连杆轴颈和主轴颈连接到一起的部分称曲柄，连杆轴颈和曲柄共同将连杆传来的力转变成曲轴的旋转力矩。轴颈与曲柄之间有过渡圆角。

前端轴用以安装水泵带轮、曲轴正时带轮（或正时齿轮、正时链轮）、起动爪等。后端凸缘用以安装飞轮。

为使发动机运转平稳，一般在连杆轴颈相对的位置上设有平衡重。不同发动机的曲轴设置的平衡重数量不同，有 4 块、6 块、8 块等。

在少数发动机上采用组合式曲轴，即将曲轴的各部分分段加工，然后组装成整个曲轴，如图 4-2 所示。采用组合式曲轴的发动机，一般连杆大头为整体式，主轴承为滚动轴承，相应曲轴箱为隧道式。

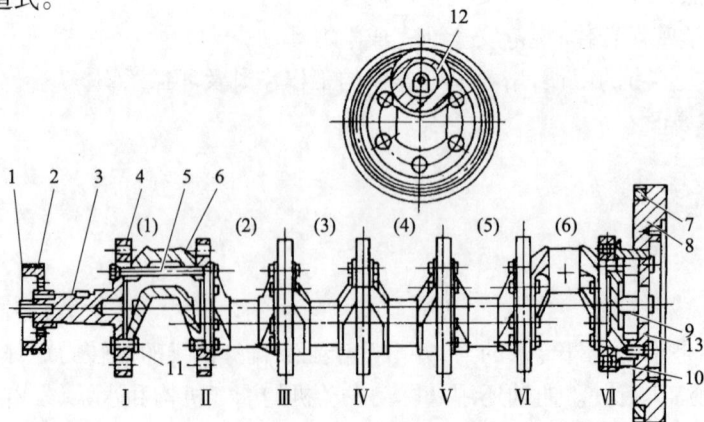

图 4-2　组合式曲轴

1-起动爪；2-带轮；3-前端轴；4-滚动轴承；5-连杆螺栓；6-曲柄；7-飞轮齿圈；8-飞轮；9-后端凸缘；10-挡油圈；11-定位螺钉；
12-油管 13-锁片

按曲轴的主轴颈数,可将曲轴分为全支承曲轴和非全支承曲轴。在相邻的两个连杆轴颈之间,都设有主轴颈的曲轴称全支承曲轴,否则称为非全支承曲轴。全支承曲轴的主轴颈数比连杆轴颈数多一个,而非全支承曲轴的主轴颈数等于或少于连杆轴颈数。

多缸发动机的连杆轴颈布置因汽缸数、汽缸排列形式和做功顺序(即点火顺序)而异。多缸发动机连杆轴颈的布置,应尽可能使连续做功的两个汽缸距离远,且各缸做功间隔力求均匀。

在汽车使用中,自动变速器的液力变矩器或离合器对曲轴产生轴向推力,或汽车上下坡时,均可能使曲轴发生轴向窜动,而曲轴的轴向窜动会影响曲柄连杆机构各零件之间的相互配合位置,所以必须采用定位装置加以限制。

曲轴的轴向定位装置为安装在某一主轴颈两侧的两个止推垫片,安装在曲轴前端第一道主轴颈两侧的止推垫片一般为整体式,图4-3所示的安装在中间某一道主轴颈两侧的止推垫片1、2一般为分开式,有些发动机上,分开式止推垫片与主轴承制成一体,称为翻边轴承。

曲轴前后端都伸出曲轴箱,为防止润滑油流出曲轴箱,在曲轴前后端均设有密封装置。为保证密封可靠,一般都采用两种密封装置,图4-3所示的机件5和6是常用的挡油盘和油封。

曲轴的常见故障是轴颈磨损、弯曲变形,严重时出现裂纹,甚至断裂。

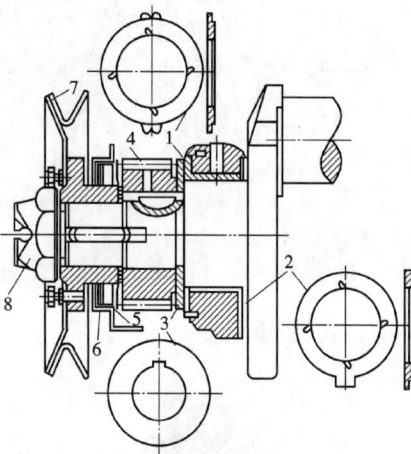

图4-3　曲轴前端

1、2-止推垫片;3-止推环;4-曲轴正时齿轮;5-挡油盘;6-油封;7-带轮;8-起动爪

二、曲轴轴承

曲轴轴承包括连杆轴承(俗称小瓦)和曲轴主轴承(俗称大瓦),其结构基本相同。曲轴轴承的功用主要是减小摩擦和减轻曲轴等零件的磨损。

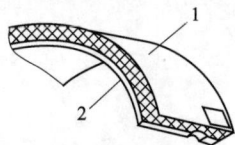

图4-4　曲轴轴承的组成

1-钢背;2-减磨层

连杆轴承和曲轴主轴承一般都是分开式滑动轴承,其组成如图4-4所示,主要由钢背和减磨层组成,钢背是轴承的基体,在钢背的内圆表面制有耐磨的减磨层。为对轴承进行可靠润滑,在轴承内表面制有油槽储肋,在主轴承上还制有通油孔以便润滑油进入曲轴内的油道。

为防止发动机工作时,轴承发生轴向窜动,在轴承的钢背上制有定位凸键或定位销孔,以便安装后定位,如图4-5所示。发动机工作中,为防止曲轴轴承转动,曲轴轴承有自由弹势和一定的压紧量,自由弹势是指轴承在自由状态下的曲率半径比座孔大,压紧量是指轴承装入座孔后略高出座孔分界面,如图4-6所示。这样,可在装配后使轴承紧压在座孔内,既能防止轴承转动,又利于轴承散热。

曲轴轴承一般都经过选配,且发动机工作中旧的轴承也进行了自然磨合,所以在发动机维修时,应注意轴承及其轴承盖的安装位置不能装错。

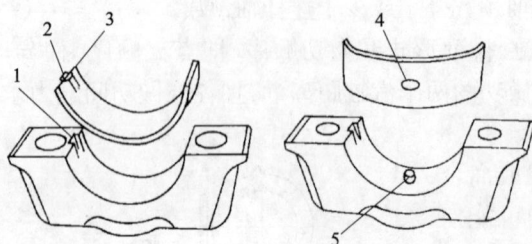

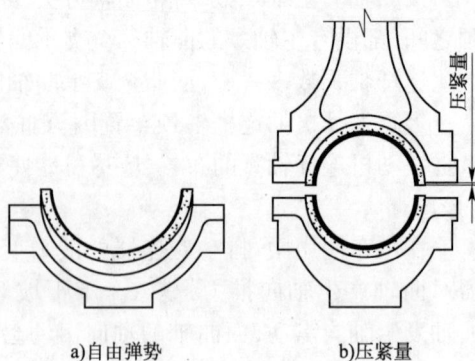

a)自由弹势 b)压紧量

图4-5 曲轴轴承定位   图4-6 曲轴轴承的自由弹势和压紧量

1-定位槽;2-定位凸键;3-轴承分界面;4-定位销孔;5-定位销

曲轴轴承间隙失准,容易产生异响,甚至导致曲轴轴承和轴颈烧蚀。

三、飞轮

图4-7 飞轮

飞轮是一个转动惯量很大的圆盘(图4-7),其功用是将在做功行程中的一部分功能储存起来,用以在其他行程中克服阻力,带动曲柄连杆机构越过上、下止点,保证曲轴的旋转角速度和输出转矩尽可能均匀,并使发动机有可能克服短时间的超载荷。此外,在结构上,飞轮往往是传动系中摩擦离合器的驱动件,飞轮多采用灰铸铁制造。飞轮外缘上压有一个齿环,可与起动机的驱动齿轮啮合,供起动发动机用。飞轮上通常刻有第一缸点火正时记号,以便校准点火时刻。

操作指引

1. 组织方式

(1)场地设施:举升机一台,装有废气抽排系统和消防设施的场地。

(2)设备设施:发动机台架、整车一辆、曲轴飞轮组等。

(3)工量具:百分表、平板、V形块、千分尺、汽缸压力表等。

(4)耗材:塑料间隙规等。

2. 操作要点

(1)穿戴干净整洁的工作服。

(2)遵守场地安全规定,注意用电安全。

(3)正确使用百分表等工量具。

(4)正确使用压力机等设备。

任务实施

1. 曲轴轴颈磨损、曲轴变形检修

将待检测的曲轴上的油污、积炭、锈迹等彻底清洗干净。

1）曲轴裂纹的检验

曲轴裂纹一般出现在应力集中处,如主轴颈或连杆轴颈与曲柄臂相连的过渡圆角处,表现为横向裂纹。也有在轴颈中的油孔附近出现轴向延伸的裂纹。常用检查方法有:磁力探伤仪检查、超声波探伤及浸油敲击法等。

曲轴裂纹可进行焊修,但一般是更换新件。

2）弯曲变形的检修

（1）弯曲变形的检验。如图 4-8 所示,将曲轴的两端用 V 形块支承在检测平板上;用百分表的触头抵在中间主轴颈表面,转动曲轴一周,百分表上指针的最大与最小读数之差,即为中间主轴颈对两端主轴颈的径向圆跳动误差（通常也用指针的最大与最小读数差值之半作为直线度误差或弯曲度值）。丰田轿车发动机曲轴的直线度误差不大于 0.03mm,否则进行冷压校正或更换曲轴。

（2）曲轴的冷压校正。曲轴冷压校正通常在压力机上进行。如图 4-9 所示,将曲轴放在压力机工作平板的 V 形块上,在压力机的压杆与曲轴轴颈之间垫以铜皮,防止压伤曲轴轴颈工作表面。对于钢制曲轴,压弯量应为曲轴弯曲量的 10 ~ 15 倍,并保持 1.5 ~ 2min 后再释放。弯曲变形较大时,需多次反复进行,直到符合要求。曲轴校正需进行时效处理,即将曲轴放置 10 ~ 15 天,再重新检校;或将冷压后的曲轴加热至 300 ~ 500℃,保持 1 ~ 1.5h。对于球墨铸铁曲轴,压校变形量不得大于变形量的 10 倍。

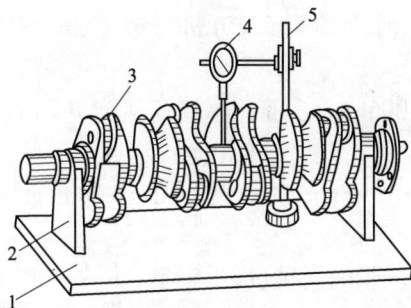

图 4-8　曲轴弯曲的检查
1-平板;2-V 形块;3-曲轴;4-百分表;5-百分表架

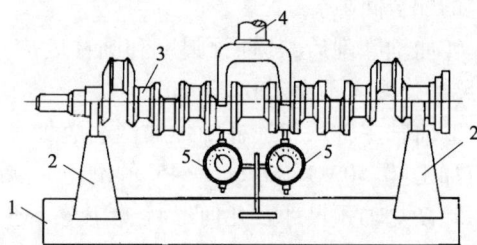

图 4-9　曲轴弯曲的校正
1-平板;2-V 形块;3-曲轴;4-压力机;5-百分表

3）扭转变形的检修

（1）曲轴扭转变形的检验。将曲轴两端的主轴颈放在检测平板的 V 形块上,使曲轴上相同曲拐位置的连杆轴颈转至水平。用百分表或游标高度尺测出相对应的两个连杆轴颈的高度差 Δh,利用下式近似计算曲轴变形的扭转角 θ:

$$\theta = 360\Delta h/27\pi R \approx 57\Delta h/R$$

式中:R——曲柄半径,mm。

（2）曲轴扭转变形的修复。由于扭转变形量一般很小，可在修磨曲轴轴颈时予以修正。

4）轴颈磨损的检修

连杆轴颈径向磨损的最大部位是在各轴颈的内侧面上，即靠曲轴中心线一侧。沿轴线方向磨损的最大部位，一般在机械杂质偏积的一侧和各个轴颈受力大的部位。

主轴颈磨损后主要是呈椭圆形，它的最大磨损部位是在靠近连杆轴颈的一侧。沿轴向的磨损是不均匀的，一般没有规律性。

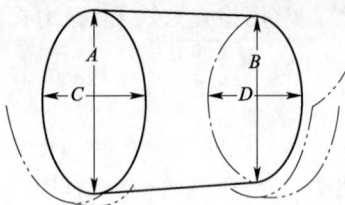

图4-10　曲轴轴颈磨损检查测量部位

（1）曲轴轴颈的检验。检验曲轴轴颈磨损量，可用外径千分尺测量主轴颈及连杆轴颈的圆度和圆柱度，判定是否需要磨修及磨修的修理尺寸，测量部位如图4-10所示。检验方法如下。

用外径千分尺先在油孔两侧测量，然后旋转90°再测量，同一截面最大直径与最小直径之差的1/2为圆度误差；轴颈各部位测得的最大与最小直径差的1/2为圆柱度误差。圆度、圆柱度误差大于0.020mm时，应按修理尺寸磨修。轴颈直径达到其使用极限时应更换曲轴。

$A-B=$ 垂直方向的圆柱度；$C-D=$ 水平方面的圆柱度；$(A-C)$ 及 $(B-D)=$ 圆度。

（2）曲轴轴颈的磨修。在专用曲轴磨床上进行。工艺要点如下。

①磨削曲轴前应先确定修理尺寸。一般发动机曲轴的主轴颈和连杆轴颈均有标准尺寸和级差为0.25mm的2~4级缩小修理尺寸，并配有相应尺寸的轴承，少数曲轴无修理尺寸。选择的修理尺寸应小于或等于磨削加工后可能得到的最大轴颈尺寸。

②同一曲轴的所有轴颈应按同一级修理尺寸进行磨削，以保证曲轴的动平衡。

③曲轴轴颈磨削尺寸应根据选定的修理尺寸和轴承的实际尺寸进行磨削加工，并保证规定的配合间隙。

④曲轴磨削后，其轴颈圆度和圆柱度应小于0.005mm，表面粗糙度应达到 $Ra0.2\mu m$ 以上，尺寸公差应不大于0.02mm。

⑤曲轴主轴颈和连杆轴颈的两端应加工半径为1~3mm的过渡圆角，轴颈上的润滑油孔应加工(0.50~1.00)mm×45°的倒角，并除净毛刺。

除恢复轴颈尺寸及几何形状、精度外，还要保证轴颈的同轴度、平行度、曲轴过渡圆半径及各连杆轴颈间的夹角等相互位置精度。

5）曲轴轴向间隙的检查与调整

将千分表 VAS 6079 或 VAS 6341 与通用千分表支架 VW387 用螺栓固定在汽缸体上并与曲柄臂相对放置。用手将曲轴压向千分表并将千分表校表归"0"。将曲轴向反向压紧并读取显示值，如图4-11所示。

曲轴轴向间隙一般为0.07~0.23mm，允许极限一般为0.30mm。间隙过大或过小，可通过更换止推垫片来调整。

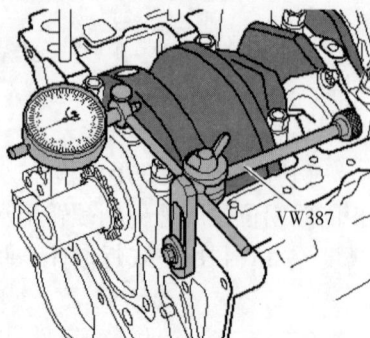

图4-11　曲轴轴向间隙的测量

2.选配曲轴轴承

1）轴承的外观检查

检查曲轴主轴承和连杆轴承是否有严重磨损、烧伤、刮伤或疲劳剥落等现象。图 4-12 所示为轴承的异常磨损。对于曲轴止推垫片，若发现摩擦面有拉伤、变色、翻边等现象，应更换。

2）轴承的选配

曲轴轴承间隙超过允许极限、修磨或更换曲轴后，均需更换轴承。为保证轴承与轴颈和轴承座孔的良好配合，更换轴承时，必须进行选配。各车型的轴承选配有具体要求，选配前应注意轴承、轴承盖、曲柄和汽缸体上有无数字或颜色等标记，并了解这些标记的含义，或查阅维修手册，然后再进行轴承选配。

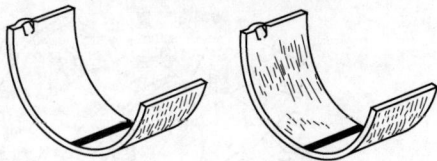

图 4-12　轴承的异常磨损

（1）根据轴径的修理尺寸，选用曲轴轴径同一级修理尺寸的轴承。

（2）轴承厚度应符合规定。新轴承装入座孔内，上、下两片的两端均应高于接合面 0.05mm，保证轴承与座孔贴合紧密，提高散热效果。

（3）定位凸点完整。轴承背面光滑无斑点，表面粗糙度值应不大于 $Ra1.25\mu m$。

（4）弹性合适无哑声。把新选用的轴承放入轴承座后，要求轴承的曲率半径大于轴承孔的曲率半径，以保证轴承装入轴承座后，与轴承座紧密贴合。

（5）更换留有锉削余量的曲轴轴承时，可将轴承按规定位置装入轴承座孔，并按规定力矩拧紧轴承盖，然后根据曲轴的修理尺寸在专用锉削机上锉削轴承。也可采用手工刮削。

（6）按轴颈的标准尺寸或修理尺寸成组选配时，在成组选配的主轴承或连杆轴承中，可任选一上片轴承与一下片轴承配对使用。

（7）有选配标记的轴承，选配时必须与汽缸体和曲轴上的标记对应。

3）连杆轴承间隙的检测

（1）拆下连杆轴承盖，清洗轴承和连杆轴径。

（2）如图 4-13 所示，将塑料间隙规沿轴向放置在连杆轴径或轴承上。

（3）装上连杆轴承盖，以规定的力矩拧紧，此时不得转动曲轴。

（4）重新拆下连杆轴承盖。

（5）将轴承盖与轴径间被压扁的塑料间隙规取出，将其压扁的宽度与印制刻度相比较，就可得出连杆轴承的径向间隙值。

（6）将连杆轴承盖按正常顺序装配到曲轴上，用磁座百分表测量连杆轴承盖的侧面与曲柄之间的间隙，如图 4-14 所示。最大间隙应不超过使用极限，否则应更换连杆总成。

4）曲轴主轴承间隙的检测

（1）拆下曲轴主轴承盖，清洗并擦净轴承和曲轴轴径。

（2）如图 4-15 所示，根据轴承宽度，沿轴向在曲轴轴径与轴承之间放上等长的塑料间隙规（方法同前）。

（3）安装轴承盖，以规定力矩拧紧，不得转动曲轴。

（4）拆下轴承盖，将轴承盖与轴径间被压扁的塑料间隙规取出，将其压扁的宽度与印制的刻度相比较，就可得出曲轴主轴承的径向间隙值。

（5）如图4-16所示，将曲轴主轴承盖按规定装合紧固，把百分表装在缸体上，用撬棍别住曲轴，使其不能转动，测量曲轴的轴向间隙，最大轴向间隙应不超过规定值。若此间隙超差，则应更换曲轴止推垫片。

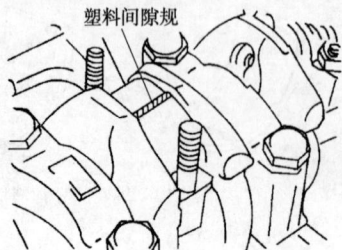

图4-13　用塑料间隙规检查连杆轴承径向间隙

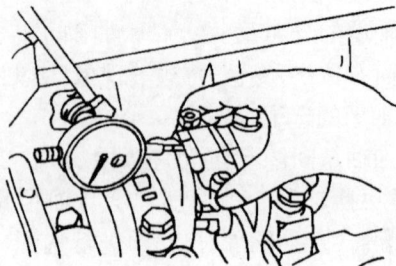

图4-14　检查连杆轴承轴向间隙

图4-15　用塑料间隙规检查曲轴主轴承径向间隙

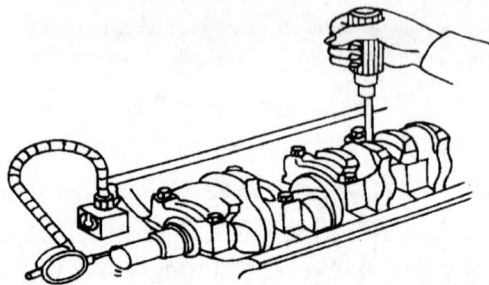

图4-16　检查曲轴主轴承轴向间隙

5）操作注意事项

（1）检测曲轴主轴承和连杆轴承的间隙时，必须严格按照规定力矩拧紧轴承盖，否则测量值不准确。

（2）在测量径向间隙时，不得转动曲轴。

（3）有些车型发动机轴承为直接选配，不允许乱配。

3. 飞轮的检修

（1）飞轮主要损伤：工作面磨损、齿圈磨损或折断。

（2）飞轮的修理：工作面沟槽深度大于0.5mm应磨削（切削量不大于1mm）；更换飞轮时须刻上正时标记并作动平衡。齿圈单面磨损可翻面使用，但注意重新倒角。

（3）动平衡试验：飞轮、曲轴磨削后要重新进行动平衡试验。

任务小结

（1）曲轴的功用是承受连杆传来的力，并由此产生绕自身轴线的旋转力矩，该力矩通过飞轮输送给底盘驱动汽车行驶。曲轴还用来驱动发动机的配气机构和水泵、发电机、空气压缩机等附件。曲轴的基本组成包括前端轴、主轴颈、连杆轴颈（曲柄销）、曲柄、平衡重和后端凸缘等。

（2）曲轴轴承包括连杆轴承（俗称小瓦）和曲轴主轴承（俗称大瓦），其结构基本相同。曲轴轴承的功用主要是减小摩擦和减轻曲轴等零件的磨损。

（3）飞轮是一个转动惯量很大的圆盘。其功用是将在做功行程中的一部分功能储存起来，用以在其他行程中克服阻力，带动曲柄连杆机构越过上、下止点，保证曲轴的旋转角速度和输出转矩尽可能均匀，并使发动机有可能克服短时间的超载荷。此外，在结构上，飞轮往往是传动系中摩擦离合器的驱动件，飞轮多采用灰铸铁制造。

（4）曲轴检修的项目主要包括：曲轴裂纹的检验、弯曲变形的检修、扭转变形的检修、轴颈磨损的检修以及曲轴轴向间隙的检查与调整等。

（5）曲轴轴承检修主要包括：轴承的外观检查、连杆轴承间隙的检测、曲轴主轴承间隙的检测等。

（6）飞轮主要损伤有工作面磨损、齿圈磨损或折断。飞轮的修理：主要是当工作面沟槽深度大于 0.5mm 应磨削（切削量不大于 1mm）；更换飞轮时须刻上正时标记并作动平衡；齿圈单面磨损可翻面使用，但注意重新倒角；飞轮、曲轴磨削后要重新进行动平衡试验。

学习任务五 配气机构故障诊断与修复

任务描述

一辆轿车,在行驶中突然发出"嗒嗒"的异响。声音随着速度的增加而增大。故障检查:停车仔细查听,发现"嗒嗒"声来自发动机。

引起异响的可能原因是:由于机油油量不足或过脏而引起液压挺柱工作时异响;气门杆及其导管间的间隙过大引起是异响;气门与气门座圈之间的撞击异响等。

现在需要对润滑系统进行进一步检测。

学习目标

(1)认识配气机构的功用、组成与分类;

(2)掌握配气机构各个零件的功用和结构组成;

(3)能运用检测和诊断设备进行气门与气门座的检修、气门导管的检修;

(4)能运用检测和诊断设备进行凸轮轴的检修、液压挺柱的检修,正时传动机构检修;

(5)能运用检测和诊断设备进行气门间隙检查与调整;

(6)具备信息查询和手册使用的基本能力;

(7)能够按照企业5S要求和安全生产规范进行操作;

(8)能与同学密切合作,规范安全地完成学习活动;

(9)养成自主学习的习惯,培养规范操作的工作作风及环保意识。

建议学时:8 学时。

知识准备

一、配气机构功用、组成和分类

1. 配气机构的功用

配气机构是按照发动机每个汽缸内所进行的工作循环和发火次序的要求,定时开启和关闭汽缸的进、排气门,使新鲜可燃混合气(汽油机)或空气(柴油机)得以及时进入汽缸,废气得以及时从汽缸排出。配气机构由曲轴通过传动机构驱动。

2. 配气机构的组成

发动机配气机构的基本组成可分为气门组和气门传动组两部分。气门组主要零件包括气门、气门座、气门弹簧、气门导管等。气门传动组包括驱动气门动作的所有零件,其组成因配气机构的形式不同而不同,主要零件包括正时齿轮(正时链轮和链或正时带轮和传动带)、凸轮轴、气门挺杆、推杆、摇臂轴、摇臂等。

3. 配气机构的分类

发动机配气机构形式多种多样,其主要区别在于气门布置形式和数量、凸轮轴布置形式和驱动方式。

根据气门安装位置不同分为气门顶置式配气机构、气门侧置式配气机构和气门下置式配气机构。

按凸轮轴布置位置分为凸轮轴下置、凸轮轴中置和凸轮轴下置。

按每缸气门数目分为二气门式、三气门式、四气门式和五气门式。

按传动方式不同分为齿轮传动、链传动和带传动。

二、配气机构的主要零部件

1. 气门与气门座圈

气门分进气门和排气门,构造基本相同。气门由头部与杆部两部分组成,如图5-1所示。气门头部的作用是与气门座配合,对汽缸进行密封;杆部则与气门导管配合,为气门的运动起导向作用。

气门头部形状有平顶、喇叭形顶和球面顶,如图5-2所示。平顶结构的气门具有结构简单、制造方便、受热面积小等优点,多数发动机的进气门和排气门均采用此形状的气门。喇叭顶气门的进气阻力小,质量轻,适合作进气门。球面顶气门的排气阻力小,耐高温能力强,适合作排气门。

气门头部与气门座接触的工作面称气门密封锥面,该密封锥面与气门顶平面的夹角称为气门锥角,如图5-3所示。气门锥角一般为45°,有些发动机的进气门锥角为30°。进气门与排气门的头部直径一般不等,进气门头部直径较大。

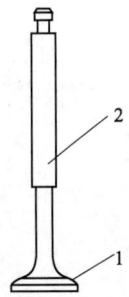
图5-1　气门的组成
1-头部;2-杆部

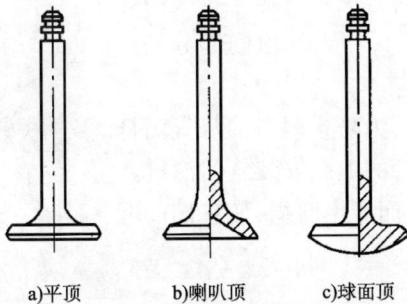
a)平顶　b)喇叭顶　c)球面顶
图5-2　气门头部形状

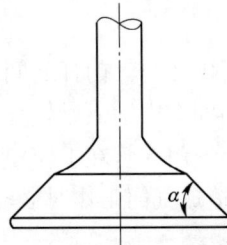
图5-3　气门锥角

气门杆部为圆柱形,在靠近尾部处加工有环形槽或锁销孔,以便用锁片或锁销固定气门弹簧座,固定方式如图5-4所示。锁片式固定方式的气门杆上有环形槽,外圆为锥形、内孔有环形凸台的锁片分成两半,气门组装配到汽缸盖上后,锁片内孔环形凸台卡在气门杆上的环槽内,在气门弹簧作用下,锁片外圆锥面与气门弹簧座锥形内孔配合,使气门弹簧座固定。锁销式固定方式则是将锁销插入气门杆上的孔内,由于锁销长度大于气门弹簧座孔径,所以可使气门弹簧座固定。

进、排气道口直接与气门密封锥面接触的部位称气门座,如图 5-5 所示。气门座与气门配合,使汽缸密封。

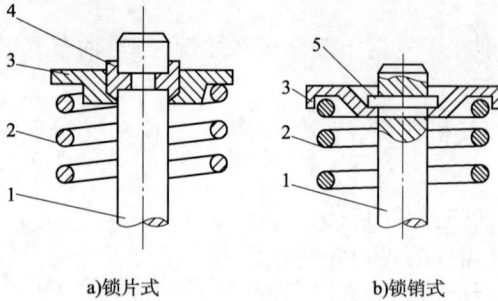

a)锁片式　　　　b)锁销式

图 5-4　气门弹簧的固定方式

1-气门杆;2-气门弹簧;3-气门弹簧座;4-锁片;5-锁销

图 5-5　气门导管及气门座

1-气门导管;2-卡环;3-汽缸盖;4-气门座

多数发动机的气门座单独制成座圈,然后压装到燃烧室内的进排气道口处,气门座圈与座孔有足够的过盈配合量,以防止发动机工作时气门座脱落。

图 5-6　气门座锥面

为保证气门与气门座可靠密封,气门座上加工有与气门相适应的锥面,气门座的锥面包括三部分,如图 5-6 所示,45°(或 30°)锥面是与气门密封锥面配合的工作面,宽度 b 为 1~3mm,15°锥面和 75°锥面是用来修正工作面位置和宽度的。

2. 气门导管

气门导管的功用是给气门的运动导向,并将气门杆所承受的热量传给汽缸盖。

气门导管为一空心管状结构,气门导管压装在汽缸盖上的导管孔中,其外圆柱面与导管孔的配合有一定的过盈量,以保证良好的传热性能和防止松脱。有些发动机为防止气门导管脱落,利用卡环对气门导管定位。气门导管的下端伸入气道,为减少对气流造成的阻力,伸入气道的部分制成锥形。

气门导管内孔与气门杆之间为间隙配合,为防止润滑油从气门杆与气门导管的间隙中漏入燃烧室,在气门导管的上端安装气门油封。

气门杆与气门导管在工作中因相互摩擦而产生磨损,使它们的配合间隙增大,造成气门工作时摆动,关闭不严。

3. 气门弹簧

气门弹簧的功用是使气门迅速复位,保证密封并防止气门在开启关闭过程中,因传动件的惯性而产生彼此脱离的现象。气门弹簧的形状为圆柱形螺旋弹簧,如图 5-7 所示,其材料为高碳锰钢、铬钒钢等拔

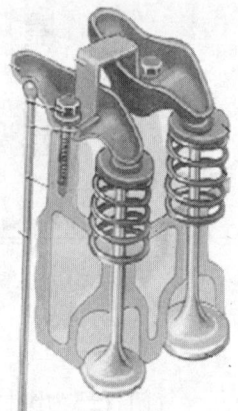

图 5-7　气门弹簧

钢丝,并在表面进行磷化或发蓝处理。为了防止因气门弹簧共振而破坏配气正时,常采用双气门弹簧、变螺距气门弹簧、锥形气门弹簧或气门弹簧振动阻尼器。

4.凸轮轴

凸轮轴是气门传动组的主要零件,其功用主要是利用凸轮控制气门的开启和关闭。此外,在有些发动机上,还利用凸轮轴驱动分电器、汽油泵和机油泵。

凸轮轴的构造如图5-8所示。凸轮和轴颈是凸轮轴的基本组成部分,凸轮用来驱动气门开启,并通过其轮廓形状控制气门开启和关闭的规律,轴颈则用来支承凸轮轴。凸轮轴上的偏心轮用来驱动汽油泵,螺旋齿轮则用来驱动机油泵和分电器,有些发动机的凸轮轴上没有偏心轮和螺旋齿轮。凸轮轴的前端用以安装正时齿轮(正时链轮或正时带轮)。

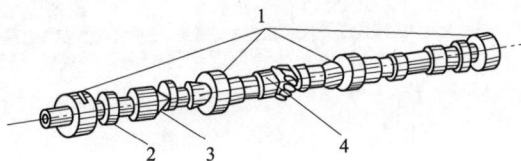

图5-8　凸轮轴的构造
1-轴颈;2-凸轮;3-偏心轮;4-螺旋齿轮

每根凸轮轴上的凸轮数量因发动机结构形式而异,如直列六缸发动机,只装有一根凸轮轴,每个凸轮只驱动一个气门,每缸采用一进、一排两个气门,所以凸轮轴上有12个凸轮。凸轮可分为两类:驱动进气门的进气凸轮和驱动排气门的排气凸轮。各缸的进气凸轮(或排气凸轮)称同名凸轮,以直列发动机为例,从凸轮轴前端看,同名凸轮的相对角位置按各缸做功顺序逆凸轮轴转动方向排列,夹角为做功间隔角的一半,做功顺序为1→3→4→2的直列四缸发动机和做功顺序为1→5→3→6→2→4的直列六缸发动机同名凸轮相对角位置如图5-9所示,根据这一规律可按凸轮轴转动方向和同名凸轮位置判断发动机做功顺序。异名凸轮相对角位置与凸轮转动方向及发动机的配气相位有关。

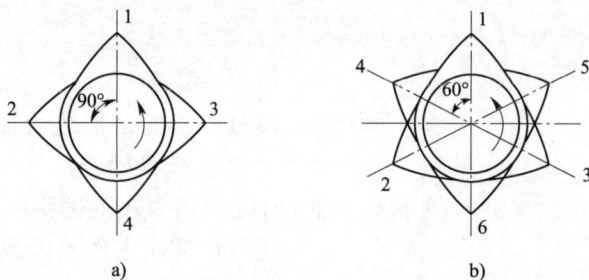

a)　　　　　　　　　　b)

图5-9　同名凸轮相对角位置
1-1缸同名凸轮相对角位置;2-2缸同名凸轮相对角位置;3-3缸同名凸轮相对角位置;4-4缸同名凸轮相对角位置;5-5缸同名凸轮相对角位置;6-6缸同名凸轮相对角位置

凸轮的轮廓形状决定着气门的最大升程、气门开启和关闭时的运动规律及持续时间。凸轮的轮廓形状是由制造厂根据发动机工作需要设计的。

在下置凸轮轴式配气机构和侧置凸轮轴式配气机构中,安装凸轮轴的座孔和压装在座孔内的凸轮轴轴承一般为整体式,为拆装方便,凸轮轴轴颈直径由前至后逐渐减小。在顶置凸轮轴式配气机构中,安装凸轮轴的座孔和凸轮轴轴承一般为剖分式,凸轮轴各轴颈直径相等。有些凸轮轴的轴颈上加工有不同形状的油槽或油孔,如图5-10所示,这些油槽或油孔用来储存润滑油或作为润滑油通道。

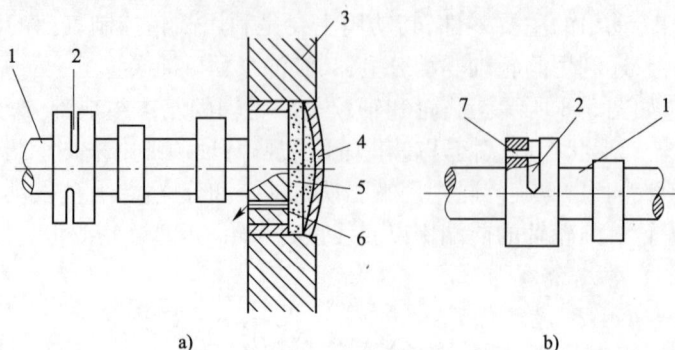

图5-10 凸轮轴轴颈上的油槽和油孔
1-凸轮轴;2-节油槽;3-汽缸体;4-油堵;5-空腔;6-泄油孔;7-油孔

为防止凸轮轴发生轴向窜动,凸轮轴都设有轴向定位装置。常见的凸轮轴轴向定位装置如图5-11所示,在凸轮轴第一道轴颈与正时齿轮之间装有隔圈,止推凸缘松套在隔圈外面并用螺栓固定在汽缸体上,这样当凸轮轴发生轴向窜动时,止推凸缘顶靠住正时齿轮的轮毂或凸轮轴第一道轴颈的端面,即起到了轴向定位的作用。为保证凸轮轴的正常转动,允许凸轮轴有一定的轴向窜动量,所以隔圈的厚度略大于止推凸缘的厚度,两者的差值即为凸轮轴的轴向间隙,此间隙一般为0.08~0.20mm。

凸轮轴的损伤主要有弯曲、轴颈磨损和凸轮磨损等。

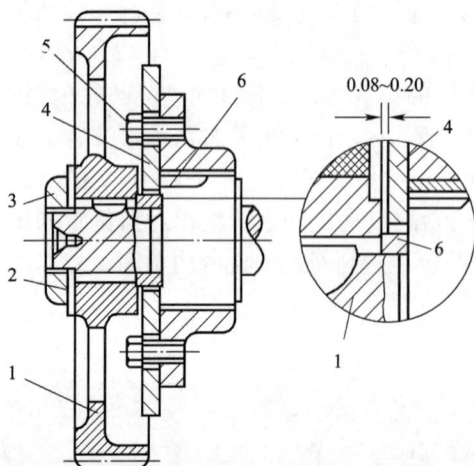

图5-11 常见的凸轮轴轴向定位装置
1-正时齿轮;2-齿轮轮毂;3-齿轮固定螺母;4-止推凸缘;5-凸缘安装螺栓;6-隔圈

5. 液压挺柱

挺柱的功能是把凸轮轴运动产生的推力传给气门挺柱或直接传给气门。挺柱的中心与凸轮的中心线有微小的偏移量,并将凸轮制成6′~12′的斜面,挺柱工作面做成曲率半径很大的球面。工作时,由于凸轮与气门挺柱工作接触面偏离中心,使挺柱产生旋转力矩,在发动机工作时,气门挺柱一边往复运动,一边旋转,这样不仅有利于挺柱的润滑,而且使挺柱接触面得到均匀的摩擦。发动机工作时,由于气门间隙的存在,配气机构中将产生冲击,发出声响。为了解决这个问题,许多高速发动机都采用液压挺柱来消除气门间隙。如上海桑塔纳、一汽奥迪、北京切诺基都采用了不预留气门间隙,也不需调整气门间隙的液压挺柱。液压挺柱如图5-12所示。

液压挺柱能自动补偿杆件的热胀冷缩,保持气门驱动机构中无间隙,减小冲击噪声,其工作原理如下:当凸轮轴8转时,挺柱体9和柱塞11向下移动,高压油腔1中的机油被压缩,加上补偿弹簧13的作用使球阀5紧压在柱塞的下端阀座上,这时高压油腔1与低压油腔6被分隔开,由于传动介质为油液的不可压缩性,油缸12和柱塞11就成为一个整体,开始推动气门杆15把气门打开;挺柱体9到达下止点后开始上行,高压油腔1在气门弹簧和凸轮轴8的作用下继续封闭,液压挺柱仍可认为是一个刚性挺柱,直至上升到凸轮轴8处于基圆与气门关闭为止。此时,低压油腔6与缸盖14主油道连通,高压油腔1压力油与补偿弹簧13一起推动柱塞11上行,油压下降同时球阀5离座,两腔相通以至压力平衡。

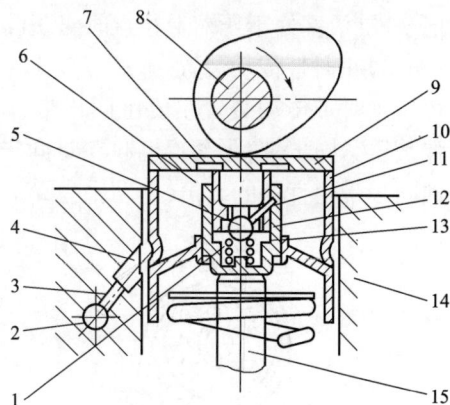

图5-12　液压挺柱

1-高压油腔;2-缸盖油道;3-量油孔;4-斜油道;5-球阀;6-低压油腔;7-键形槽;8-凸轮轴;9-挺柱体;10-柱塞焊缝;11-柱塞;12-油缸;13-补偿弹簧;14-缸盖;15-气门杆

6.正时传动装置

凸轮轴靠曲轴来驱动,传动方式有齿轮传动、链传动和带传动三种。气门的开启和关闭时刻、凸轮轴与曲轴的传动比均靠传动装置来保证。

1)正时齿轮传动装置

正时齿轮传动具有传动平稳、可靠、不需调整等优点,下置凸轮轴式配气机构一般都采用此种传动装置。正时齿轮分别安装在曲轴和凸轮轴的前端,用螺栓或螺母固定,齿轮与轴靠键传动。为减小传动噪声,正时齿轮一般采用斜齿轮且用不同的材料制成,通常曲轴上的小齿轮用金属材料制造,而凸轮轴上的大齿轮用非金属材料制造。凸轮轴正时齿轮的齿数为曲轴正时齿轮的2倍,传动比为2:1。为保证气门的开启和关闭时刻正确,装配时,应对正两正时齿轮上的正时标记,如图5-13所示。

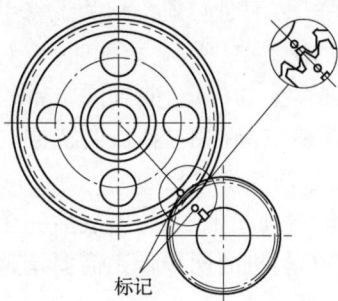

图5-13　正时齿轮传动装置及正时标记

有些侧置凸轮轴式发动机也采用正时齿轮传动装置,但由于凸轮轴离曲轴较远,中间通常加入惰轮传动。装配时,两个正时齿轮与中间惰轮之间的两个正时标记必须对正。

2)正时链传动方式

侧置凸轮轴式配气机构或顶置凸轮轴式配气机构均可采用正时链传动装置。正时链传动装置的组成如图5-14所示,主要由正时链、正时链轮、正时链张紧装置等组成。凸轮轴正时链轮的齿数为曲轴正时链轮的2倍,传动比为2:1。为防止正时链抖动,正时链传动装置设有导链板和张紧装置。导链板采用橡胶导向面为链导向,一般应与链一起更换。张紧装配使正时链保持一定的紧度,可分为机械式和液压式两种,应用较多的是液压式正时链张紧装置,当发动机工作时,利用润滑油压力推动液压缸活塞,使张紧链轮压紧正时链。

采用正时链传动装置的配气机构,正时标记多种多样,装配时应特别注意。常用的正时方法有对正两链轮上的标记、在两链轮标记之间保持一定的链节数、对正链与链轮上的标记、一缸活塞处于压缩上止点时对正凸轮轴链轮与缸盖或缸体上的标记等四种。

3）正时带传动装置

正时带传动装置主要由同步带、同步带轮和张紧轮等组成,如图 5-15 所示。张紧轮靠弹簧压紧同步带,张紧轮也起到对同步带轴向定位的作用。凸轮轴同步带轮的直径等于曲轴同步带轮直径的 2 倍,传动比为 2:1。

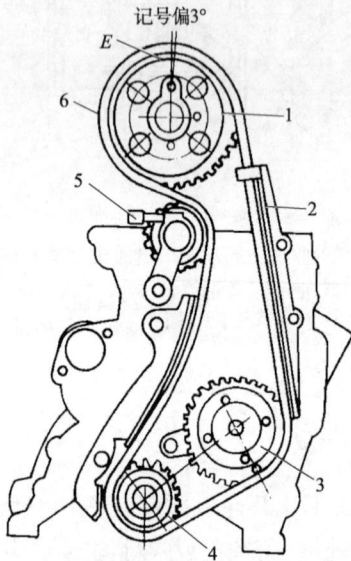

图 5-14　正时链传动装置的组成
1-凸轮轴正时链轮;2-导链板;3-机油泵链轮;4-曲轴正时链轮;5-正时链张紧装置;6-正时链

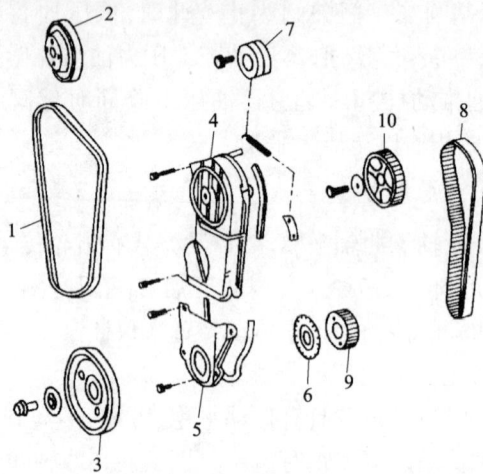

图 5-15　正时带传动装置
1-水泵带;2-水泵带轮;3-曲轴带轮;4-同步带上罩;5-同步带下罩;6-曲轴同步带轮凸缘;7-张紧轮;8-同步带;9-曲轴同步带轮;10-凸轮轴同步带轮

正时带传动装置与正时链传动装置一样,正时标记多种多样,装配时必须按相关维修手册中的规定对正正时标记。常见正时带传动装置的正时标记如图 5-16 所示,装配时,应对正下列标记:凸轮轴同步带轮与汽缸盖上的标记,曲轴同步带轮与汽缸体前端标记。同步带安装、调整或保护不当时,会造成同步带磨损和损伤。安装时,同步带齿必须与带轮相吻合。

多数发动机上利用弹簧使张紧轮将同步带压紧,安装后完全放松张紧轮即可使同步带张紧,有些发动机的同步带是需要调整的,必须按原厂规定调整同步带松紧度。

螺栓
记号与标记成一直线

图 5-16　常见正时带传动装置
的正时标记

三、气门间隙

气门间隙的功用是补偿气门受热后的膨胀量。

发动机冷机状态装配时,在不装用液压挺柱的配气机构中,气门组与气门传动组之间必须留有一定的间隙,这一间隙称为气门间隙。在凸轮轴通过摇臂间接驱动气门开启的配气机构中,气门间隙是指摇臂与气门杆尾部之间的间隙(图 5-17)。在凸轮轴

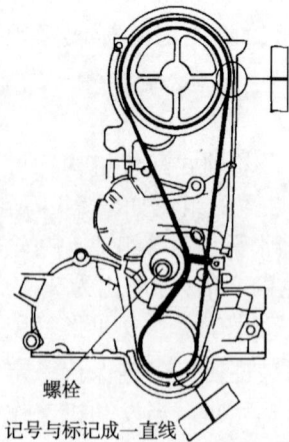

直接驱动气门开启的配气机构(如上海桑塔纳轿车发动机装用普通挺柱的配气机构)中,气门间隙是指凸轮与挺柱之间的间隙。

在装有液压挺柱的配气机构中,由于液压挺柱能自动"伸长"或"缩短",以补偿气门的热胀冷缩,所以不需留气门间隙。

在发动机的使用过程中,气门间隙的大小会发生变化。如果气门间隙过小或没有气门间隙,就会导致发动机工作时,气门关闭不严而漏气;若气门间隙过大,不仅会造成配气机构产生异响,而且气门开启升程和开启持续角度也会减小,影响发动机的进排气过程。因此,在发动机维修中,经常需要检查调整气门间隙。

气门间隙的检查与调整必须在气门完全关闭状态下进行。在检查与调整气门间隙之前,必须分析判断各汽缸所处的工作行程,以确定可调气门,其基本原则是:处于压缩上止点的汽缸,进气门和排气门均可调;处于排气行程上止点的汽缸,进气门和排气门均不可调;处于进气行程和压缩行程的汽缸,排气门可调;处于做功行程和排气行程的汽缸,进气门可调。

气门间隙必须在规定的冷机或热机状态下调整到标准值。各车型气门间隙有不同的标准,几种常见车型的气门间隙见表5-1。

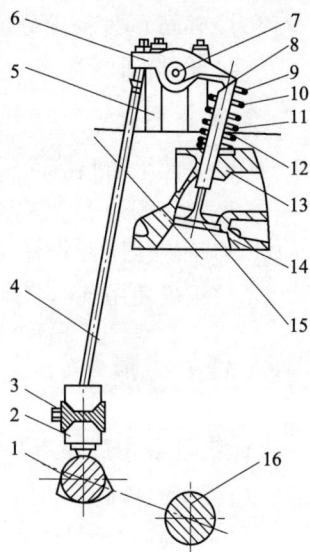

图5-17　配气机构基本组成
1-凸轮轴;2-气门挺柱;3-挺柱导向体;4-推杆;5-摇臂轴承座;6-摇臂;7-摇臂轴;8-气门间隙;9-气门锁片;10-气门弹簧座;11-气门油封;12-气门弹簧;13-气门导管;14-气门座;15-气门;16-曲轴

几种常见车型发动机的气门间隙(单位:mm)　　　　　　　表5-1

发动机型号	冷机时气门间隙		热机时气门间隙	
	进气门	排气门	进气门	排气门
CA6102 发动机	0.20～0.25	0.20～0.25	—	—
EQ6100-1 型发动机	0.45～0.50	0.55～0.60	0.20～0.25	0.25～0.30
上海桑塔纳轿车1.6L发动机	0.15～0.25	0.35～0.45	0.20～0.30	0.40～0.50
天津夏利轿车三缸发动机	—	—	0.20	0.20
二汽富康轿车 TU5-2/K 发动机	0.20	0.40	—	—
广州本田雅阁轿车发动机	0.24～0.28	0.28～0.32	—	—

操作指引

1. 组织方式

(1)场地设施:举升机一台,装有废气抽排系统和消防设施的场地。

(2)设备设施:配气机构完整的发动机汽缸盖、气门导管、气门油封、凸轮轴、正时齿轮传动发动机、正时链传动发动机、正时带传动发动机、气门间隙可调发动机总成。

(3)工量具:工具主要有气门修磨机、气门座圈铰刀、检测平台、V形块(与气门相适用)、锤子、铜铳、气门导管铰刀、气门油封安装套筒、梅花扳手、一字螺丝刀等。量具主要有:

量程为 25mm 的外径千分尺,带表架的百分表,游标卡尺、塞尺等。

(4)耗材:研磨膏等。

2. 操作要点

(1)穿戴干净整洁的工作服。

(2)遵守场地安全规定,注意用电安全。

(3)正确使用百分表、铰刀等工量具。

(4)正确使用气门修磨机等设备。

任务实施

1. 气门与气门座圈检修

1)气门的检修

(1)外观检验。气门有裂纹、破损或严重烧蚀时,应更换气门。

(2)气门杆弯曲和气门头部歪斜的检验。气门杆的弯曲变形和气门头部歪斜检验如图 5-18 所示。

①将气门支承在两个距离为 100mm 的 V 形块上,用百分表触头测量气门杆中部的弯曲度。气门旋转一周,百分表上最大与最小读数之差的 1/2 为直线度误差。其值大于 0.03mm 时,应予以更换或校正。

②在气门头部,工作锥面用百分表测量。转动气门头部一圈,百分表上最大读数与最小读数之差的 1/2 为倾斜度误差。其值大于 0.02mm 时,应予以更换。

(3)气门杆磨损检验。如图 5-19 所示,气门杆的磨损可用外径千分尺进行测量。气门杆径向磨损量大于规定时,应予更换。

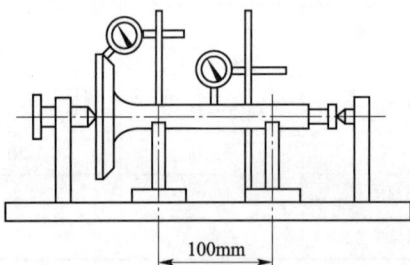

图 5-18　气门杆弯曲变形和气门头部歪斜检验　　　　图 5-19　气门杆磨损的测量

(4)气门杆端面磨损检验。用钢直尺在平台上检查气门的长度。轴向磨损量大于规定时应予以更换。若轴向磨损未超过极限值,而气门杆端面出现不平、疤痕时,可用气门修磨机修磨。

(5)气门工作面磨损检验。气门头部工作面若有斑点、严重烧蚀等,可用气门修磨机修磨。

(6)气门的修磨。

如图 5-20 所示,修磨气门通常在气门修磨机上进行。

①气门光磨后,气门头最小边缘厚度,进气门、排气门不得小于0.50mm,否则应更换气门。

②修磨后,气门工作锥面对气门杆轴线的斜向圆跳动,应不大于0.03mm,否则予以更换。

光磨的气门可与气门座之间有0.5°~1.0°的气门密封干涉角,这样有利于气门与气门座的磨合。

2)气门座圈的检修

将气门座圈清理干净并检查工作面。气门座圈工作面磨损变宽超过1.4mm,工作面烧蚀出现斑点、凹陷时,应进行铰削与修磨。

3)气门座圈的铰削

(1)如图5-21所示,根据气门直径选用合适的气门座铰刀,根据气门导管内径选择合适的铰杠,并插入气门导管内,无明显旷动为宜。

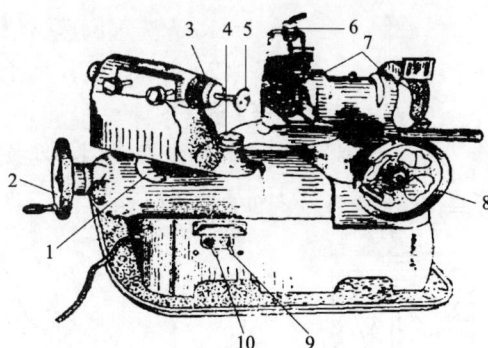

图5-20　气门修磨机

1-刻度盘;2-横向手柄;3-夹架;4-夹架固定螺钉;5-气门;6-切削液开关;7-砂轮;8-纵向手柄;9-砂轮电动机开关;10-夹架电动机开关

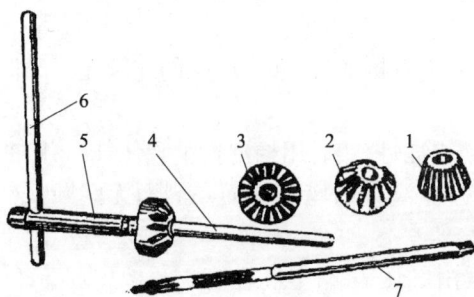

图5-21　气门座铰刀与铰杠

1、2、3-铰刀;4-导杆;5、6-铰杠;7-导管铰刀

(2)用砂布垫在铰刀表面,砂磨气门座圈工作表面的硬化层。

(3)用与气门工作面锥角相同的铰刀铰削工作锥面,直到将烧蚀、斑点等铰除为止,铰削顺序如图5-22所示。

(4)在新气门或修磨过的气门锥面上,涂一层红丹油,检查接触面的位置,应在气门锥面的中下部,宽度为1.0~1.4mm。

(5)如果接触面偏上,则应用30°铰刀铰削,使接触面下移;如果接触面偏下,则应用75°铰刀铰削,使接触面上移。

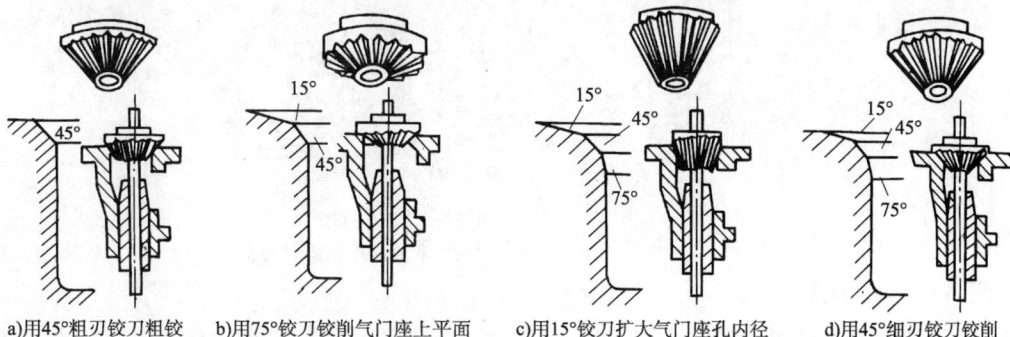

a)用45°粗刃铰刀粗铰　　b)用75°铰刀铰削气门座上平面　　c)用15°铰刀扩大气门座孔内径　　d)用45°细刃铰刀铰削

图5-22　铰削顺序

(6)用45°细铰刀,或铰刀下面垫上细砂布铰磨,以降低接触表面粗糙度值。

4)气门的研磨

如气门与气门座圈配合不严密,可对气门进行研磨。气门的研磨步骤如下。

（1）清洗气门座、气门及气门导管，并在气门顶部做出标记。

（2）在气门工作面上涂以薄层研磨砂，气门杆上涂以清洁润滑油，插入气门导管内。

（3）变换气门与座圈的位置，正确研磨，如图5-23所示。粗研后接触环带应整齐、无斑痕、无麻点。

（4）粗研完毕清洗各部位，用细研磨砂研磨，直至工作面出现一条灰色无光的环带为止。

（5）洗净研磨砂，涂以润滑油，继续研磨数分钟。

5）气门与气门座圈密封性检查

（1）画线法。检查前，将气门与气门座圈清洗干净，在气门锥面上用软铅笔沿轴向均匀地画上若干条线，然后与气门座圈接触。略压紧并转动气门90°，取出气门，检查铅笔线是否被切断。若被切断，说明密封性良好，否则应重新研磨。

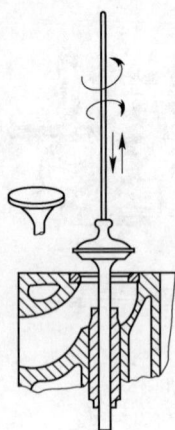

图5-23 用橡皮捻子研磨气门

（2）渗油法。将汽缸盖倒放在检测平台上，并装上待检测汽缸同一缸的气门和火花塞。向燃烧室注入煤油或汽油，5min内气门与座圈接触处应无渗漏现象。

（3）拍击法。将气门与相配气门座轻轻拍击几次，查看接触带，如有明亮的连续光环，即为合格。

（4）涂红丹。在气门工作面上涂抹上一层轴承蓝或红丹，然后用橡皮捻子吸住气门并在气门座上旋转1/4圈，再将气门提起，若轴承蓝或红丹布满气门座工作面一周而无间断，又十分整齐，即表示密封良好。

（5）气压检验。如图5-24所示，气压密封检验器由气压表2、空气容筒3及橡皮球5等组成。试验时，先将空气容筒紧密贴在气门头部周围，再压缩橡皮球，使空气容筒内具有一定压力（68.6kPa左右）。如果在30s内，气压表的读数不下降，则表示气门与气门座的密封性良好。

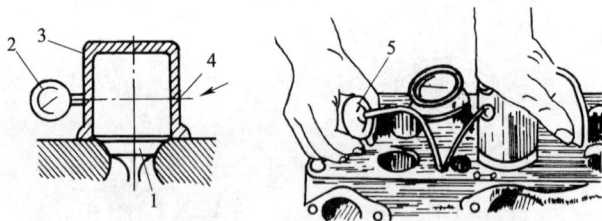

图5-24 用气压密封检验器检验气门的密封性
1-气门；2-气压表；3-空气容筒；4-与橡皮球相通的小孔；5-橡皮球

6）气门座圈的镶配

气门座圈损坏、严重烧蚀、松动或下沉1.5mm（指测量的气门顶部下沉量）以上，应更换气门座圈。若气门座是在汽缸盖上直接加工的，则必须更换汽缸盖。

更换气门座圈时，对铝合金汽缸盖不可用撬动方法拆卸旧气门座圈，用镗削加工方法将旧气门座圈镗削只剩一薄层，可很容易地拆下旧气门座圈；也可将一合适的旧气门焊接到旧气门座圈上，然后敲击气门杆拆下旧气门座圈。安装新座圈前，应对座孔加工，使新气门座圈与座孔的过盈配合量为0.08~0.12mm。安装新座圈时，应将气门座圈放在固体二氧化碳

(干冰)或液态氮中冷却使其冷缩,然后再将气门座圈敲入座孔。

操作注意事项:

(1)测量气门杆的弯曲变形时,应使其支撑稳妥,百分表架牢靠、无晃动。

(2)铰削气门座圈时,一定要按照角度顺序的要求铰削,以免气门座圈报废。

(3)气门座圈工作位置低于原平面1.5mm时,应更换气门座圈。

(4)铰削、研磨后,必须彻底清洁,不得有残留的金属屑与研磨材料。

2. 气门导管磨损检测

1)气门导管磨损的检查与修理

气门导管的磨损情况可通过测量气门导管与气门杆配合间隙间接检查,配合间隙的测量有两种方法:一种是按如图5-25a)所示,发动机分解清洗后,直接测量气门导管内径和气门杆直径,两者之差即为气门杆与气门导管的配合间隙。另外一种是按如图5-25b)所示,先把气门安装在气门导管内,再将气门提起10~15mm(相对汽缸盖平面),然后用百分表测量气门头部的摆动量。

气门导管与气门杆配合间隙若超过允许极限时,可换用一个新气门重新进行检查,根据测量结果视情况确定更换气门或气门导管,必要时两者一起更换。

2)气门导管的更换

选用的新气门导管应有一定的过盈量。新气门导管比旧气门导管直径大0.01~0.02mm,即为合适。镶换气门导管的方法如下:

(1)用铜铳压出旧气门导管。应用铜铳和锤子将气门导管按规定方向(一般为汽缸盖上方)拆出旧气门导管,如图5-26所示;如果旧气门导管装有限位卡环,拆卸前应将其露出气门导管孔的部分敲掉。对铝合金汽缸盖,拆卸旧气门导管前应加热汽缸盖,以免汽缸盖裂损。

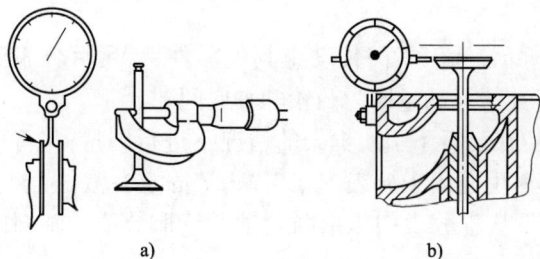

图5-25　气门导管与气门杆配合间隙的测量　　图5-26　用铜铳压出气门导管

(2)拆下旧气门导管后,应根据新气门导管外径适当铰削气门导管孔,使气门导管与气门导管孔有适当的过盈量,一般为0.015~0.065mm。

(3)安装新气门导管。将选用的新气门导管外壁上涂一层润滑油,按正确的方向,正直地放在气门导管孔上,用铜铳头冲入或压入气门导管承孔内。镶入后,气门导管伸出进、排气道的高度应符合规定。气门导管安装好后,应铰削气门导管内孔,使气门导管与气门杆配合间隙符合标准。

铝合金汽缸盖安装气门导管时应先用60~80℃的热水或喷灯加热汽缸盖。

3)气门杆与气门导管铰配

气门导管镶入后,与气门杆的配合间隙应符合规定。若配合间隙过小,可用气门导管铰刀进行铰削,气门导管铰刀如图5-27所示。

气门杆与气门导管配合间隙的检验,除采用百分表检查外,经验的做法是:将气门杆和气门导管内孔擦干净,在气门杆上涂一层润滑油,插入气门导管内,上下拉动几次,如果气门能借自身的重量徐徐下降,则认为配合适当。

4)更换气门油封

润滑油无泄漏而消耗异常,一般是活塞与汽缸配合间隙过大或气门油封漏油所致。更换气门油封时,应使用专用工具安装气门油封,如图5-28所示。注意:有些发动机进气门油封与排气门油封是不同的,如广州本田轿车的进气门油封的弹簧为白色,而排气门油封的弹簧为黑色,安装时不能装错。

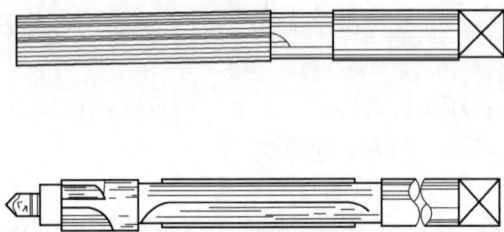

图5-27　气门导管铰刀

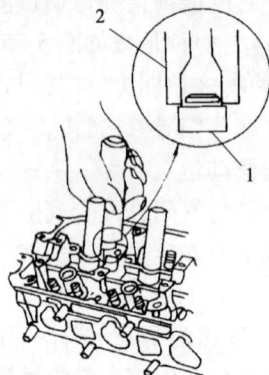

图5-28　气门油封的安装
1-气门油封;2-气门油封安装套筒

3. 凸轮轴检修

1)凸轮轴轴向间隙的检修

凸轮轴轴向间隙的检查如图5-29所示,拆下气门传动组其他零件后,用百分表测头抵在凸轮轴端,前后推拉凸轮轴,百分表指针的摆动量即为凸轮轴轴向间隙。

迈腾轿车轴向间隙的检测流程如下:在已拆下引线框架的情况下进行测量;将待检测的凸轮轴装入引线框架;将千分表VAS6079用通用千分表支架VW387固定在汽缸盖上;用手将凸轮轴压向千分表;将千分表设为"0";从千分表中压出凸轮轴并读取数值。轴向间隙为0.05 ~ 0.17mm。

凸轮轴轴向间隙若超过允许极限,可减小隔圈的厚度或更换止推凸缘。

2)凸轮轴弯曲的检修

检查凸轮轴弯曲变形可用其两端轴颈外圈或两端的中心孔作基准,测量中间一道轴颈的径向圆跳动量,如图5-30所示。凸轮轴径向圆跳动量一般为0.01 ~ 0.03mm,允许极限一般为0.05 ~ 0.10mm。若超过极限值,可对凸轮轴进行冷压校正,必要时应更换。

3)凸轮磨损的检查

凸轮的常见故障有表面磨损、擦伤和麻点剥落等,其中以磨损最为常见。凸轮的磨损是不均匀的,一般凸轮的顶尖附近磨损较严重。凸轮磨损后,凸轮高度减小,会使气门的最大升程减小,影响发动机工作时的进排气阻力。因此,凸轮的磨损程度可通过测量凸轮的高度(H)或凸轮升程(h)来检查,凸轮的高度(H)和升程(h)如图5-31所示。

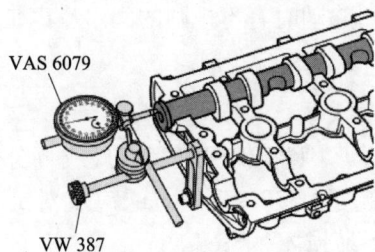

图 5-29　凸轮轴轴向间隙检查

图 5-30　凸轮轴弯曲检查

凸轮高度可用外径千分尺或游标卡尺测量，凸轮升程为凸轮高度与基圆直径之差。凸轮高度或升程若超过允许极限，应更换凸轮轴。

4）凸轮轴轴颈及轴承磨损的检修

凸轮轴轴颈及轴承的磨损情况可通过测量其配合间隙来检查，凸轮轴轴承间隙一般为 0.02 ~ 0.10mm，允许极限一般为 0.10 ~ 0.20mm。

有些发动机的凸轮轴轴颈允许修磨，当凸轮轴轴承间隙超过允许极限时，可磨削凸轮轴轴颈，并选配同级修理尺寸的凸轮轴轴承。

多数发动机凸轮轴轴颈和轴承无修理尺寸，当凸轮轴轴承间隙超过其允许极限时，必须更换

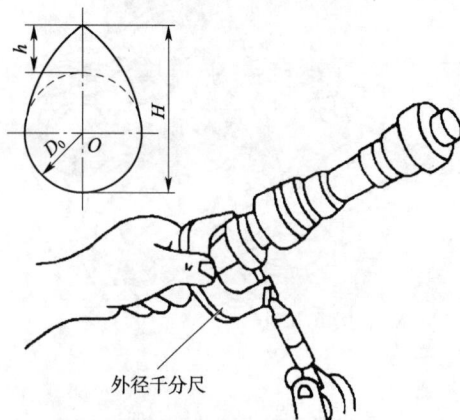

外径千分尺

图 5-31　凸轮磨损检查

凸轮轴或凸轮轴轴承，必要时两者一起更换。对无凸轮轴轴承的，若凸轮轴座孔磨损严重，只能更换汽缸体或汽缸盖。

5）操作注意事项

（1）拆顶置凸轮轴正时带时，必须使第一缸处于压缩上止点，并注意装配记号。

（2）拆卸凸轮轴轴承盖时，要按顺序进行，并保持水平，以免引起凸轮轴卡住或损坏。

（3）装配凸轮轴时，要按规定的顺序和力矩均匀地分几次拧紧，以免引起轴承盖或缸盖的开裂。

4. 液压挺柱的检查

检测过程：起动发动机并让其运转，直到散热器风扇接通。将转速提高到 2500r/min，保持 2min。如果液压挺柱噪声仍大，按如下方式确定哪个或哪些挺柱损坏。

（1）拆下汽缸罩。

（2）顺时针方向转动曲轴，直到要检查的挺柱的凸轮方向朝上。

（3）确定凸轮与挺柱之间存在的间隙。

（4）如果间隙大于 0.2mm，则更换挺柱。如果确定间隙小于 0.1mm 或者无间隙，则按以下方式继续进行检测。如图 5-32 所示，用一个木制或塑料件略微向下按压挺柱，如果此时可将一个 0.2mm 厚的塞尺片推入凸轮轴和挺柱之间，则必须更换挺柱。

提示：安装新挺柱后约 30min 内，不允许起动发动机，液压平衡补偿元件必须到位。（否

则气门会卡在活塞上)

注:挺柱只能整个更换(无法单独调整或修理),起动时有不规则的阀门噪声是正常的。

5. 正时传动装置检修

1)正时齿轮传动装置的检修

在检修时,应检查正时齿轮有无裂损及磨损情况。磨损情况可用塞尺或百分表测量其齿隙,如图 5-33 所示。正时齿轮若有裂损或齿隙超过 0.30 ~ 0.35mm,应成对更换正时齿轮。通常情况下,正时齿轮不会发生严重磨损,也不易损坏。

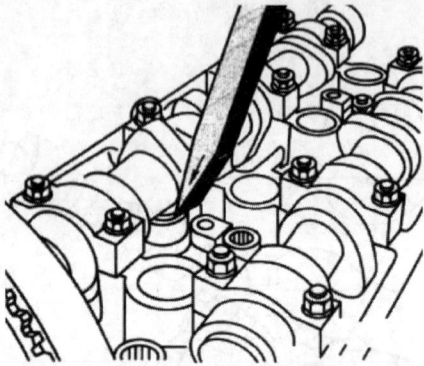

图 5-32　略向下按压挺柱

a)用塞尺检查　　　　　b)用百分表检查

图 5-33　正时齿轮磨损检查

2)正时链传动装置的检修

正时链传动装置常见故障是链轮磨损或正时链变长,严重时会产生噪声和改变气门开闭时刻。因此,在发动机维修时,应检查链轮的磨损和正时链伸长情况。

为便于检查链轮磨损情况,可将新正时链扣于链轮上,并环绕其一周拉紧,用游标卡尺测量直径,如图 5-34 所示,若小于极限直径应更换新件。

正时链伸长情况的检查,可测量正时链的全长或规定链节数的长度。测量正时链长度时,为使测量准确,应将正时链拉直后再用游标卡尺测量,如图 5-35 所示。

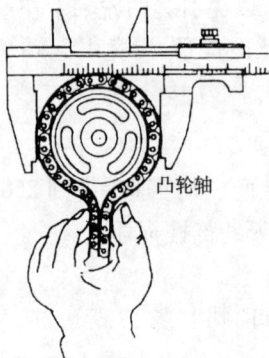

凸轮轴

图 5-34　正时链轮磨损的检查

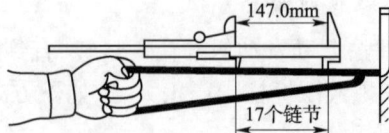

147.0mm

17个链节

图 5-35　正时链长度的检查

3)正时带传动装置的检修

更换同步带时,新、旧同步带必须完全相同。同步带不能过度弯曲(如扭转90°以上或盘起存放等),也不能沾水或油,否则很容易造成同步带的损坏。

同步带的使用寿命一般厂家推荐为32000～96000km。检查同步带时，若发现有胶面受伤或磨损、缺齿、裂纹、芯线外露、脱胶等缺陷之一，必须更换同步带。

富康轿车TU32K发动机同步带松紧度是需要调整的，调整方法如图5-36所示。将专用工具插入张紧轮的方孔内，挂上重块，慢慢松开张紧轮锁紧螺母，同步带张紧后再以23N·m的力矩拧紧锁紧螺母，最后拆下重块和专用工具。

凸轮轴或曲轴同步带轮的常见故障是磨损，可用游标卡尺测量同步带轮直径检查其磨损情况，如图5-37所示。若同步带轮直径超过允许极限，应更换同步带轮。

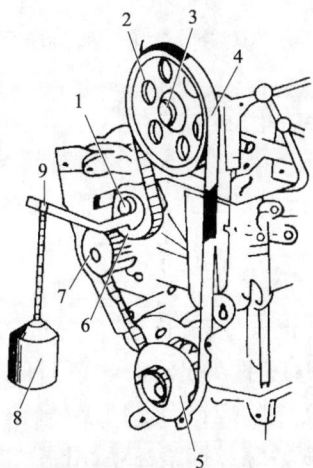

图5-36　富康轿车TU32K发动机同步带松紧度的调整　　　图5-37　同步带轮磨损的检查
1-张紧轮锁紧螺母；2-凸轮轴同步带轮；3-紧固螺栓；4-同步带；
5-曲轴同步带轮；6-张紧轮；7-水泵带轮；8-重块；9-专用工具

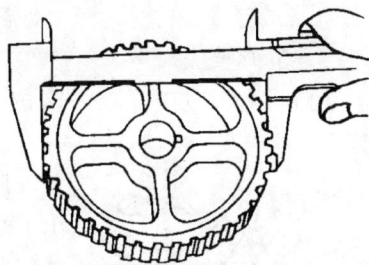

4）操作注意事项

（1）松开正时带张紧轮（顶置凸轮轴发动机）前，应将曲轴转到1缸上止点位置。

（2）在取下正时带时，应在正时带上标上其原转动方向，以防安装时装反。否则，会加速正时带的磨损。

6. 气门间隙检查与调整

在检查、调整气门间隙之前，应先确定第1缸压缩上止点位置。

多数发动机都有点火正时标记（图5-38），只要转动曲轴对正标记，即说明第1缸处于上止点位置；是否是压缩上止点，还需用辅助方法判断，如：观察分电器分火头位置、气门状态、顶置凸轮轴发动机的凸轮位置等。

多数发动机的气门间隙都是用装在摇臂上的调整螺钉来调整，如图5-39所示，将与规定气门间隙相等的塞尺插入可调气门的气门间隙中，用手前、后移动塞尺，如能感到有适当的阻力，说明气门符合标准。若移动塞尺时，感觉无阻力或阻力过大，应松开锁紧螺母，转动调整螺钉，直到气门间隙符合规定后，再将锁紧螺母拧紧。

有些无摇臂总成的发动机，可通过改变挺柱内的垫片厚度来调整气门间隙。气门间隙调整后应进行验证性检查，以保证调整无误。

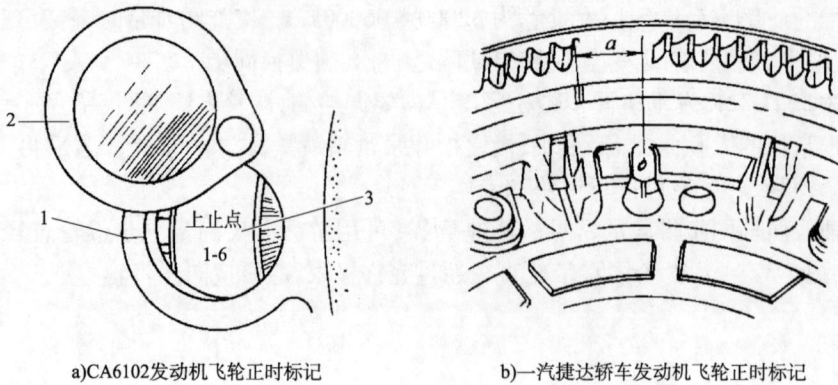

a)CA6102发动机飞轮正时标记　　　　　　　b)一汽捷达轿车发动机飞轮正时标记

图5-38　发动机飞轮正时标记

1-飞轮壳上的标记;2-观察孔盖;3-飞轮上的标记

1)逐缸调整法

逐缸调整法即在该缸活塞位于压缩行程终了上止点时,检查调整该缸的进、排气门间隙。

图5-39　检查调整气门间隙

1-塞尺;2-调整螺钉;3-锁紧螺母

调整气门脚间隙时(以 CA6102 六缸发动机为例),首先找出 1 缸(或 6 缸)压缩上止点位置,再松开 1 缸(或 6 缸)进、排气门锁紧螺母,将一定厚度的塞尺,插入气门杆与气门摇臂脚之间,用一字螺丝刀拧转调整螺钉,把塞尺轻轻压住,拉动塞尺感觉间隙合适后,再把锁紧螺母拧紧,然后用塞尺复查一次。

当 1 缸(或 6 缸)的两只气门间隙均检查调整符合要求后,调整下一组气门间隙,摇转曲轴 120°,按点火顺序调整下一缸(5 缸或 2 缸)的进、排气门脚间隙,依此类推,逐缸调整完毕。

2)两次调整法

两次调整法即"双排不进"法。其中的"双"是指汽缸的进、排气门间隙均可调,"排"是指汽缸仅排气门间隙可调,"不"是指进、排气门的间隙均不可调,"进"是指汽缸的进气门间隙可调。也就是首先找到第一缸活塞压缩终了上止点时,调整其中的一半气门,然后将曲轴转动一周,再调整其余半数气门的间隙。

以 CA6102 发动机(点火顺序为 1→5→3→6→2→4)为例,根据该发动机的做功循环表可知,当第 1 缸处于压缩上止点时,第 5 缸处于压缩行程初始阶段,第 3 缸处于进气行程,第 6 缸处于排气上止点位置,第 2 缸处于排气行程,第 4 缸处于做功行程后期,再由检查与调整气门间隙的基本原则可确定:第 1 缸的"双"气门可调,第 5 缸和第 3 缸的"排"气门可调,第 6 缸的两气门均"不"可调,第 2 缸和第 4 缸的"进"气门可调。旋转曲轴一圈(360°),第 6 缸处于压缩上止点时,同理可确定:第 6 缸的"双"气门可调,第 2 缸和第 4 缸的"排"气门可调,第 1 缸的两气门均"不"可调,第 5 缸和第 3 缸的"进"气门可调。

两次调整法的操作程序如下。

(1)确定第 1 缸压缩上止点。

①分火头判断法。记下第 1 缸分缸高压线的位置,打开分电器盖,转动曲轴,当分火头与第 1 缸分缸高压线位置相对时,表示第 1 缸在压缩上止点。

②逆推法。转动曲轴,观察与第1缸曲轴连杆轴颈同在一个方位的6(4)缸(以6、4缸发动机为例)的排气门打开又逐渐关闭到进气门开始动作瞬间,6(4)缸在排气上止点,即第1缸在压缩上止点。

(2)确定进气门和排气门。

①根据气门与所对应的气道确定。

②用转动曲轴观察确定。方法是:当第1缸活塞处于压缩上止点时,转动曲轴,观察第1缸的两个气门,先动的为排气门,后动的为进气门,并在一种气门上做记号;然后按点火顺序依次检查各缸,再与第1缸的同名气门做记号。

(3)将发动机的汽缸按工作顺序等分为两组调整。

①第一遍。将第1缸活塞转到压缩行程上止点,按"双、排、不、进"调整其一半气门的间隙。

②第二遍。曲轴转动一周,将最后一缸活塞转到压缩行程上止点,仍按"双、排、不、进"调整余下的一半气门的间隙。

按"双排不进"规律确定可调气门见表5-2。

多缸发动机可调气门 表5-2

发动机类型	活塞处于上止点的汽缸	可调气门对应汽缸				点火顺序	汽缸由前至后排列序号
		双	排	不	进		
直列三缸	1缸压缩上止点	1	2	—	3	1→2→3	1-2-3
	1缸排气上止点	—	3	1	2		
直列四缸	1缸压缩上止点	1	3	4	2	1→3→4→2	1-2-3-4
	4缸压缩上止点	4	2	1	3		
直列五缸	1缸压缩上止点	1	3	4、5	3	1→2→4→5→3	1-2-3-4-5
	1缸排气上止点	4、5	3	1	2		
直列六缸	1缸压缩上止点	1	5、3	6	2、4	1→5→3→6→2→4	1-2-3-4-5-6
	6缸压缩上止点	6	2、4	1	5、3		
V型六缸	1缸压缩上止点	1	6、5	4	3、2	1→6→5→4→3→2	左:1-3-5 右:2-4-6
	4缸压缩上止点	4	3、2	1	6、5		
V型八缸	1缸压缩上止点	1	5、4、2	6	3、7、8	1→5→4→2→ 6→5→7→8	左:1-2-3-4 右:5-6-7-8
	6缸压缩上止点	6	3、7、8	1	5、4、2		

(4)采用调整垫片调整气门间隙。一些轿车是采用无摇臂总成的发动机,气门间隙可通过改变挺柱内的调整垫片厚度来调整。调整垫片安装在挺柱上。当气门间隙不符合要求时,要测量拆下的调整垫片厚度(图5-40),通过计算新调整垫片的厚度,选择接近计算值的新调整垫片。如:丰田汽车公司提供17种不同尺寸的调整垫片,从2.50~3.30mm,每种相差0.05mm。气门间隙调整后应进行验证

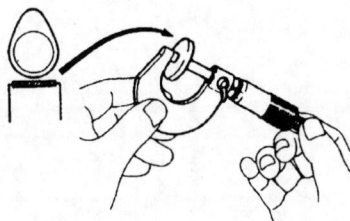

图5-40　测量拆下的调整垫片厚度

性检查,以保证调整无误。

任务小结

(1)配气机构的功用是按照发动机每个汽缸内所进行的工作循环和发火次序的要求,定时开启和关闭汽缸的进、排气门,使新鲜可燃混合气(汽油机)或空气(柴油机)得以及时进入汽缸,废气得以及时从汽缸排出。配气机构由曲轴通过传动机构驱动。

(2)配气机构的基本组成可分为气门组和气门传动组两部分。主要包括气门、气门座圈、气门弹簧、凸轮轴、液压挺柱、正时传动装置等。

(3)发动机配气机构形式多种多样,其主要区别在于气门布置形式和数量、凸轮轴布置形式和驱动方式。

(4)配气机构的主要检测项目有气门与气门座圈检修、气门导管磨损检测、凸轮轴检修、液压挺柱检测、正时传动装置检修等。

(5)目前大部分轿车实现了无间隙传动,但有些车型还需进行气门间隙检查与调整。

学习任务六　冷却系统故障诊断与修复

任务描述

车主李先生反映,最近汽车在行驶一段时间后,仪表显示发动机温度在100℃以上,且长时间居高不下。维修人员检查冷却液液位高度正常后,怀疑是节温器故障,要确定该故障还需要进一步拆检以便确认。

引起此故障的可能原因是:水泵故障;节温器故障;散热器故障;冷却风扇故障。现在需要对冷却系统进行进一步检测。

学习目标

(1)认识发动机冷却系统的组成、结构与功用;

(2)了解冷却系统的冷却方式和冷却水路;

(3)能运用检测设备进行冷却系统主要零部件的检修;

(4)能对冷却系统进行正确维护;

(5)能诊断排除冷却系统故障;

(6)能正确选择防冻液;

(7)具备信息查询和手册使用的基本能力;

(8)能够按照企业5S要求和安全生产规范进行操作;

(9)能与同学密切合作,规范安全地完成学习活动;

(10)养成自主学习的习惯,培养规范操作的工作作风及环保意识。

建议学时:4学时。

知识准备

一、冷却系统功用

发动机工作时,汽缸内的气体温度可高达 1927 ~ 2527℃ ,若不及时冷却,将造成发动机零部件温度过高,尤其是直接与高温气体接触的零件,会因受热膨胀影响正常的配合间隙,导致运动件运动受阻甚至卡死。此外,高温还会造成发动机零部件的机械强度下降,使润滑油失去作用等。

发动机冷却系统的功用是对在高温条件下工作的发动机零部件进行冷却,保证发动机在适宜的温度下连续工作。

冷却系统还为驾驶室或者车厢内的暖风装置提供热源。缸盖出水管上设有橡胶水管,与暖风装置相通。为了提高燃油雾化程度,还可以利用冷却液的热量对进入进气歧管内的混合气进行预热。在某些发动机上,冷却液还承担润滑系统的润滑油和自动变速器润滑油的散热任务。

二、冷却系统分类

冷却发动机的方式有两种,即液体冷却(水冷却)和风冷却(空气冷却)。目前汽车发动机采用液体冷却。它是利用冷却液吸收高温机件的热量,再将这些吸收了热量的冷却液送至散热器,气流通过散热器将热量散发到大气中。

三、冷却系统的组成及工作情况

汽车发动机冷却系统采用强制循环方式,通过水泵将冷却液在水套和散热器之间进行循环来完成对发动机的冷却。轿车发动机冷却系统的组成如图6-1所示。它主要由以下装置和零件组成。

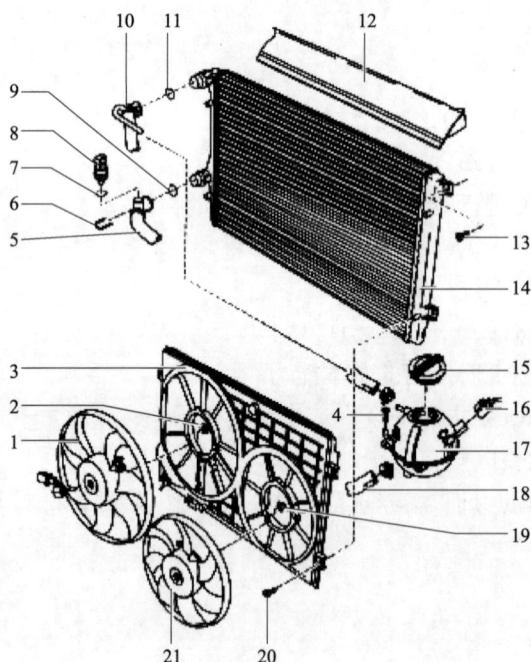

图 6-1　迈腾发动机冷却系统

1-散热器风扇;2、19-螺母;3-风扇护罩;4、13、20-螺钉;5、10、18-冷却液软管;6-固定夹;7、9、11-O形环;8-冷却液温度传感器;12-挡板;14-散热器;15-补偿罐盖;16-冷却液不足显示传感器;17-补偿罐;21-电动风扇

(1)强制循环供给装置:由水泵、散热器、水套和分水管等组成。

(2)冷却强度调节装置:由可调速电动风扇、节温器、百叶窗等组成。

（3）冷却液温度指示装置：由冷却液温度表、冷却液温度传感器和冷却液温度警告灯等组成。

水泵将冷却液从机外吸入并加压，使之经分水管流入发动机缸体水套。在此冷却液从汽缸壁吸收热量，液温升高，继而流到汽缸盖的水套，继续吸收热量，受热升温后的冷却液沿出水管流到散热器内。汽车在行驶时，外部气流由前向后高速从散热器中通过，散热器后部有风扇的强力抽吸。因此，受热后的冷却液在自上到下流经散热器的过程中，其热量不断散发到大气中去，从而得到了冷却。冷却液流到散热器的底部后，又在水泵的作用下，再次流向汽缸体、汽缸盖水套。如此不断地往复循环，使发动机在高温条件下工作的零件得到适宜的冷却。在冬季起动时，冷却液流经节气门体，在发动机达到工作温度前有助于维持怠速平稳。

在缸盖或缸体上安装有冷却液温度传感器，它与驾驶室内的冷却液温度表相连，随时指示出缸盖水套内冷却液温度。若温度过低，电动风扇不工作，使冷却液温度迅速上升；当冷却液温度达到85℃时，风扇以低速运转；当冷却液温度过高，超过100℃时，则风扇以高速运转，使冷却液温度下降。这样，经温控开关或ECU控制的电动风扇的转速调节，可使冷却液温度稳定在85～100℃之间。

迈腾轿车发动机冷却系统的工作原理如图6-2所示。

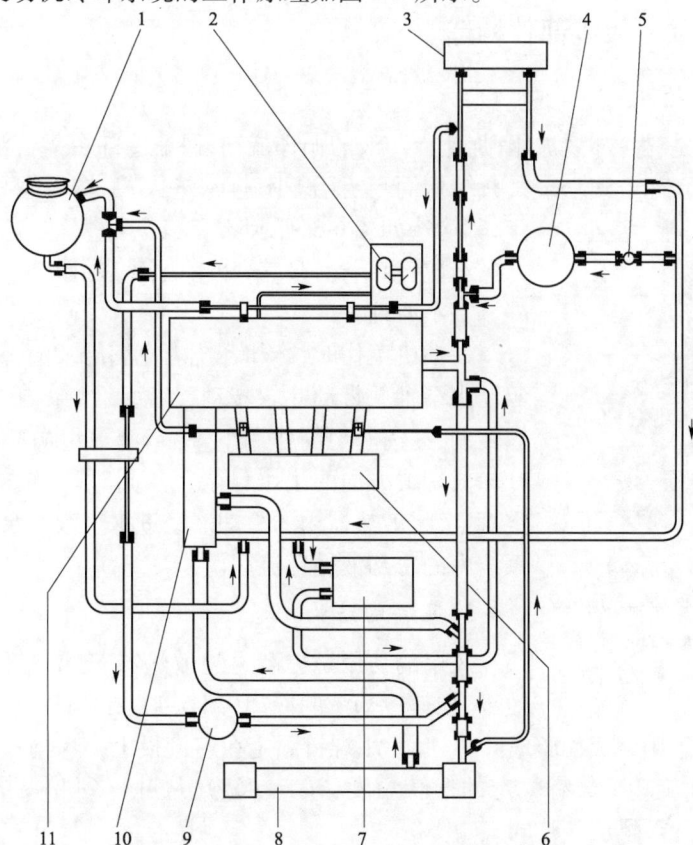

图6-2　迈腾轿车冷却系统原理图

1-储液罐；2-废气涡轮增压器；3-暖风装置的热交换器；4-ATF冷却器；5-止回阀；6-进气管；7-机油冷却器；8-散热器；9-冷却液继续循环泵；10-节温器；11-汽缸体

四、冷却液

冷却液是水与防冻剂的混合物。冷却液用水是软水,否则易在发动机水套中产生水垢,使传热受阻,易造成发动机过热。纯净水在0℃时结冰。如果发动机冷却系统中的水结冰,则将使冷却水终止循环而引起发动机过热。尤其严重的是,水结冰时体积膨胀,可能将机体、汽缸盖和散热器胀裂。为了适应冬季行车的需要,在水中加入防冻剂制成冷却液,以防止循环冷却水冻结。最常用的防冻剂是乙二醇。冷却液中水与乙二醇的比例不同,其冰点也不同。50%的水与50%的乙二醇混合而成的冷却液,其冰点约为-35.5℃。

在水中加入防冻剂还可提高冷却液的沸点。例如,含50%乙二醇的冷却液在大气压力下的沸点是103℃。因此,加防冻剂有延迟冷却液沸腾的附加作用。

防冻剂中通常含有防锈剂和泡沫抑制剂。防锈剂可延缓或阻止发动机水套壁及散热器的锈蚀和腐蚀。冷却液中的空气在水泵叶轮的搅动下会产生很多泡沫,这些泡沫将妨碍水套壁的散热。泡沫抑制剂能有效地抑制泡沫的产生。在使用过程中,防锈剂和泡沫抑制剂会逐渐消耗殆尽,因此,应根据车辆使用说明书的规定定期更换冷却液。

在防冻剂中,一般还要加入着色剂,使冷却液呈蓝绿色或黄色,以便识别。

五、冷却系统主要零部件构造

1. 水泵的结构

水泵的功用是对冷却液加压,加速冷却液的循环流动,保证冷却可靠。汽车发动机上多采用离心式水泵。离心式水泵具有结构简单、体积小、排水量大、工作可靠和维修方便等优点,其构造如图6-3所示。

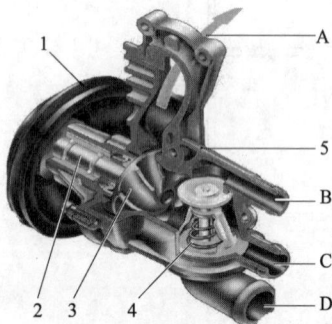

图6-3 冷却水泵的结构

1-皮带轮;2-泵轴;3-叶轮;4-节温器;5-泵壳;A-通汽缸体水套;B-通汽缸盖水套;C-通暖风装置;D-通散热器

组成:由泵壳、泵盖、叶轮、泵轴、轴承和水封等组成。

基本原理:

发动机工作时,冷却系统内充满冷却液,曲轴通过带传动驱动水泵轴并带动叶轮转动,从而使水泵内腔的冷却液也一起转动,在离心力的作用下,冷却液被甩向叶轮边缘,并经与叶轮成切线方向的出水口泵出。同时,叶轮中心部位形成一定真空,将散热器内的冷却液经进水口吸入泵腔,使整个冷却系统内的冷却液循环流动。

2. 风扇的结构

风扇的功用是提高通过散热器芯的空气流速,增加散热效果,加速冷却液的冷却(图6-4)。

冷却风扇多采用钢板冲压成叶片,叶片用螺钉固定在连接板上。风扇一般有4~6片叶片,叶片相对风扇旋转平面有一定的扭转角度(30°~45°),从叶根到叶尖扭转角度逐渐减小,为减小风扇噪声,风扇叶片间夹角不等。

轿车通常采用电动风扇(图6-5),风扇一般由冷却液温度系统和空调系统共同控制。多数轿车采用双扇结构,有的采用主扇与副扇结构,主扇通过皮带带动副扇旋转。风扇转速取决于冷却液温度高低和空调系统的工作状态。

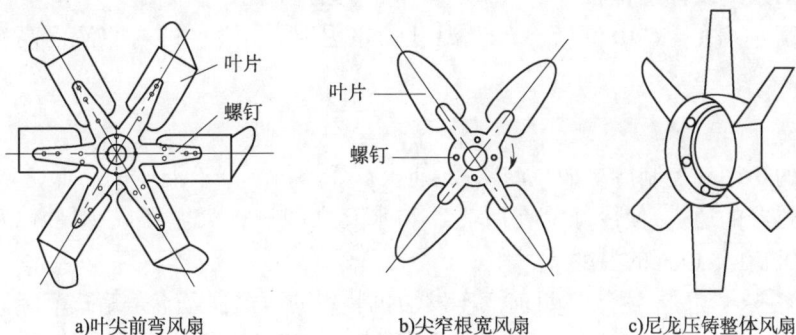

a)叶尖前弯风扇　　　　　　b)尖窄根宽风扇　　　　　　c)尼龙压铸整体风扇

图6-4　发动机冷却风扇

3.散热器结构

散热器由上(左)储水室、下(右)储水室进水管、出水管、散热器盖和散热器芯组成。

散热器的构造如图6-6所示。它主要由上储水室1、下储水室2和连接上下水室且对冷却液起散热作用的散热器芯6等组成。上储水室通过散热器进水管4与缸盖上的出水管相通,下储水室通过散热器出水管5与水泵进水口相通。上储水室上端设有加水口,并用散热器盖3密封,下储水室设有放水开关,必要时可将散热器内的冷却液放掉。

图6-5　发动机双扇电动风扇

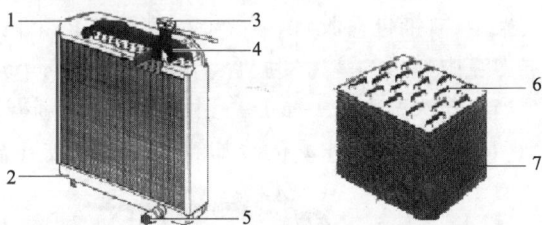

图6-6　发动机散热器

1-上储水室;2-下储水室;3-散热器盖;4-散热器进水管;
5-散热器出水管;6-散热器芯;7-散热片

汽车发动机都采用闭式冷却系统。目前,大多数发动机都采用防冻液作为冷却液。防冻液冰点很低,可避免冬季使用中因结冰而导致散热器、缸体和缸盖破胀裂的现象;防冻液的沸点也要比水高,更有利于发动机的正常工作。为防止防冻液的损失,在冷却系统中设置了补偿水箱,对散热器内的防冻液起到了自动补偿的作用。补偿水箱设置于散热器一侧(图6-7),通过橡胶软管与散热器盖加水口处的出气口相连。

当冷却液受热膨胀时,多余的防冻液通过橡胶水管进入补偿水箱,并将水汽分离,使冷却液中的气泡消除;而当温度降低、散热器内产生真空时,补偿水箱内的防冻液及时返回散热器。补

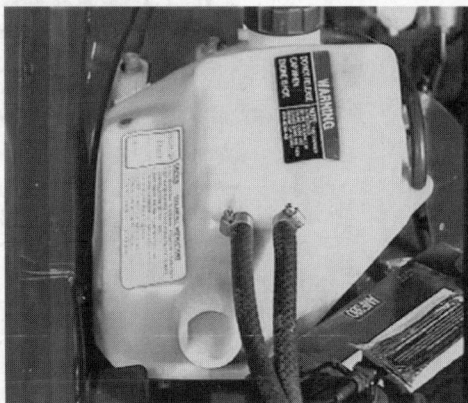

图6-7　补偿水箱

偿水箱上有两条刻线标记,即"GAO"(高)和"DI"(低)。当冷却液温度为50℃时,补偿水箱内的液面高度不得低于"DI";当冷却液温度为室温时,补偿水箱内的液面高度不应超过"GAO"。

4. 节温器

节温器的功用是控制冷却液流动路径,能根据发动机冷却液温度的高低,打开或关闭冷却液通向散热器的通道,使冷却液在散热器和水套之间进行大循环或小循环,调节冷却强度,保证发动机在最适宜的温度下工作。

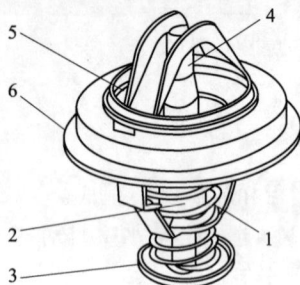

图 6-8 双阀门节温器
1-主阀门弹簧;2-感应体;3-副阀门;4-中心杆;5-主阀门;6-阀座

目前汽车发动机装用的节温器基本是蜡式节温器(图 6-8)。中心杆 4 的一端固定在支架上,另一端插入胶管的中心孔内。石蜡装在胶管与节温器壳体之间的腔体内。

节温器安装在水套出水口处,根据发动机工作温度,自动控制通向散热器和水泵的两个冷却水通路,以调节冷却强度。

温度较低时,石蜡呈固态,主阀门被弹簧推向上方与阀座压紧,处于关闭状态,此时,副阀门开启,冷却液进行小循环,来自发动机水套的冷却液经副阀门、小循环水管直接进入水泵,被泵回到发动机水套内。温度升高时,石蜡逐渐熔化成液态,体积膨胀,迫使胶管收缩对推杆端部产生向上的推力。由于推杆固定在支架上,故推杆对胶管、节温器壳体产生向下的反推力。当冷却液温度升高到一定值时,反推力克服弹簧的弹力使胶管、节温器壳体向下运动,主阀门开始开启,同时副阀门开始关闭。当冷却液温度进一步升高到一定值时,主阀门完全开启,而副阀门也正好关闭小循环水路,此时来自发动机水套的冷却液全部经过散热器进行大循环(图 6-9)。

图 6-9 蜡式节温器工作原理示意图
1-副阀门;2-石蜡感应体;3-主阀门

小循环:86 ℃ 以下。

大循环:100 ℃ 以上。

大、小循环同时存在:86 ~ 100 ℃ 之间。

冷却液温度在主阀门开始开启温度与完全开启温度之间时,主阀门和副阀门均部分开启,在整个冷却系统内,部分冷却液进行大循环,部分进行小循环。上海别克汽车中还用温度表取代了警告灯,温度开关换成了温度传感器。同时,还装备了冷却液温度风扇开关,该开关用于调整冷却液风扇继电器的电压。当发动机冷却液温度超过110℃时,起动冷却液冷却风扇。

5. 百叶窗

百叶窗可由驾驶人通过驾驶室内的手柄来操纵其开闭,也可用感温器自动控制。图6-10所示为货车上使用的散热器百叶窗的自动控制系统。控制系统中的感温器2安装在散热器1的进水管上,用来感受来自发动机的冷却液温度。在发动机冷起动及暖车期间,百叶窗8关闭。当发动机达到正常工作温度时,感温器打开空气阀,使制动空气压缩机3产生的压缩空气进入空气缸,并推动空气缸内的活塞连同调整杆一起下移,从而带动杠杆使百叶窗开启。

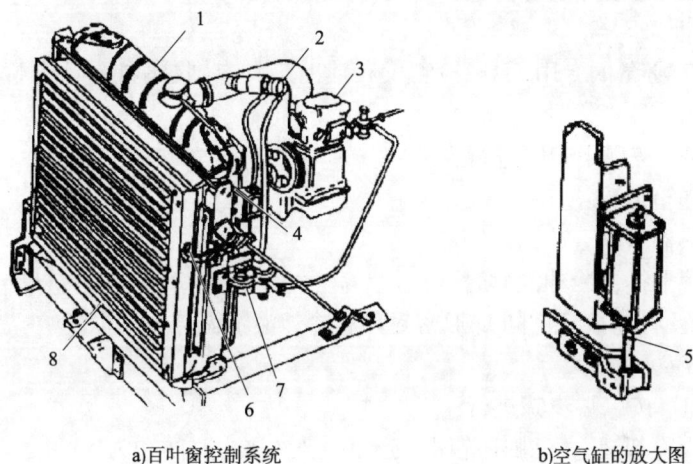

a)百叶窗控制系统　　　　　　　　　　　b)空气缸的放大图

图6-10　百叶窗的自动控制系统

1-散热器;2-感温器;3-空气压缩机;4-空气缸;5-调整杆;6-调整螺母;7-杠杆;8-百叶窗

操作指引

1. 组织方式

(1)场地设施:举升机一台,装有废气抽排系统和消防设施的场地。

(2)设备设施:发动机台架、整车一辆、必备的专用工具、检测仪和辅助工具、收集盘、弹性卡箍夹钳及扭力扳手、手动泵。

(3)耗材:防冻液等。

2. 操作要点

(1)穿戴干净整洁的工作服。

(2)遵守场地安全规定,注意用电安全。

(3)正确使用专用工具、检测仪和辅助工具。

(4)正确使用冷却系统压力检测仪等设备。

任务实施

1. 冷却液的管理

1)冷却液的使用

(1)冷却系统全年都要加注水和防冻防腐剂 G011A8C 组成的混合冷却液,G011A8C 添加剂和 TLVW774 添加剂能防止冻坏和锈蚀或形成水垢,还可以提高冷却液沸点,因此冷却系统必须全年加注这种冷却液,特别是在热带地区。冷却液高沸点可保证发动机高负荷时的安全性。

(2)若更换散热器、换热器、汽缸盖或汽缸盖密封垫,用过的冷却液不可再用。

(3)冷却液液面应位于膨胀罐的 min 与 max 两标记之间。

2)排放冷却液

排放冷却液时必备的专用工具、检测仪和辅助工具有:收集盘弹性卡箍拆装钳、防冻液密度计及扭力扳手。

排放冷却液时,按以下步骤进行:

(1)打开膨胀箱盖。

(2)通过散热器下软管放出冷却液。

(3)从连接管上拆下冷却液软管。

(4)拧下螺栓,将连接管连同 O 形密封环和冷却液节温器一起取下。

3)加注冷却液

加注冷却液时,按以下步骤进行:

(1)慢慢注入冷却液,直到膨胀箱上最大标记处,注入时间约为 5min。

(2)盖上膨胀箱盖并拧紧。

(3)起动发动机,直到电扇开启。

(4)检查冷却液液面高度,如需要,补充冷却液,热机时冷却液液面应在最大标记处,冷机时,冷却液液面应在最小(min)和最大(max)标记之间。

2. 冷却系统压力检查

检查冷却系统的密封性和膨胀箱盖的功能可用专用检查仪。

1)检查冷却系统的密封性

将检查仪 V. A. G1274 和 V. A. G1274/3 转接器接在膨胀箱盖上。如图 6-11 所示,在手动泵(V. A. G1274)上打压,使压力达到 0.1MPa,停止打压。如果压力不能保持在 0.1MPa,说明冷却系统有渗漏故障。找出渗漏处,并排除此故障。

2)检查膨胀箱盖限压阀功能

将冷却系统检查仪器 V. A. G1274 和 V. A.4 转接头连在膨胀箱盖上,用手动泵打压,达到 0.13~0.15MPa 时,限压阀必须打开,说明膨胀箱盖限压功能正常。

3. 节温器的检查

检查节温器功能时,可将节温器置于热水中(图 6-12),观察温度变化与节温器开启距离关系。当冷却液温度 86℃时,节温器应开始打开;当冷却液温度达 100℃时,节温器阀门应全部开启,其开启行程应不小于7mm。

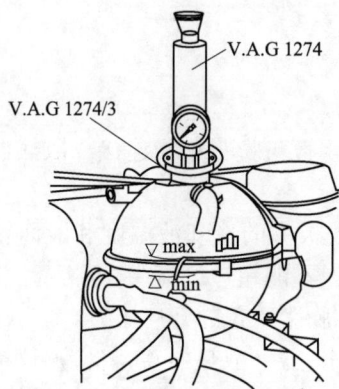

图 6-11　冷却系密封性检查

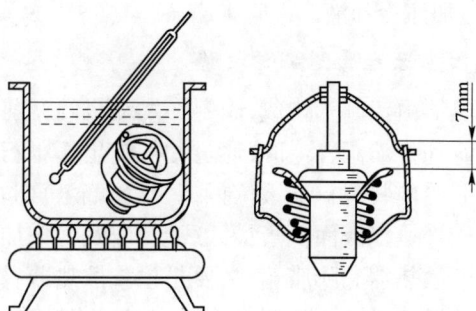

图 6-12　节温器性能的检查

4. 散热器风扇及热敏开关的检查

散热器风扇是由冷却液温度控制的热敏开关控制的。风扇 1 挡,接通温度为 92~97℃,断开温度为 84~91℃;风扇 2 挡,接通温度为 99~105℃,断开温度为 91~98℃。

当冷却液温度已达到风扇转动而风扇没有转动时,应首先检查熔断丝是否熔断。如果熔断丝良好,应再拔下热敏开关插头,将两插片短路,此时若风扇仍不转动,说明电动风扇损坏,应予以更换。若两插片接通后风扇转动,表明热敏开关损坏,应更换热敏开关(热敏开关拧紧力矩为 35N·m)。

5. 冷却液泵的维修

1)工具准备

工具包括:专用工具、检测仪和辅助工具、收集盘、弹性卡箍夹钳及扭力扳手。

注意:更换所有的密封垫和密封环。同步带下护罩可以不拆。同步带仍留在曲轴上同步带轮一侧。为防止冷却液伤人,拆卸冷却液泵之前应用抹布盖住同步带。

2)拆卸步骤

(1)放出冷却液。

(2)拆下同步带。

(3)拆下防护板。

(4)拆下同步带的张紧装置。

(5)从冷却液泵的同步带轮上取下同步带。

(6)从冷却液泵上拧下紧固螺栓,并拆卸冷却液泵(图 6-13)。

3)安装步骤

(1)用冷却液浸润新 O 形密封圈。

(2)装上冷却液泵。安装位置:外壳上的堵塞向上。

(3)将冷却液泵装到汽缸体上并拧紧螺栓,

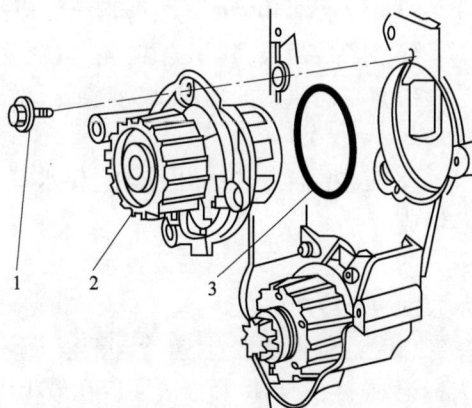

图 6-13　拆卸冷却液泵

1-螺栓;2-冷却液泵;3-O 形密封圈

拧紧力矩为15N·m。

（4）安装同步带，调整配气相位。

（5）加注冷却液。

6. 散热器和膨胀箱的检修

散热器由铝制管构成，固定在发动机的左前侧，通过软管与膨胀箱相连接。散热器盖上有循环阀和排液阀，冷却液通过此间进出膨胀箱。

膨胀箱内装有自动液位报警装置，当液面过低时仪表板中的冷却液温度和液面警告灯会连续闪烁。当液面低于最低线时，应及时添加冷却液，但不能超过最高线。

对于散热器和膨胀箱，主要是检查散热器有无泄漏和膨胀箱盖的开启压力。

散热器的渗漏用检测仪检验。首先将散热器内注满水，盖上散热器盖，将检测仪接至开关，用检查仪手动泵使压力达到120～140kPa。如果压力下降，应找出渗漏部位，做好标记，如渗漏不严重，可用镀锡法修复。

膨胀箱盖的开启压力检验，也是用测试仪进行测试。将膨胀箱盖套上检验仪，用手动泵使压力上升到120～150kPa时，限压阀必须开启，否则应更换膨胀箱盖。

任务小结

（1）发动机冷却系统的功用：对在高温条件下工作的发动机零部件进行冷却，保证发动机在适宜的温度下连续工作。

（2）分类：分为液体冷却（水冷却）和风冷却（空气冷却）。目前汽车发动机采用液体冷却。

（3）组成：强制循环供给装置（水泵、散热器、水套和分水管）、冷却强度调节装置（可调速电动风扇、节温器、百叶窗）、冷却液温度指示装置（冷却液温度表、冷却液温度传感器和冷却液温度警告灯）。

（4）工作情况：冷却液流到散热器的底部后，又在水泵的作用下，再次流向汽缸体、汽缸盖水套。

（5）冷却液：最常用的防冻剂是乙二醇。冷却液中水与乙二醇的比例不同，其冰点也不同。50%的水与50%的乙二醇混合而成的冷却液，其冰点约为–35.5℃。

（6）水泵：由泵壳、泵盖、叶轮、泵轴、轴承和水封等组成。

（7）风扇：风扇的功用是提高通过散热器芯的空气流速，增加散热效果，加速冷却液的冷却。

（8）散热器：散热器由上（左）储水室、下（右）储水室进水管、出水管、散热器盖和散热器芯组成。

（9）节温器：节温器安装在水套出水口处，根据发动机工作温度，自动控制通向散热器和水泵的两个冷却水通路。

（10）冷却液加注：检查冷却液液面高度，如需要，补充冷却液，热机时冷却液液面应在最大标记处，冷机时，冷却液液面应在最小（min）和最大（max）标记之间。

（11）冷却液压力检查：检查冷却系统的密封性、检查膨胀箱盖限压阀功能。

（12）节温器检查：将节温器置于热水中，观察温度变化与节温器开启距离关系。

学习任务七 润滑系统故障诊断与修复

任务描述

车主李先生反映,最近汽车在行驶一定里程后,润滑油报警灯闪亮,待停车休息一段时间后,恢复正常。又经过行驶一段里程后又闪亮。维修人员检查润滑油数量,正常。怀疑是润滑油质量或润滑油牌号不对,需进一步检查以便确认故障原因。

引起此故障的可能原因是:润滑油变质或油量不足;机油泵故障;机油压力开关故障。现在需要对润滑系统进行进一步检测。

学习目标

(1)认识发动机润滑系统的组成、结构与功用;

(2)了解润滑系统的润滑方式和润滑油路;

(3)能运用检测设备进行润滑系统主要零部件的检修;

(4)能对润滑系统进行正确维护;

(5)能诊断排除润滑系统故障;

(6)能正确选择润滑油。

(7)具备信息查询和手册使用的基本能力;

(8)能够按照企业5S要求和安全生产规范进行操作;

(9)能与同学密切合作,规范安全地完成学习活动;

(10)养成自主学习的习惯,培养规范操作的工作作风及环保意识。

建议学时:4学时。

知识准备

一、发动机润滑系统功用

润滑系统的功用就是在发动机工作时连续不断地把数量足够、温度适当的洁净发动机润滑油(以下简称机油)输送到全部传动件的摩擦表面,并在摩擦表面之间形成油膜,实现液体摩擦。减小摩擦阻力和磨损,保证发动机正常工作。除此之外,还清洗摩擦表面,带走磨屑和其他异物,起清洗作用;机油在润滑系统内循环还可带走摩擦产生的热量,起冷却作用;在运动零件之间形成油膜(如活塞与汽缸),可以提高它们的密封性,有利于防止漏气或漏油,起密封作用;在零件表面形成油膜,可防止零件腐蚀生锈,对零件表面起保护作用;机油还可用作液压油,如在液压挺柱内起液压作用;在运动零件表面形成油膜,可以吸收冲击并减小振动,起减振缓冲作用,延长机件的使用寿命以达到提高发动机工作可靠性和耐久性的目的。

二、发动机的润滑方式

发动机工作时,由于各运动零件的工作条件的不同,所要求的润滑强度也不同,因而需采取不同的润滑方式。现代汽车发动机多采用压力润滑与飞溅润滑相结合的综合润滑方式。

1. 压力润滑

压力润滑是指利用机油泵将一定压力的机油输送到摩擦面间隙中,形成油膜润滑的方式。压力润滑主要用于承受载荷和相对运动速度较高的摩擦面,如主轴承、连杆轴承、凸轮轴承、摇臂轴等处。

2. 飞溅润滑

飞溅润滑是指利用发动机工作时运动零件飞溅起来的油滴或油雾润滑摩擦表面的方式。飞溅润滑主要用于外露表面、载荷较轻的摩擦表面,如汽缸壁、活塞销、凸轮、挺柱、偏心轮等。

3. 润滑脂润滑

润滑脂润滑是通过润滑脂嘴定期加注润滑脂来润滑零件工作表面的润滑方式。主要用于负荷小、摩擦力不大、露于发动机体外的一些附件的润滑面上,如水泵、发电机、起动机等部件轴承的润滑。

三、润滑系统的组成及油路

1. 润滑系统组成

发动机润滑系统主要由机油泵、机油滤清器、机油散热器、油底壳和集滤器等零部件及温度表和润滑油管道等组成。

(1)机油泵提供足够高的压力,保证进行压力润滑和机油在润滑系统内能循环流动。

(2)机油滤清器用来滤除机油中的金属磨屑、机械杂质和机油氧化物。它包括机油粗滤器和机油细滤器。

(3)机油散热器用来降低机油的温度。机油在循环过程中由于吸热而温度升高,若机油温度过高,则其黏度下降,不利于在摩擦表面形成油膜;此外,还会加速机油老化变质,缩短机油使用期。

(4)油底壳是存储机油的容器。

(5)集滤器用来滤除机油中粗大的杂质,防止杂质进入机油泵。

2. 润滑系统油路

现代汽车发动机润滑系统的组成及油路布置方案大致相同。只是由于润滑系统的工作条件和具体结构的不同而稍有差别。图 7-1 所示为某六缸轿车发动机润滑系统示意图。

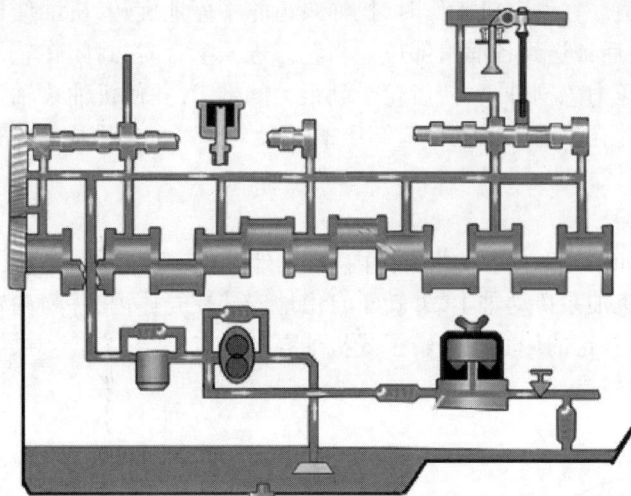

图 7-1　六缸发动机润滑油路

发动机曲轴的主轴颈、连杆轴颈、凸轮轴轴颈、摇臂轴等采用压力润滑;活塞、活塞环、活塞销、汽缸壁、气门、挺柱、推杆等采用飞溅润滑。润滑系统由机油泵、机油滤清器、机油冷却器、集滤器等组成。此外,润滑系统还包括机油压力表、温度表和机油管道等。现代汽车发动机润滑系统的油路大致相同。

发动机工作时,机油泵将油底壳中的机油经集滤器过滤后吸入,并形成一定压力后向机油滤清器供油。如果所供机油油压太高或流量过大,则机油经机油泵上的溢流阀返回机油泵入口。压力和流量正常的机油经滤清器滤清之后进入发动机主油道。机油滤清器盖上设有旁通阀,若机油滤清器堵塞,油压升高,则机油不经过滤清器,而由旁通阀直接进入主油道。主油道的机油通过 7 条分油道,分别润滑 7 个曲轴主轴颈。然后,机油经曲轴上的斜油道,从主轴颈流向连杆轴颈润滑曲柄销。主油道的另 4 条分油道直通凸轮轴轴承,润滑四个凸轮轴轴颈。同时机油从凸轮轴的第一轴颈处,经上油道通入气门摇臂轴的空腔内,然后从摇臂上的油道流出滴落在配气机构其他零件的工作表面上。

另外,在机油滤清器上还装有机油压力开关。机油压力若低于规定值,则机油开关触点闭合,报警灯闪亮,同时蜂鸣器鸣响报警。

四、润滑系统主要部件的构造

1. 机油泵

现代汽车发动机润滑系统所使用的机油泵可分为齿轮式和转子式两种。

1)齿轮式机油泵

齿轮式机油泵的工作原理如图 7-2 所示。它主要由主动轴、主动齿轮、从动轴、从动齿轮、壳体等组成。两齿轮外啮合,装在壳体内,齿轮与壳体的径向和端面间隙都很小。当齿轮按图示方向旋转时,进油腔1处由于啮合着的齿轮逐渐脱开,密封工作腔容积逐渐增大,腔内形成一定的真空,油底壳中的机油便被吸入到进油腔来。随后又被轮齿带到出油腔3。出油腔的容积由于轮齿逐渐进入啮合而减小,使机油压力升高,机油便经出油口被压入发动机机体上的润滑油道。在发动机工作时,机油泵齿轮不停地旋转,机油便连续不断地流入润滑油道,经过滤清之后被送到各润滑部位。当轮齿进入啮合时,封闭在轮齿径向间隙内的机油,由于容积减小,压力急剧升高,使齿轮受到很大的推力,并使机油泵轴衬套的磨损加剧和功率消耗增大。为此在泵盖上加工一道卸压槽4,使轮齿径向间隙内被挤压的机油通过卸压槽流入出油腔。

2)转子式机油泵

转子式机油泵如图7-3所示。主要由内转子、外转子,机油泵壳体及机油泵盖等零件组成。内转子固定在机油泵传动轴上,外转子自由地安装在壳体内,并与内转子啮合转动。内转子、外转子之间有一定的偏心距。转子式机油泵的优点是结构紧凑,供油量大,供油均匀,噪声小,吸油真空度较高。

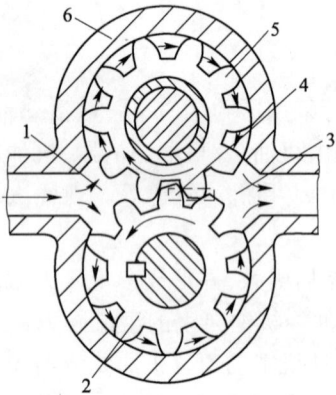

图7-2 齿轮式机油泵示意图
1-进油腔;2-主动齿轮;3-出油腔;
4-卸压槽;5-从动齿轮;6-壳体

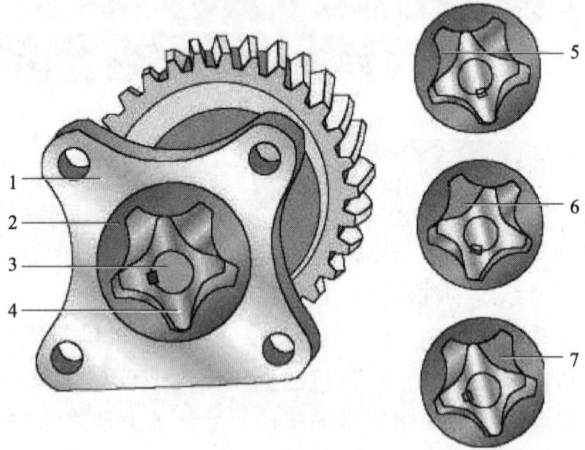

图7-3 转子式机油泵
1-壳体;2-外转子;3-转子轴;4-内转子;5-进油;6-压油;7-出油

2. 机油滤清器

机油滤清器是用来滤清机油中的金属屑、机械杂质及机油本身氧化的产物,如各种有机酸、沥青质以及碳化物等,防止它们进入零件的摩擦表面而将零件拉毛、刮伤,使磨损加剧,以及防止润滑系统通道堵塞而出现烧坏轴瓦等严重事故。机油流到摩擦表面之前,经过滤清器滤清的次数越多,则机油越清洁。但滤清次数越多,机油流动阻力也越大。为解决滤清与油路通畅的矛盾,在润滑系统中装有几个不同滤清能力的滤清器:集滤器、粗滤器、细滤器。它们分别串联和并联在主油道中。与主油道串联的滤清器称为全流式滤清器;与主油道并联的滤清器,称为分流式滤清器。

1)集滤器

集滤器采用滤网式结构,安装在机油泵进油管上。大多数汽车都采用固定式集滤器,位于油面下面吸油,这样可防止吸入泡沫,且结构较简单。浮筒式集滤器结构如图7-4所示。

2）粗滤器

机油粗滤器如图7-5所示。用以滤去机油中粒度较大（直径为0.1mm以上）的杂质。它对机油的流动阻力较小，通常串联在机油泵与主油道之间，属于全流式滤清器。粗滤器根据滤芯的不同，有各种不同的结构形式。传统的粗滤器多采用金属片缝隙式，由于质量大，结构复杂，制造成本高等缺点，金属片缝隙式粗滤器已基本被淘汰；现代汽车发动机普遍采用纸质式粗滤器。

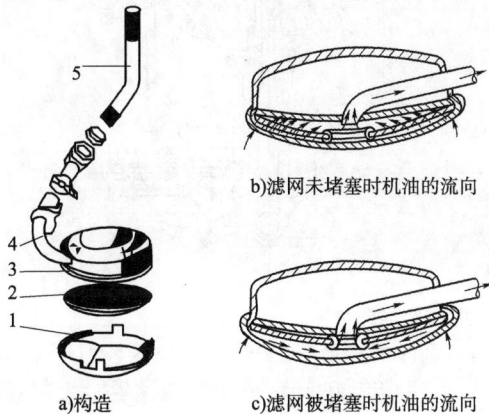

b)滤网未堵塞时机油的流向

a)构造　　c)滤网被堵塞时机油的流向

图7-4　浮筒式集滤器

1-罩;2-滤网;3-浮子;4-油管;5-固定管

图7-5　机油粗滤器

3）机油细滤器

机油细滤器有过滤式和离心式两种类型。过滤式存在着滤清与通过能力之间的矛盾，而离心式具有滤清能力高、通过能力大且不受沉淀物影响等优点。图7-6所示为EQ61001型发动机的离心式机油细滤器。机油细滤器用以滤去机油中粒度较小（直径为0.001mm以上）的杂质。由于它对机油的流动阻力较大，故多做成分流式，与主油道并联，属于分流式滤清器。

3. 机油散热器

在高性能大功率的强化发动机上，由于热负荷大，必须装设机油冷却器。机油冷却器布置在润滑油路中，其工作原理与散热器相同。发动机机油冷却器分为风冷式和水冷式两类。

风冷式机油冷却器很像一个小型散热器，利用汽车行驶时的迎面风对机油进行冷却。这种机油冷却器散热能力大，多用于赛车及热负荷大的增压汽车上。但是风冷式机油冷却器在发动机起动后需要很长的暖机时间才能使机油达到正常的工作温度，所以普通轿车上很少采用。

水冷式机油冷却器外形尺寸小，布置方便，且不会使机油冷却过度，机油温度稳定，因而在轿车上应用较广。

风冷式机油散热器一般是管片式，与冷却系统水散热器的结构相似，装在水散热器的前面，利用风扇的风力使机油冷却。为了增加散热面积，管的周围焊有散热片，管和片常用导热性好的黄铜制造。机油从进口流入扁形机油管，利用风扇的风力和散热片的散热作用使机油冷却，降温后的机油从出口流出。水冷式机油散热器将机油散热器装在冷却水路中，当机油温度较高时，靠冷却液降温，而在起动暖车期间机油温度较低时，则从冷却液吸热迅速提高机油温度。

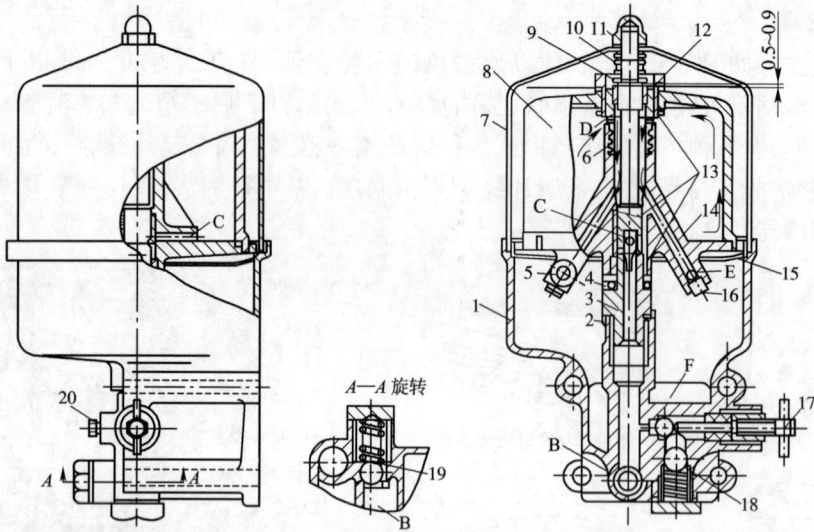

图 7-6 离心式机油细滤器

1-壳体;2-锁片;3-转子轴;4-止推轴承;5-喷嘴;6-转子体端套;7-滤清器盖;8-转子盖;9-支承垫;10-弹簧;11-压紧螺套;12-压紧螺母;13-衬套;14-转子体;15-挡板;16-螺塞;17-调整螺钉;18-旁通阀;19-进油限压阀;20-管接头;B-滤清器进油孔;C-出油孔;D-进油孔;E-通喷嘴油道;F-滤清器出油口

4.润滑脂

润滑脂是将稠化剂掺入液体润滑剂中所制成的一种稳定的固体或半固体产品,其中可以加入旨在改善润滑脂某种特性的添加剂。润滑脂在常温下可附着于垂直表面而不流淌,并能在敞开或密封不良的摩擦部位工作,具有其他润滑剂所不能代替的特点。因此,在汽车的许多部位都使用润滑脂润滑。

1)机油功用

机油在运动零件的所有摩擦表面之间形成连续的油膜,以减小零件之间的摩擦;机油在循环过程中流过零件工作表面,可以降低零件的温度;机油可以带走摩擦表面产生的金属碎末及冲洗掉沉积在汽缸活塞、活塞环及其他零件上的积炭;机油附着在汽缸壁、活塞及活塞环上的油膜,起到密封作用;机油有防止零件发生锈蚀的作用。

2)机油分类

机油按照用途分为汽油发动机机油和柴油发动机机油,这两种机油按照黏度级别和质量级别又分为很多种,选用机油时主要从这两个级别来考虑。有些机油可以适用于汽油发动机和柴油发动机,但多数情况下这两种机油是不通用的。

按黏度级别分:按黏度级别 SAE(美国汽车工程师学会)将机油又分单级和多级。冬季用油有 6 种;夏季用油有 4 种,冬夏通用油有 16 种。如 SAE30、SAE40 为单级油,SAE10W-30、SAE15W-40 为多级油。其中,"W"代表冬季,前面的数字越小说明低温黏度越低,发动机冷起动时的保护能力越好;"W"后面的数字则是机油耐高温性的指标。按 SAE 法分类机油,冬季用油有 6 种;夏季用油有 4 种,冬夏通用油有 16 种。冬季用油牌号分别为:0W、5W、10W、15W、20W、25W,符号 W 代表冬季,W 前的数字越小,其低温黏度越小,低温流动性越好,适用的最低气温越低;夏季用油牌号分别为:20、30、40、50,数字越大,其黏度越大,适用的最高气温越高;冬夏通用油牌号分别为:5W/20、5W/30、5W/40、5W/50、10W/20、10W/30、10W/40、10W/50、15W/20、15W/30、15W/40、15W/50、20W/20、20W/30、20W/40、20W/50,代表冬用部分的数字越小,代表夏季部分的数字越大者黏度越高,适用的气温范围越大。

　　按质量级别分:按机油质量等级 API(API 是美国石油学会)划分为两大类,"S"系列代表汽油发动机用油;"C"系列代表柴油发动机用油;当"S"和"C"两上字母同时存在,则表示此机油为汽柴通用型。如"S"在前,则主要用于汽油发动机。反之,则主要用于柴油发动机。

　　(1)汽油发动机机油。分为 SC～SL 等级别,第二个英文字母表示质量级别。字母越往后质量级别越高,价格也越高。

　　(2)柴油发动机机油。分为 CD～CH 等级别,第二个字母表示质量级别。按照发动机负荷等条件,各级机油的适用范围有很大区别。例如 APISJ/CD,表示机油相当于汽油发动机 SJ 级,相当于柴油发动机 CD 级。

　　3)机油的选用

　　根据汽车发动机的强化程度选用合适的机油使用级;根据地区的季节气温选用适当黏度等级的机油。

　　4)合成机油

　　合成机油是利用化学合成方法制成的润滑剂。其主要特点是有良好的黏度-温度特性,可以满足大温差的使用要求;有优良的热氧化安定性,可长期使用不需更换。使用合成机油,发动机的燃油经济性会稍有改善,并可降低发动机的冷起动转速。目前,合成机油的价格比从石油提炼出来的机油贵。但是,随着生产规模的扩大和制造工艺的改进,合成机油的价格将会越来越便宜。未来将是合成机油的时代。

操作指引

1. 组织方式

　　(1)场地设施:举升机一台,工作台一件。

　　(2)设备设施:发动机台架、速腾/迈腾汽车整车一辆、机油泵一个。

　　(3)工量具:常用工具和专用工具各一套、油压测试套件一套等。

　　(4)耗材:机油等。

2. 操作要点

　　(1)穿戴干净整洁的工作服。

　　(2)遵守场地安全规定,注意用电安全。

　　(3)正确使用工量具。

　　(4)正确使用油压测试套件等设备。

任务实施

1. 机油的检查与更换

　　1)机油检查

（1）机油温度至少为60℃。

（2）车辆必须水平放置。

（3）发动机停转后等待几分钟，让机油能流回到油底壳内。

（4）拔出机油尺，用一块干净的抹布擦干净，然后再把机油尺重新插入，直到极限位置。

（5）接着再次拔出机油尺，标出机油油位。

（6）机油尺的标记如图7-7所示。图中1为最高标记；2为最低标记；a为区域到最高标记之间的范围。不需要添加机油；b为区域内的油位，可以添加机油；c区域为最低标记之间的范围，最少应添加0.5L机油。

（7）油位不允许超过最高标记，以免发生三元催化转化器损坏的危险。

2）机油更换

如果在维修发动机时，在机油内发现大量的金属屑以及其他杂质，必须彻底清洗油道，还要更换机油冷却器，更换新的机油滤清器。

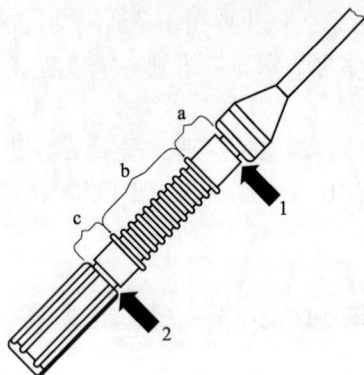

图7-7 机油尺标记

迈腾、速腾汽车机油的规格：使用VW标准500 00、501 01或00规定的机油，仅在特殊情况下可使用符合APISF或SG级别的多用机油。

在工厂里用VW标准503 00规定的机油给发动机加注，该机油有较长的维护周期。VW标准500 00、501 00或502 00规定的机油允许继续使用，这些机油必须每隔12个月或15000km更换一次。必须对维护周期显示器进行相应的编程。

2. 机油泵的检修

将泵壳和泵盖分开，检查下列项目：

（1）检查内转子、外转子之间的径向间隙。标准值为0.02～0.16mm，维修极限为0.20mm。如果此间隙超过使用极限，则应更换内转子、外转子。

（2）检查泵壳与转子之间的轴向间隙，标准值为0.02～0.07mm；维修使用极限为0.12mm。如果此间隙超过使用极限，则应更换外转子组或泵壳。

（3）检查泵壳与外转子之间的间隙，标准值为0.10～0.19mm；维修极限为0.21mm。如果此间隙超过使用极限，则应更换内、外转子组或泵壳。

（4）检查转子与泵壳有无烧灼或损坏，并视情况进行更换。

（5）从机油泵上拆下旧的油封，换上新的油封。在装用新的油封时，应用专用工具轻轻敲打，直到油封到达油泵的底部。

（6）机油泵装复后，应检查其转动情况，应无卡滞，且转动自如。如无问题，则可在机油泵上安装定位销和新O形密封圈，涂上液态密封胶，即可往发动机缸体上安装。

3. 检查机油压力和油压开关

1）检测条件

（1）机油油位正常。

（2）机油温度至少为80℃（冷却器风扇必须运行过一次）。

（3）点火开关打开后，机油压力指示灯应该点亮。

（4）装有自动检查系统的车辆上，显示屏应该显示"正常"。

2）检测过程

（1）拆下油压开关，并将其旋入检测装置。

（2）将检测设备取代油压开关旋入机油滤清器支架中。

（3）检测设备棕色导线接地（－）。

（4）如图7-8所示，将二极管试笔 V. A. G1527B 连同辅助测量工具套件用 V. A. G1594G 中的导线从蓄电池正极（＋）旁连接至油压开关，发光二极管不得亮起。

如果发光二极管亮起，则必须更换机油压力开关。

如果发光二极管不亮，则起动发动机并慢慢提高转速。在 1.2 ～ 1.6MPa 油压时，发光二极管必须亮起，否则更新油压开关。

图 7-8　检查机油压力和油压开关

（5）继续提高转速，在转速为 2000r/min 且油温为 80℃ 时，机油压力应在 0.35 ～ 0.45MPa。转速更高时压力不允许超过 0.7MPa。

如果小于标准值，检查进油管的滤网是否有污物。

提示：机械性的损坏，例如轴承损坏也可能造成机油压力过低。

如果没发现故障：应更换新的机油泵。

如果超过标准值：检查油道，必要时更新机油滤清器支架与安全阀。

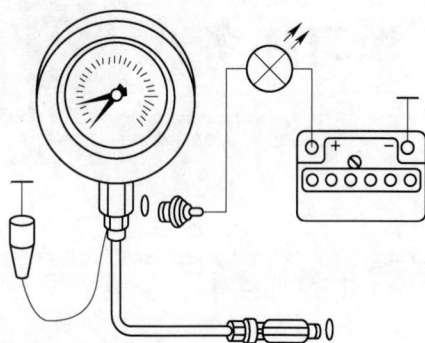

任务小结

（1）发动机润滑系统功用：减摩、冷却、清洁、密封、缓冲、防锈。

（2）发动机润滑方式：压力润滑、飞溅润滑、润滑脂润滑三种方式。

（3）发动机润滑系统组成：机油泵、机油滤清器、机油散热器、油底壳和集滤器等零部件及温度表和润滑油管道等。

（4）机油泵的构造：包括齿轮式机油泵、内齿轮式机油泵和转子式机油泵。

（5）机油滤清器：包括集滤器、粗滤器、细滤器三种。

（6）机油：国际上广泛采用美国 SAE 黏度分类法和 API 使用分类法。GB/17631.3—1995 规定，按机油的性能和使用场合分为汽油机机油、柴油机机油、二冲程发动机机油。

（7）机油的检查与更换：油位应该在上下限之间，不允许超过最高标记，以免发生三元催化转化器损坏的危险。

（8）机油泵检修：包括各项间隙检查、机油泵装复后，应检查其转动情况。

（9）检查机油压力和油压开关：检查条件、辅助测量工具套件连接、检查方法。

学习任务八　发动机总成装配与试验

任务描述

　　车主李先生反映,汽车行驶80000km,发动机内有"嗒嗒"的连续敲击声。经维修人员诊断确定为曲轴大瓦响,需对发动机解体进行检修更换轴瓦,并重新对发动机进行组装。

学习目标

　　(1)掌握发动机装配的修理工艺;
　　(2)具备信息查询和手册使用的基本能力;
　　(3)能利用工具、量具对发动机各机构进行检验、修理和装配;
　　(4)能够诊断和处理发动机常见的一般故障;
　　(5)掌握发动机装调的步骤及注意事项;
　　(6)能够按照企业5S要求和安全生产规范进行操作;
　　(7)具有较强的人际沟通能力,具有团队合作精神,具有良好的自身形象;
　　(8)能与同学密切合作,规范安全地完成学习活动;
　　(9)养成自主学习的习惯,培养规范操作的工作作风及环保意识。
　　建议学时:16学时。

知识准备

一、装配要求

1. 场地要求

　　装配应在专用车间或清洁场地进行,装配过程中应防尘和保持较为稳定的室内温度,要做到工件不落地,工量具不落地和油渍不落地,并保持工作台、工件盘和工量具的清洁。

2. 待装零件、部件要求

　　(1)准备装合的零件、部件及总成都要经过检验与试验,必须保证质量合格。
易损零件、紧固锁止件应全部更换,如汽缸垫及其他衬垫、开口销、自锁螺母、弹簧垫圈等。
　　(2)严格保持零件、润滑油道清洁。

（3）不许互换的零件（如气门等）应做好装配标记，以防错装。全部零件清洗、清点后应分类摆放整齐（图8-1）。

（4）装配时，应在零件的配合表面（过盈配合、过渡配合、间隙配合表面）和摩擦表面（如凸轮、齿轮、摇臂头部、螺纹等）上涂抹机油，做好预润滑（图8-2）。

图8-1 发动机待装配零件摆放

图8-2 待装零件润滑

3.作业要求

（1）装配中所用的工量具应齐全、合格，尽量使用专用器具装配。

（2）装配过程中不得直接用手锤击打零件，必要时应垫上铜棒等。

（3）确保各密封部位的密封，防止漏水、漏油、漏气、漏电，重要密封部位应涂密封胶。安装橡胶自紧油封时应在唇口和外圆涂抹机油后，再用压具压入承孔中。

（4）各部紧固螺栓、螺母应按规定紧固力矩、拧紧顺序和方法拧紧。对于主轴承盖螺栓、连杆螺栓、飞轮固定螺栓等发动机上的重要螺栓（或螺母），必须使用扭力扳手，按规定顺序、分次、均匀地将螺栓拧到规定力矩。

（5）重要部位的间隙必须符合标准规定。

二、发动机零件的清洗及归类

1.发动机零件清洗

发动机总成拆散后，拆下的零件不可避免的附有油污和积炭，为了便于对零件进行检验和修理，必须进行清洁及去油作业。

清除零件上的积炭可用机械、化学、电化学的方法。

2.发动机零部件拆卸原则

在汽车拆装过程中不要盲目地拆卸，拆装过程一定要遵守零件的拆卸原则。

在拆装顺序上，本着"先装的后拆，后装的先拆，能同时拆就同时拆"的原则；在拆卸范围上，本着"能不拆就不拆，尽量避免大拆大卸"的原则；在拆卸目的上，本着"拆是为了装"的原则，因此，拆卸零件时要特别留意观察，记录零件的安装方向，装配记号，耗损状况并做好零件的分类存放，属同一总成的零件要放在一起，避免丢失或装配时需另花时间寻找；在拆装细节上，细小的零部件要用小盒子装在一起存放。拆下来的螺栓、螺母必须分类装好，不要等到装发动机的时候再去找螺栓、螺母。

3. 发动机零件归类摆放

正确将零件摆放,一般遵守以下规律。

(1)总成尽量放在一起并做记号。

(2)进排气门摇臂与摇臂轴应串在一起存放,清洗时应做好记号(图8-3)。

(3)每缸的进气门和排气门要区分好,做好记号,不能错乱(图8-4)。

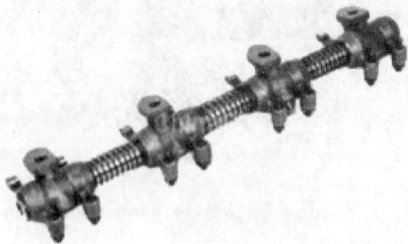

图8-3 摇臂轴及零件归类摆放

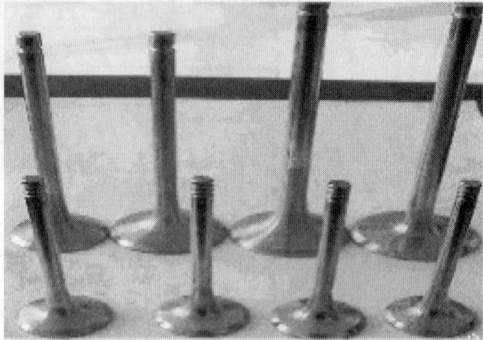

图8-4 气门零件归类摆放

(4)凸轮轴瓦与凸轮轴属于精密磨合部件,要做记号分类摆放(图8-5)。

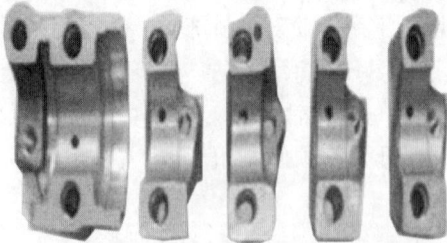

图8-5 凸轮轴零件归类摆放

(5)所有气门锁片、气门弹簧、气门垫片可集中存放(图8-6)。

图8-6 零碎零件的集中摆放

(6)发动机拆下的螺栓要分类摆放。发动机螺栓种类繁多,而且有很多是专用螺栓,不能用普通螺栓代替。如缸盖螺栓、连杆轴承螺栓、曲轴轴承螺栓、凸轮轴轴承螺栓、飞轮固定螺栓等都属于专用螺栓,不能混淆,也不能用其他螺栓代替。

三、装配前的准备

1. 零件检查

对于经过修理和更换的所有零件,在装配前都要进行认真的质量检查,以防止不合格的零件进入装配过程。

2. 零件清洁

零件装配前都要进行仔细的清洗,防止油污、尘粒、金属屑等进入相对运动零件之间,以免破坏配合关系加速磨损。除指定清洗剂外,一般使用干净的柴油或汽油进行清洗,然后用压缩空气吹干。

3. 配合零件的选配

配合零件必须满足一定的配合要求,包括配合间隙、过渡配合及过盈配合,装配前要做好选配工作,并做出相应标记,以保证零件装配的正确性。

操作指引

1. 组织方式

(1)场地设施:发动机拆装专用场地。

(2)设备设施:发动机台架、工作台、工具车、1.8L 或 2.0L 发动机总成。

(3)工量具:发动机拆装专用工具、常用工具,常用量具、专用量具等。

(4)耗材:发动机各种密封垫、机油、密封胶等。

2. 操作要点

(1)穿戴干净整洁的工作服。

(2)遵守场地安全规定,注意用电安全。

(3)正确使用专用工具、量具。

(4)正确使用维修手册。

任务实施

1. 发动机装配前的检查

(1)检查缸体总成有无缺陷。用压缩空气清洁缸体上的螺栓孔;用铲子清除缸体和油底壳接合面的残余密封胶。

(2)测量缸体、缸盖平面度。用刀口尺和塞尺测量汽缸体、汽缸盖与垫片接触面的翘曲度,最大翘曲值均不能超过 0.05mm。

(3)测量缸筒内径。用量缸表测量止推方向和轴向的缸孔直径,分别测量缸筒的上中下三个部位,与额定尺寸的偏差最大为 0.08mm。汽缸孔径为 82.51mm。当汽缸体固定在发动机和变速器支架上时,不允许进行测量。

（4）曲轴测量。用千分表测量曲轴安装孔径，用千分尺测量曲轴主轴颈直径，1.8L Tsi 发动机标准为 53.983 ~ 54.037mm。用千分尺测量连杆轴颈直径，标准为 47.778 ~ 47.842mm。2.0L Tsi 发动机标准为 58.993 ~ 58.037mm。用千分尺测量连杆轴颈直径，标准为 47.778 ~ 47.842mm。

（5）组装活塞连杆组。用压力机安装活塞销。

（6）活塞测量。从距下边缘约 10mm 且与活塞销的轴线错开 90°处用千分尺测量活塞裙外径，与额定尺寸的偏差最大为 0.04mm。活塞直径为 82.465mm。

（7）测量连杆大头直径。安装连杆瓦盖，将连杆瓦盖拧至 30N·m（M8）或 45N·m（M9），再将连杆瓦盖螺栓拧紧 90°，用千分表测量连杆大头直径。

（8）测量活塞环端隙。将活塞环垂直地从上推进下面的汽缸开口，离汽缸边缘 15mm。测量活塞环的开口间隙。

气环为 0.20 ~ 0.40mm，磨损极限为 0.8mm。

油环为 0.25 ~ 0.50mm，磨损极限为 1.00mm。

（9）测量活塞环侧隙。

第一道气环为 0.04 ~ 0.08mm，磨损极限为 0.15mm。

第二道气环为 0.02 ~ 0.06mm，磨损极限为 0.15mm。

刮油环无法测量。

2. 曲轴的装配

1）安装主轴瓦

用干净无纺布将缸体主轴承表面和主轴瓦背面擦拭干净，按照缸体上的配瓦标记，并根据表格找出字母表示的颜色。将选好的上轴瓦依次安装到缸体主轴承座上，并使轴瓦定位唇对准上缸体定位槽。

出厂时已匹配轴瓦与厚度正确的汽缸体。彩色点表示轴瓦厚度。

在下部密封面或汽缸体正面上，用字母标记了汽缸体（上部轴瓦）上各轴瓦的安装位置（图 8-7）。

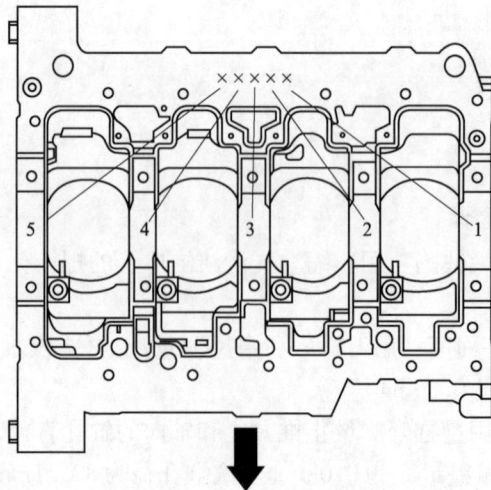

图 8-7　曲轴上部轴承的标记位置

在曲轴上用字母标记了汽缸体(下部轴瓦)上各轴瓦的安装位置。

第一个字母表示轴承盖1,第二个字母表示轴承盖2,依此类推。

汽缸体上的标记也可能刻在油底壳密封面上或汽缸体正面(变速器侧)。

汽缸体上的标识表示上部轴瓦(汽缸体轴瓦),曲轴上的标记表示下部轴瓦(轴承盖轴瓦)。记下这些字母,并根据表8-1找出字母表示的颜色。

汽缸体上字母表示的颜色　　　　　　表8-1

汽缸体上的字母	颜　　色	汽缸体上的字母	颜　　色
S	黑色	B	蓝色
R	红色	W	白色
G	黄色		

如果未打有颜色标记或标记不清晰,请使用中等厚度(红色)轴瓦。

2)安装曲轴及止推片

用油壶在安装好的主轴瓦表面涂机油,用干净的无纺布擦拭曲轴轴颈,将曲轴轻轻放入汽缸体中,在止推片表面涂抹机油,将止推片有油槽的一面贴向曲轴,平整的一面贴向缸体,安装止推片,转动曲轴使其安装到位。

3)安装轴承盖

按照曲轴上的配瓦标记,并根据表格找出字母表示的颜色。将选好的下轴瓦依次安装到相应位置的轴承盖上,并使轴瓦定位唇对准上缸体定位槽。将轴承盖安装到相应的轴承座上。

4)按照顺序拧紧曲轴轴承盖的固定螺栓

(1)用力拧紧1~10号和两侧螺栓。

(2)以60N·m的力矩预拧紧螺栓1~10号。

(3)用刚性扳手继续旋转1~10号螺栓90°。

(4)以20N·m的力矩拧紧两侧螺栓。

(5)用刚性扳手继续旋转两侧螺栓90°。

5)用百分表测量曲轴的轴向间隙

(1)将带磁力表座的百分表固定在汽缸体上,表针与曲轴臂的端面位置垂直。

(2)用手将曲轴压向百分表并将百分表校表归"0"。

(3)将曲轴反向压紧读取显示值。

(4)轴向间隙:新的为0.07~0.23mm,磨损极限为0.30mm。

6)用塑料间隙规测量曲轴径向间隙

(1)拆下主轴承盖并清洁轴承盖和轴颈。

(2)将塑料间隙规根据轴承的宽度放置在轴颈上和轴瓦内(必须位于轴瓦中央)。

(3)装上轴承盖并用60N·m的力矩拧紧,同时不要转动曲轴。

(4)重新拆下主轴承盖,比较塑料间隙规的宽度与测量刻度。

(5)径向间隙:0.017~0.037mm。磨损极限:0.15mm。

3.安装活塞连杆组件

(1)在汽缸筒涂抹干净的机油;用无纺布将连杆轴瓦擦拭干净,将连杆轴瓦对准安装槽口安装到连杆上。

（2）在活塞环上涂抹干净的机油，转动活塞环，将活塞环开口方向避开活塞销中心线120°。

（3）在活塞销上、连杆瓦上、活塞安装导向套内表面涂抹干净的机油，将活塞安装导向套安装到带有活塞环的活塞连杆组件上，对准缸套，用橡胶锤柄缓慢敲击活塞顶部将活塞安装到汽缸中，并安装到位。

（4）安装带瓦的连杆盖，按照标记配对安装，并检查是否安装到位。

连杆螺栓拧紧力矩：M8 为 30N·m + 90°；M9 为 45N·m + 90°。

（5）检查连杆大头的轴向间隙和径向间隙。

新轴向间隙：0.10 ~ 0.35mm；磨损极限：0.40mm。

新径向间隙：0.02 ~ 0.06mm；磨损极限：0.09mm。

（6）安装完成后，检查所有活塞箭头是否指向前端。

4. 安装机油泵、油底壳

1）安装机油泵

安装机油泵前先检查进油管的滤网和油底壳上部件的油道是否脏污。然后检查是否有两个定心机油泵的定位套。

（1）将 2 个定位销装到机油泵上。

（2）将机油泵安装到泵座上，拧上 4 个螺栓，拧紧力矩为 9N·m。

（3）将链轮安装到泵轴上（油泵轴/链轮的安装只能在一个位置插上），安装机油泵固定螺栓。

（4）安装挡油板，拧紧固定螺栓，拧紧力矩为 9N·m。

2）安装油底壳

油底壳必须在涂抹密封剂后 5min 内安装。

（1）将密封剂导向管在标记处剪开（导出口直径 3mm）。

（2）将密封剂涂到油底壳干净的密封面上。密封胶必须为 2 ~ 3mm 粗并沿着螺栓孔区域的内侧。

密封剂不允许过厚，否则多余的密封剂会进入油底壳并且堵塞机油泵吸管中的滤网。

油底壳在飞轮侧要与汽缸体平齐封闭。装配油底壳后必须让密封剂干燥约 30min 才能加注机油。

（3）立即安装油底壳并按如下方式拧紧螺栓：沿对角略微拧紧所有油底壳螺栓后再沿对角以 15N·m 拧紧所有油底壳螺栓。

（4）其余组装工作大体与拆卸顺序相反。

5. 安装进、排气门组件

（1）用安装套筒安装气门油封。

（2）在气门杆端部涂抹适量的机油，将研磨好的气门插入气门导管并推到底（严禁气门调换位置）。

（3）安装气门弹簧及气门弹簧座。

（4）用气门弹簧压缩工具压缩气门弹簧，用工具将气门锁块安装到位，逐渐松开工具并取下。用橡胶锤轻轻敲击气门顶部,确认气门锁止可靠。

6. 安装汽缸盖

（1）清洁汽缸体螺栓孔、汽缸、汽缸体与汽缸盖的密封面。

（2）将曲轴置于1缸上止点位置,然后将曲轴略微向反方向旋转。

（3）将废气涡轮增压器上的两个螺栓松开约两圈,避免安装汽缸盖时产生应力。

（4）从包装中取出新的汽缸盖密封垫放在缸体上,标记（配件号）必须可见,注意缸体中的定位销,装上汽缸盖。

（5）按照汽缸盖螺栓的拧紧顺序 10→1 拧紧缸盖螺栓,如图8-8所示。

缸盖螺栓拧紧力矩:40N·m+90°+90°。

7. 安装汽缸盖附件

1）安装火花塞

将火花塞安装到火花塞套筒内,将其放入缸盖安装孔中并拧到底,用扭力扳手拧紧火花塞。拧紧力矩为30N·m。

图8-8　缸盖螺栓拧紧顺序

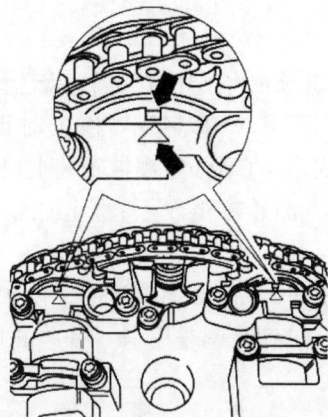

2）安装液压挺柱

在液压挺柱上涂抹适量的机油,按照拆卸时做的标记,将液压挺柱放于挺柱孔内。

液压挺柱只能整个更换,无法单独调整修理。起动时有不规则的阀门响声是正常的。安装新挺柱30min内不许起动发动机。

3）安装凸轮轴

给凸轮轴的摩擦表面涂上机油。在安装凸轮轴时1缸的凸轮必须朝上（图8-9）。

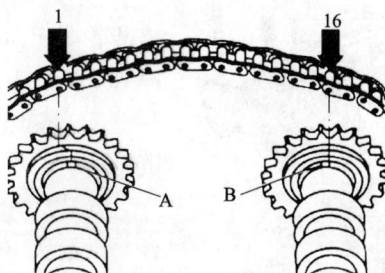

安装轴承盖时,注意轴承盖上的标记必须能够从汽缸盖进气侧看到。

如果要重新使用已过时的正时链,必须根据色标将正时链挂到两根凸轮轴上。

（1）更换链条张紧器的橡胶金属密封件,在相应的位置略涂密封胶。

（2）把传动链置于凸轮轴链轮上（图8-10）。凸轮轴上的切口A和B之间的距离必须等于传动链的16个滚子。

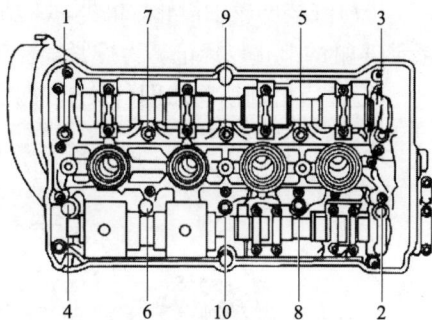

图8-9　1缸的凸轮必须朝上　　　　图8-10　把传动链置于凸轮轴链轮上

（3）将链条张紧器推入传动链之间。

（4）给凸轮轴的摩擦面上油。将凸轮轴与正时链和链条张紧器一起安装到汽缸盖中。将链条张紧器以 10N·m 的力矩拧紧。

（5）将进气和排气凸轮轴的轴承盖 2 和 4 沿对角线以 10N·m 的力矩拧紧。

安装进气和排气凸轮轴的链条上的两个轴承盖，检查凸轮轴的调整是否正确并将轴承盖以 10N·m 的力矩拧紧。取下固定支架。

（6）在双轴承盖相应位置涂上密封胶，安装其余轴承盖，同样以 10N·m 的力矩拧紧。

（7）安装凸轮轴齿轮，如图 8-11 所示。凸轮轴正时齿轮的窄棱边指向外侧且可以从前面看到 1 缸的上止点标记。为拧紧螺栓应使用把持工具固定住正时齿轮，拧紧力矩为 100N·m。

检查凸轮轴彼此之间的位置，如图 8-12 所示。

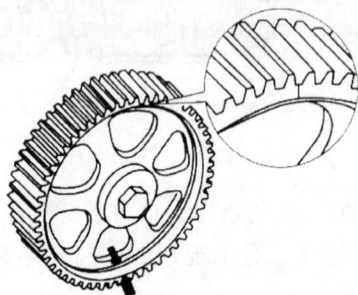

图 8-11 安装凸轮轴齿轮

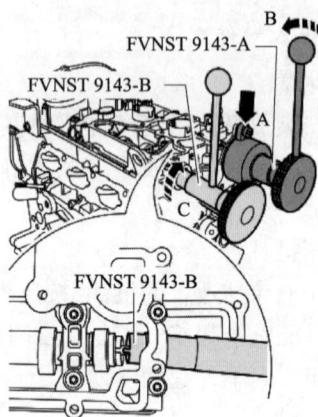

图 8-12 检查凸轮轴彼此之间的位置

（8）检查凸轮轴轴向间隙。在已拆下线框的情况下进行测量。

①将待测的凸轮轴装入引线框架。

②将百分表用通用百分表支架固定在汽缸盖上。

③用手将凸轮轴压向百分表，将百分表设为"0"。

④从百分表中压出凸轮轴并读取数值：轴向间隙为 0.05～0.17mm。

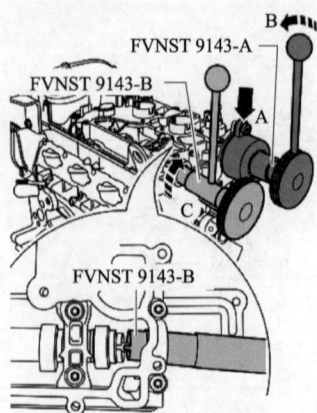

图 8-13 安装正时链

8. 安装正时链

（1）正时链有颜色的链节必须定位在链轮标记上，安装调整凸轮轴正时的调整工具 FVNST9143-A 和正时调整工具 FVNST9143-B，并用螺栓固定，直至张紧规被安装上（图 8-13）。

（2）将正时链装到排气凸轮轴链轮上，将正时链装到曲轴链轮上。

安装凸轮轴正时链时，驱动链/链轮的标记（箭头）必须吻合。沿箭头 B 和箭头 C 方向旋转调整工具。并将正时链安装到进气凸轮轴的链轮上。

（3）安装正时链的滑轨、张紧规（拧紧力矩为 20N·m）和张紧器（拧紧力矩为 65N·m）。

（4）安装平衡轴。每次拆卸发动机后要更换平衡轴。

（5）安装中间链轮。用扭力扳手以10N·m的力矩预紧。旋转链轮,链轮不得留有间隙,否则松开并再次拧紧。拧紧力矩为30N·m+90°。

（6）安装汽缸盖罩。安装油雾分离器,用对角的方式拧紧油雾分离器螺栓,拧紧力矩为11N·m。

将硅胶密封剂涂覆到汽缸盖罩的干净密封面上,密封剂条的厚度为2~3mm,5min内安装。汽缸盖罩螺栓按顺序以8N·m+90°拧紧。

其余的组装工作,大体与拆卸顺序相反。

9. 安装节温器、水泵及齿形带

原则上按拆卸时的相反顺序进行。

1）安装节温器

（1）清洁O形密封圈表面,用冷却液浸润新的O形密封圈。

（2）将节温器安装在水泵壳体内,并稍微向前移动。

（3）小心安装连接管,同时将定位销导入到导向件中。

2）安装水泵及齿形带

（1）用冷却液浸润新的O形密封圈。

（2）检查缸体上是否安装了两个定位销,如果没有,请安装。

（3）将连接杆安装到机油冷却器中,再将水泵推到连接杆上,通过定位销定位在汽缸体上。并用15N·m的力矩按顺序拧紧5个固定螺栓。

（4）安装水泵齿形带。

10. 安装多楔带

（1）安装多楔带前,必须安装发电机和空调压缩机。

（2）安装带减振器的多楔带轮,注意多楔带轮的花键与曲轴链轮的花键正确啮合。辅助机组支承螺栓拧紧力矩为20N·m+90°。

（3）将多楔带放置在曲轴、空调压缩机和发电机的带轮上,使用环形扳手固定住张紧装置并将定心棒拉出,松开张紧装置,检查多楔带是否被正确地挂上,并转动曲轴检查多楔带是否正确运转。

11. 安装发动机附件

按照拆卸时的相反顺序安装。

（1）将点火线圈安装到汽缸盖上,用套筒扭力扳手安装点火线圈固定螺栓,拧紧力矩符合维修手册要求。

（2）安装"PVC"阀,在O形密封圈上涂抹少量机油,将"PVC"阀安装到汽缸盖总成上。拧紧力矩符合维修手册要求。

（3）安装"VVT"控制阀,在O形密封圈上涂抹少量机油,将"VVT"控制阀总成安装到汽缸盖上。拧紧力矩符合维修手册要求。

（4）安装凸轮轴位置传感器,在O形密封圈和传感器上涂抹少量机油,将凸轮轴位置传感器控制阀总成安装到汽缸盖上。用套筒扭力扳手固定螺栓,拧紧力矩符合维修手册要求。

(5)安装爆震传感器,将爆震传感器和固定螺栓安装到汽缸体上,拧紧固定螺栓,拧紧力矩符合维修手册要求。

(6)安装机油压力传感器,在传感器螺纹部分涂抹螺纹锁固胶,更换新的铜垫圈,安装机油压力传感器,用扳手拧紧传感器,拧紧力矩符合维修手册要求。

(7)连接水管接头。

(8)安装冷却液温度传感器,在传感器螺纹部分涂抹螺纹锁固胶,安装冷却液温度传感器到缸盖出水口处,拧紧力矩符合维修手册要求。

(9)安装进、排气歧管。更换新的歧管密封垫。按顺序紧固进气歧管固定螺钉,拧紧力矩符合维修手册要求。

(10)安装燃油分配管。在喷油器密封圈上涂抹少量机油,均匀用力,将燃油分配管推入安装孔中。用套筒安装螺栓,拧紧力矩符合维修手册要求。

(11)安装进气压力温度传感器。用套筒拧紧固定螺栓。

(12)安装线束固定支架。

(13)安装机油尺。安装机油尺管固定螺栓并拧紧,将机油尺插入其中。

(14)安装氧传感器。

(15)安装机油滤清器。

(16)安装曲轴后油封。在油封密封唇上涂抹机油,将油封安装到专用工具上,将曲轴后油封对准安装孔,用橡胶锤轻轻敲击安装到位。

(17)安装飞轮总成。安装飞轮固定螺栓,用专用工具止动飞轮,用对角线交叉拧紧固定螺栓,拧紧力矩符合维修手册要求。

12. 发动机装配后的调试与验收

修理后的零部件,虽然其尺寸精度与表面粗糙度、形位误差都符合技术要求,但其表面仍具有一定的误差,再加上装配误差的影响,使零件的实际接触面积减小,单位压力增加,在大载荷的情况下,会产生剧烈的磨损,甚至发生黏着和烧蚀。发动机装配后,为了提高配合零件的表面质量,使其能承受大的载荷,减少初期磨损量,延长发动机寿命,应及时对各机构的间隙以及运动要求调整到最佳状态,以得到最好的动力性和经济性,所以发动机装配后,应进行磨合。

1)冷磨

冷磨是由外部动力驱动总成或机构的磨合。对发动机而言,冷磨的目的是对关键的部位(如凸轮轴颈与轴承,汽缸与活塞环,曲轴颈与轴承等)进行的使表面平整光滑,建立能适应发动机正常工作的承载与表面质量要求的磨合过程。

冷磨时,将发动机装在磨合架上,不装火花塞或喷油器。磨合时,一般采用低黏度的机油,这是因为它的流动性好,导热作用强,可降低表面温度,避免磨合时发生熔着磨损;加强了清洗作用,使磨屑得以及时清除,也易补充到间隙小的部位。冷磨时,常在较稀的车用机油中加入15% ~20%的煤油或轻柴油。为改善磨合质量,缩短磨合时间,可在机油中加添硫、磷、石墨、二硫化铝等添加剂。

影响冷磨的重要因素是开始磨合时的转速,这是因为要保证主要摩擦表面得到充分的润滑。磨合的转速以 550 ~ 600r/min 为适宜,然后在此基础上逐步增加,每一级以 100 ~ 200r/min 递增。磨合的负荷最好是从无到有,从小到大,逐渐增加。整个冷磨时间不得少于2h。冷磨以后,放出全部机油,加入清洗油,再转动几分钟,彻底清洗零件表面和润滑油道,放出清洗油。

2)热试

热试是将冷磨后的发动机装上全部附件后起动,以自身的动力运转,除进一步磨合外,主要是对发动机的工作进行检查调整。

热试时,转速不能过高,一般为 1000 ~ 1400r/min,时间不少于 1.5h,冷却液温度应保持在 75 ~ 85℃。热试中,应仔细观察各处的衬垫、油封、水封及接头有无漏电、漏油、漏水、漏气现象;查看机油压力表、冷却液温度表读数是否正常;调整点火系、供油系,使怠速和各种转速时运转均应平稳;检查发动机各部分有无不正常响声;测量汽缸压力应符合要求。热试后应检查汽缸壁磨合情况和曲轴轴颈与主轴承和连杆轴承的磨合情况;检查各道螺栓、螺母的紧固锁止情况;重新调整气门间隙;更换机油和细滤器滤芯;重新按规定力矩将汽缸盖螺栓再依次拧紧一次。在拆检过程中发现的缺陷,应予以修复、排除。

3)发动机大修的竣工验收

按照国家标准《汽车发动机大修竣工技术条件》的规定,发动机修复后,必须保证动力性能良好,燃料消耗正常,附件工作正常,各部件润滑良好,怠速运转稳定,不得有漏电、漏油、漏水、漏气等现象。

发动机在冷却液温度为 75 ~ 80℃时,汽缸压力应符合规定,各缸压力差,汽油机应不超过各缸平均压力的 8% ,柴油机应不超过 10% ,机油压力及进气管真空度均应符合规定。发动机在 5s 内能起动,低、中、高转速运转稳定、均匀,加速性能良好,不允许有缺火和过热现象。发动机运转稳定后,不允许有异响。发动机最大功率和最大转矩均不得低于原标准90% ,发动机最低燃料消耗率不得高于原厂规定。

💻 任务小结

(1)发动机装配要求:场地要求、待装零件和部件要求、作业要求。

(2)发动机零件的清洗及归类。

(3)装配前的准备:零件检查、零件清洗、零件的选配。

(4)发动机装配前的检查:检查缸体总成有无缺陷、测量缸体和缸盖平面度、测量缸筒内径、曲轴测量、组装活塞连杆组、活塞测量。

(5)曲轴的装配:安装主轴瓦、安装曲轴与止推垫片、安装轴承盖、测量曲轴的轴向间隙、测量曲轴的径向间隙。

(6)活塞连杆组的装配:活塞环开口方向、连杆盖标记配对安装、检查连杆大头的轴向间隙和径向间隙。

(7)安装机油泵、油底壳:油底壳密封胶必须为 2~3mm,5min 内安装油底壳,对角安装螺栓。

(8)安装进、排气门组件:严禁气门调换位置,确认气门锁止可靠。

(9)安装汽缸盖:安装汽缸盖,按顺序和规定力矩拧紧缸盖螺栓。

(10)安装汽缸盖附件:火花塞、液压挺柱、凸轮轴、检查凸轮轴径向间隙。

(11)安装正时链:驱动链/链轮的标记(箭头)必须吻合。

(12)安装节温器、水泵及齿形带:清洁 O 形密封圈表面,用冷却液浸润新的 O 形密封圈,安装定位销。

(13)安装多楔带:安装多楔带前,必须安装发电机和空调压缩机。

(14)安装发动机附件。

(15)发动机装配后的调试与验收:冷磨、热试、发动机大修的竣工验收。

学习任务九 发动机传感器故障诊断与修复

子任务1 空气流量传感器故障诊断与修复

任务描述

车主刘先生反映他的迈腾1.8T轿车最近在行驶中经常出现发动机突然熄火的现象,熄火前还偶尔伴有加速无力现象,熄火后重新起动一切正常,故障发生频次为1~2次/月。

汽车发动机电子控制系统中,空气流量传感器是一个主要的传感器,简称空气流量计,又称空燃比传感器,用于测量流经节气门的空气流量。发动机ECU(电子控制单元)利用此传感器的信号确定燃油喷射时间,提供发动机正常工作相应的空燃比。当空气流量传感器出现故障时,会造成发动机故障指示灯点亮,应立即查找原因并排除,否则发动机会因为空燃比不适合工况的要求而产生怠速不稳、抖动、加速不良、起动后失速等故障现象,从而影响到车辆的正常行驶。

学习目标

(1)认识进气系统的组成、结构与功用;
(2)了解空气流量传感器的安装位置、功用;
(3)能运用检测和诊断设备进行空气流传感器的检测与诊断;
(4)能参阅维修手册进行空气流量传感器的更换;
(5)具备信息查询和维修手册使用的基本能力;
(6)能够按照企业5S要求和安全生产规范进行操作;
(7)能与同学密切合作,规范安全地完成学习活动;
(8)养成自主学习的习惯,培养规范操作的工作作风及环保意识。
建议学时:4学时。

知识准备

空气流量传感器的功用是检测发动机进气量,并将进气量信号转换成电信号输入发动机电控单元(ECU)以供计算确定喷油量和点火时间。进气量信号是发动机电控单元精确计算喷油量和点火时间的主要依据。如果空气流量传感器发生故障,发动机电控单元将启动备用模式,把空气流量值设定在5g/s,同时记录故障码。此时将造成怠速不稳、发动机喘抖、怠速游车、怠速转速偏高、燃油脉宽增加、行驶费油、点火推迟、尾气排放恶劣等。

图9-1 空气流量传感器的结构

空气流量传感器(图9-1)主要有热线式空气流量传感器和热膜式空气流量传感器,由于热膜式空气流量传感器内没有运动部件,因此没有流动阻力,而且使用寿命远远高于热线式流量传感器。

热膜式空气流量传感器安装在空气滤清器壳体与进气软管之间,经过过滤的空气首先经过空气流量传感器(图9-2)。其核心部件是流量传感元件和热电阻(均为铂膜式电阻)组合在一起构成热膜电阻。在空气流量传感器内部的进气通道上设有一个矩形护套,相当于取样管,热膜电阻设在护套中。为了防止污物沉积到热膜电阻上而影响测量精度,在护套的空气入口一侧设有空气过滤层,用以过滤空气中的污物。为了防止进气温度变化使测量精度受到影响,在护套内还设有一个铂膜式温度补偿电阻,温度补偿电阻设置在热膜电阻前面靠近空气入口一侧。温度补偿电阻和热膜电阻与传感器内部控制电路连接,控制电路与线束连接器插座连接,线束插座设在传感器壳体中部,如图9-3所示。

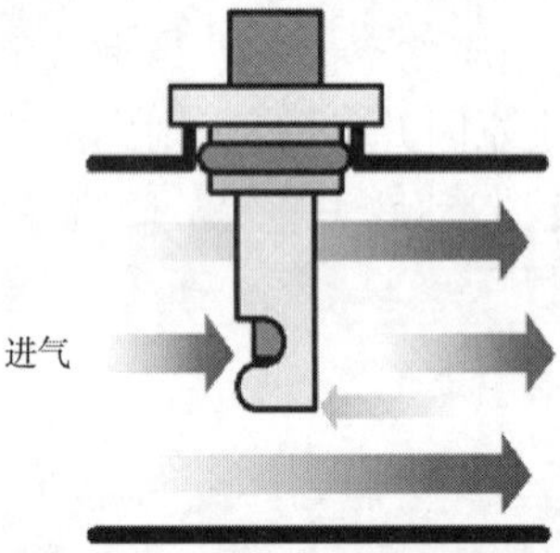

图9-2 空气流量传感器的安装位置

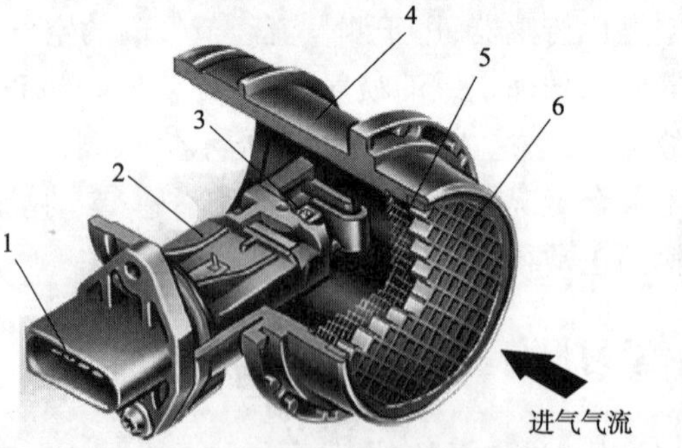

图9-3 热膜式空气流量传感器
1-线束插座;2-混合电路盒;3-温度补偿电阻;4-外壳;5-金属滤网;6-导流格栅

一、空气流量测量原理

热膜式空气流量传感器的测量原理是:空气流量传感器内部电路连接成惠斯顿电桥电路,如图9-4所示。发热元件电阻 R_h 和温度补偿电阻 R_t 分别连接到电桥的一个臂上,电桥各个臂的电流由控制电路A控制。电桥电压平衡时,控制电路供给热膜电阻的电流 I_h($I_h = 50 \sim 120mA$)使其温度 T_h 保持恒定。($T_h = 120℃$左右),供给温度补偿电阻的电流使热膜电阻的温度与温度补偿电阻的温度 T_r 之差保持恒定($\Delta T = T_h - T_r = 100℃$左右)。当空气流经温度补偿电阻和热膜电阻时,热膜电阻和温度补偿电阻受到冷却,温度降低,阻值减小。当热膜电阻的阻值减小时,电桥电压就会失去平衡,控制电路将增大供给热膜电阻的电流,使其温度保持恒定（120℃）。电流增加值的大小，取决于热膜电阻受到冷却的程度，即取决于流过空气流量传感器的空气量。当电桥电流增大时，取样电阻 R_s 上的电压就会升高，从而将空气流量的变化转换为信号电压 U_s 的变化。由于电阻为线性元件，因此取样电阻上信号电压 U_s 将随空气流量的变化而呈线性变化，信号电压输入电控单元（ECU）后，ECU 便可根据信号电压的高低计算空气流量的大小。当发动机怠速或空气为热空气时，因为怠速时节气门关闭或接近全闭，所以空气流速低，空气量少，又因空气温度越高，空气密度越小，所以在体积相同的情况下，热空气的质量小，因此热膜电阻受到冷却的程度小，电阻值减小少，保持电桥平衡需要的电流小，故取样电阻上的信号电压低。电控单元（ECU）根据信号电压即可计算出空气量。当发动机负荷增大或空气为冷空气

图 9-4　热丝式与热膜式流量传感器 AFS 原理电路

R_T-温度补偿电阻（进气温度传感器）；R_H-发热元件电阻（热丝或热膜）；R_S-信号取样电阻；R_1、R_2-精密电阻；A-控制电路

时，因为节气门开度增大空气流速加快使空气流量增大；而冷空气密度大，在体积相同的情况下冷空气质量大，所以热膜电阻受到冷却的程度增大，电阻值减小多，保持电桥平衡需要的电流增大，因此当发动机负荷增大时，信号电压升高。

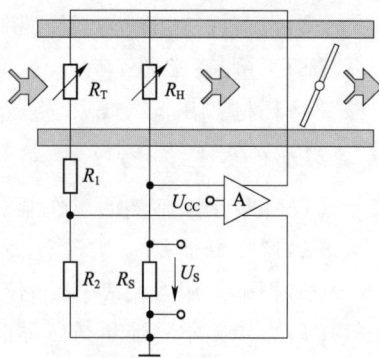

二、温度补偿原理

当进气温度变化时，热膜电阻的温度就会发生变化，测量进气量的精度就会受到影响。设置温度补偿电阻后，从电桥电路上可以看出，当进气温度降低使热膜电阻上的电流增大时，为了保持电桥平衡，温度补偿电阻上的电流相应增大，以保证热膜电阻的温度与温度补偿电阻的温度之差保持恒定，使空气流量传感器测量精度不受进气温度变化的影响。热膜式与热线式空气流量传感器的响应速度很快，能在几毫秒时间内反映出空气流量的变化，因此其测量精度不会受到进气气流脉动的影响（气流脉动在发动机大负荷、低转速运转时最为明显），此外还具有进气阻力小、无磨损部件等优点。热膜式空气流量传感器的热膜面积远比热线大，并与热电阻制作在一起，因此不会因沾染污物而影响测量精度。

三、传感器信号

迈腾轿车空气流量传感器是将数字信号传递给发动机控制单元，以前发动机控制单元接收到的是一个模拟信号，随着元器件的老化，热膜电阻会使信号失真。

空气流量传感器向发动机控制单元传递一个包含被测空气质量的数字信号（频率）。发动机控制单元通过周期长度来识别测得的空气质量。其优点是：数字信号相对于模拟信号对干扰不敏感。

📚 操作指引

1. 组织方式

（1）场地设施：举升机一台，装有废气抽排系统和消防设施的场地。

（2）设备设施：整车或发动机台架。

（3）工量具：常用工具一套、车辆故障诊断仪、示波器、万用表等。

（4）耗材：熔断丝、线束、空气流量传感器等。

2. 操作要点

（1）穿戴干净整洁的工作服。

（2）遵守场地安全规定，注意用电安全。

（3）正确使用万用表、诊断仪等工量具。

（4）在检测空气流量传感器时，严禁用力拉扯线束。

任务实施

1. 读取空气流量传感器数据流

将故障诊断仪连接到诊断座 DLC3，打开点火开关并起动发动机，打开诊断仪，测量数据流，发动机转速在 700 ~ 860r/min（迈腾 1.8T）进气量应在 2.0 ~ 4.5g/s，见表 9-1。

迈腾 1.8T 空气流量传感器数据流　　　　　　表 9-1

地址列	ID	测 量 值	数 值	单 元
01	1.1	发动机转速	760	r/min
01	1.2	冷却液温度	30.0	℃
01	2.2	相对气体加注	25.6	%
01	3.2	空气质量	3.9	g/s
01	6.3	进气温度	30.0	℃
01	139.3	规定的空气质量总和	7.8	kg

2. 检测空气流量传感器线路

1）检测电源电压

断开空气流量传感器连接器，起动发动机（大众 AJR 发动机）或将点火开关置于 ON 位置（迈腾 1.8T 发动机）。

将万用表旋转开关置于直流电压挡，检测电源线的电压应为电源电压，见表 9-2。

空气流量传感器电源电压　　　　　　表 9-2

检 测 内 容	检 测 条 件	规 定 状 态
电源端子与车身搭铁	点火开关 ON	9 ~ 14V

2）检测空气流量传感器输出信号

重新连接空气流量传感器连接器。

起动发动机，检测信号线端子电压应在 0 ~ 5V 之间。

3）检测空气流量传感器线路电阻

点火开关断开，断开空气流量传感器连接器，检测空气流量传感器与发动机 ECU 对应端子的电阻应小于 0.5Ω。

检测空气流量传感器线路与车身的电阻应为 ∝。

大众 AJR 发动机空气流量传感器线路如图 9-5 所示,大众迈腾 1.8T 发动机空气流量传感器线路如图 9-6 所示。

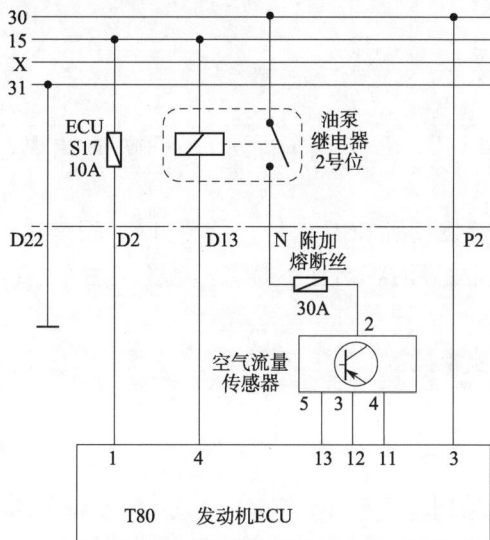

图 9-5　大众 AJR 发动机空气流量传感器线路

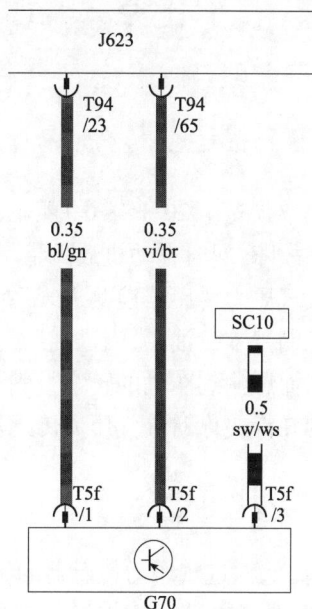

图 9-6　大众迈腾 1.8T 发动机空气流量传感器线路

3. 检测空气流量传感器波形

空气流量传感器信号波形分为两种,一种是模拟信号,另一种是数字信号。图 9-7 所示为大众迈腾 1.8T 发动机空气流量传感器信号波形。

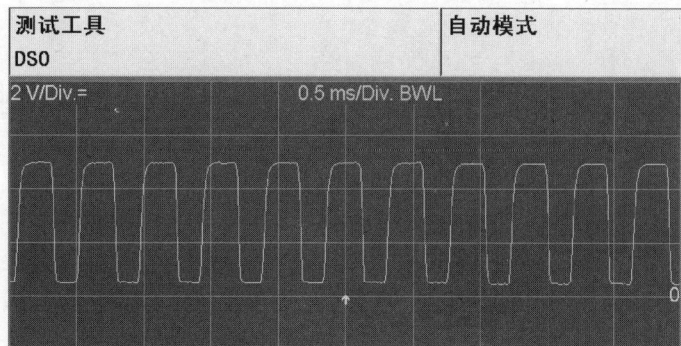

图 9-7　大众迈腾 1.8T 发动机空气流量传感器信号波形

📚 任务小结

（1）要掌握空气流量传感器的安装位置、功用及所有检测项目。

（2）能够对空气流量传感器相关故障进行分析和诊断。

（3）能按照维修手册进行空气流量传感器的更换。

子任务2 进气压力传感器故障诊断与修复

任务描述

一位张先生2011年6月购买的一汽迈腾1.8T轿车,汽车行驶了65000km,出现车辆无法起动故障,同时发动机故障指示灯点亮。

进气压力传感器检测进气系统的进气量给发动机 ECU 信号,发动机 ECU 根据该信号计算并控制基本喷油量,当进气压力传感器出现故障时将出现不易着车或不能着车的故障现象。从而影响到车辆的正常行驶。

现在需要你对进气压力传感器进行进一步检测。

学习目标

(1)认识进气压力传感器的组成、结构与功用;

(2)能够初步进行进气系统的检查维护;

(3)具备信息查询和维修手册使用的基本能力;

(4)能够按照企业 5S 要求和安全生产规范进行操作;

(5)能与同学密切合作,规范安全地完成学习活动;

(6)养成自主学习的习惯,培养规范操作的工作作风及环保意识。

建议学时:2 学时。

知识准备

在发动机燃油喷射系统中,如果安装了进气压力传感器,就可以不安装空气流量传感器;反之,如果安装了空气流量传感器,那么就可以不安装进气压力传感器。但是迈腾 B7L 1.4TSI 轿车不仅安装了空气流量传感器,同时也安装了进气压力传感器。

1. 进气压力传感器的结构特点

各型汽车所用进气压力传感器的结构大同小异。如图 9-8a) 图所示,主要由硅膜片、真空室、混合集成电路、真空管接头和线束插接器等组成。

传感器壳体被硅膜片分割成两个互不相通的腔室。一腔室预置真空,另一腔室导入进气压力。

硅膜片是压力转换元件,用单晶硅制成。硅膜片的长和宽约为 3mm、厚度约为 160μm,在硅膜片的中央中部位采用腐蚀方法制作有一个直径为 2mm、厚度约为 50μm 的薄膜片;在薄硅膜片的表面上,采用集成电路加工技术与台面扩散技术制作 4 只梳状阻值相等的半导体压敏电阻,通常称为固态压阻器件或固态电阻,如图 9-9a) 所示,并利用低阻扩散层(P 型扩散层)将 4 只电阻连接成惠斯顿电桥电路,如图 9-9b) 所示,然后再与传感器内部的信号放大电路和温度补偿电路等混合集成电路连接。

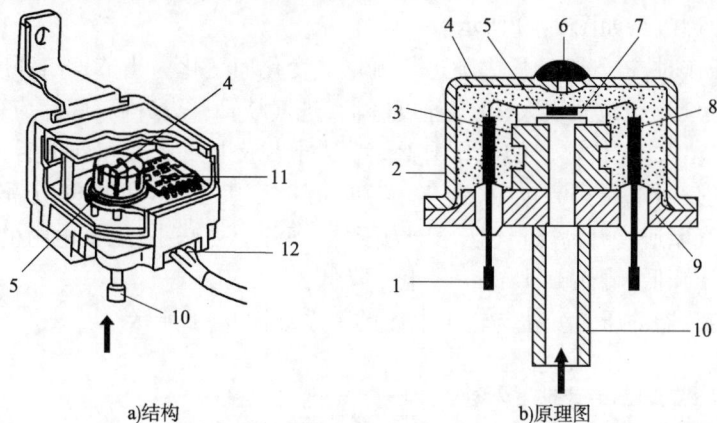

a)结构
b)原理图

图9-8 压敏电阻式进气管绝对压力传感器

1-接线端子;2-壳体;3-硅杯;4-真空室;5-硅膜片;6-封门;7-电阻;8-电极;9-底座;10-真空管;11-IC电路;12 线束插接器

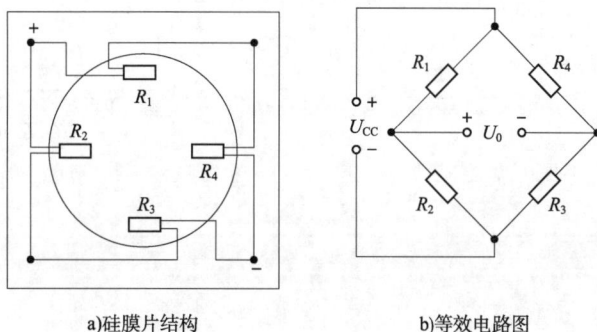

a)硅膜片结构
b)等效电路图

图9-9 硅膜片及应变电阻

在硅膜片上,根据压敏电阻扩散制作的方向不同分为径向电阻和切向电阻,扩散电阻的长边与膜片半径垂直的电阻称为切向电阻 R_t(图中电阻 R_4、R_2 所示),扩散电阻的长边与膜片半径平行的电阻称为径向电阻 R_r(图中电阻 R_1、R_3 所示)。

硅杯一般用线性膨胀系数接近于单晶硅(线性膨胀系数为 $32 \times 10^{-7}/℃$)的铁镍锆合金(线性膨胀系数为 $47 \times 10^{-7}/℃$)制成,设置在硅膜片与传感器底座之间,用于吸收底座材质与硅膜片热膨胀系数不同而加到硅膜片上的热应力,从而提高传感器的测量精度。硅杯与壳体以及底座之间形成的腔室制作成为真空室。壳体底部设有排气孔,利用排气孔将该腔室抽真空后,再用锡焊密封,从而形成真空室。真空室为基准压力室,基准压力室一般为零。在导压管入口设有滤清器,用于过滤导入空气中的尘埃或杂质,以免硅膜片受到腐蚀和脏污而导致传感器失效。

2. 传感器的工作原理

压敏效应式压力传感器原理如图9-8b)所示,硅膜片一面通真空室,另一面导入进气歧管压力。在进气歧管压力的作用下,硅膜片就会产生应力,在应力的作用下,半导体压敏电阻的电阻率就会发生变化而引起阻值变化,惠斯顿电桥上电阻值的平衡就被打破。当电桥输入端输入一定的电压或电流时,在电桥的输出端就可得到变化的信号电压或信号电流。

根据信号电压或信号电流的大小,就可检测出进气歧管压力的高低。

传感器的原理电路如图 9-10 所示。

当发动机工作时,进气歧管压力随进气流量的变化而变化。当节气门开度增大(即进气流量增大)时,空气流通截面增大,气流速度降低,进气歧管压力升高,膜片应力增大,压敏电阻的阻值变化量增大,电桥输出的电压升高,经混合集成电路放大和处理后,传感器输入电控单元(ECU)的信号电压升高。反之,当节气门开度由大变小(即进气流量减少)时,进气流通截面减小,气流速度升高,进气歧管压力降低,膜片应力减小,压敏电阻的阻值变化量减小,电桥输出电压降低,输入 ECU 的信号电压降低。

进气压力传感器的压力变化与输出电压的关系如图 9-11 所示。

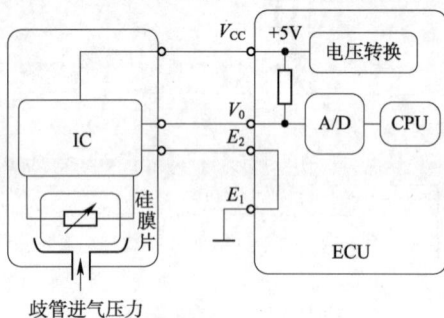

图 9-10 传感器原理电路

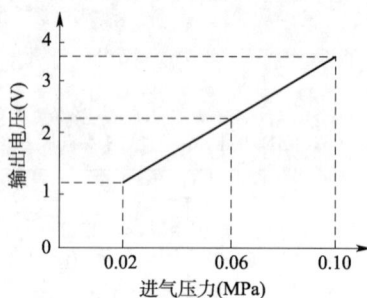

图 9-11 进气压力与输出信号电压之间的关系

操作指引

1. 组织方式

(1)场地设施:举升机一台,装有废气抽排系统和消防设施的场地。

(2)设备设施:迈腾 1.8T 轿车一辆。

(3)工量具:常用工具一套、车辆故障诊断仪、示波器、万用表等。

(4)耗材:熔断丝、线束、进气压力传感器等。

2. 操作要点

(1)穿戴干净整洁的工作服。

(2)遵守场地安全规定,注意用电安全。

(3)正确使用万用表、诊断仪等工量具。

(4)在检测进气压力传感器时,严禁用力拉扯线束。

任务实施

图 9-12、图 9-13 所示为迈腾 B7L1.4TSI 发动机进气压力传感器结构位置图和电路图。

1. 读取进气压力传感器的数据流

将故障诊断仪连接到诊断座 DLC3,打开点火开关并起动发动机,打开诊断仪,测量数据流,发动机转速在 700~860r/min,读取进气压力传感器的怠速时数据流,见表 9-3。

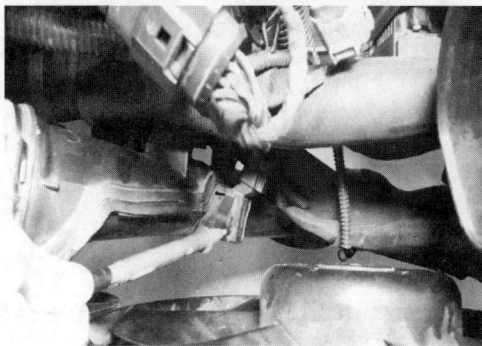

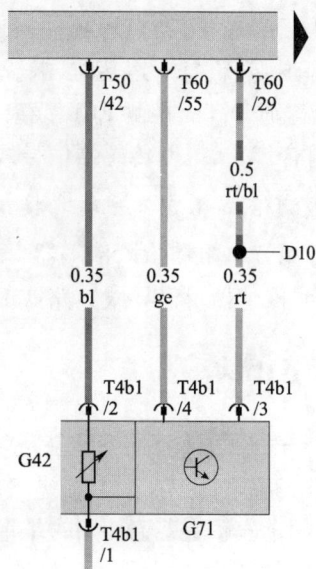

图 9-12　进气压力传感器 G71 位置图　　　图 9-13　进气压力传感器电路图

发动机怠速时进气压力传感器的数据流　　　　　　表 9-3

地址列	ID	测　量　值	数值	单位	目标值
01	1.1	发动机转速	760	r/min	
01	1.2	冷却液温度	86.0	℃	
01	4.4	进气温度	41.0	℃	
01	114.1	可以达到的最大空气加注、增压压力调节	124.8	%	
01	114.2	最大可达到的涡轮增压空气加注	124.8	%	
01	114.4	增压压力阀占空比	2.0	%	
01	115.3	增压空气压力规定值	320	100Pa	
01	115.4	增压空气压力当前值	1010	100Pa	
01	117.4	增压空气压力规定值	320	100Pa	
01	118.4	增压压力实际值	1010	100Pa	
01	119.2	当前增压空气压力调节匹配值	0	100Pa	

2. 检查进气压力传感器的连接情况

仔细检查进气压力传感器的连接情况,如连接不良或漏气,就会影响传感器性能并直接影响发动机工作,可按照标准力矩将进气压力传感器安装好。

3. 检测传感器电源电压

当点火开关接通时,检测传感器端子 3 上的电压应为 4.5～5.5V。如电压为零,再检测 ECU 线束插头端子 29 上的电压,如电压为 4.5～5.5V,说明传感器电源线断路或插头松动。

4. 检测传感器信号电压

传感器输出的信号电压可用高阻抗数字式万用表直流电压挡进行检测。传感器插座上有 1、3、4 三个端子,当点火开关接通,发动机未起动时,检测输出端子 4 上的电压应为 4 ~ 5V;当发动机热机怠速运转时,端子 4 电压应下降到 1.5 ~ 2.1V;当节气门开度增大时,端子 4 电压应逐渐升高。检测 ECU 线束插头 55 端子上的电压,则应与端子 4 电压相同。如检测结果不符合规定,说明传感器信号线断路、插头松动或传感器内部有故障。

5. 检测传感器负极导线连接情况

用万用表电阻挡检测传感器 1 端子与发动机缸体之间的电阻值应当小于 0.5Ω,如阻值过大,说明传感器负极导线断路或 ECU 插头连接不良。

📖 任务小结

(1)进气压力传感器安装在进气道节气门体之后的进气总管上,其功用是发动机电控单元根据空气流量传感器信号和进气压力传感器信号判断涡轮增压系统工作是否正常。

(2)目前车辆上普遍使用的是将 4 只电阻连接成惠斯顿电桥电路做成的进气压力传感器。

(3)进气压力传感器一旦出现故障,ECU 不能正确控制基本喷油量和点火提前角,使发动机常出现怠速发抖、喘振、加速无力、加速回火、熄火、排放超标等故障现象。

(4)当使用故障诊断仪读取进气压力传感器为 0.0g/s 时,进气压力传感器检测项目包括:
①检查进气压力传感器电源电压。
②检查进气压力传感器输出电压。
③检查进气压力传感器线束和连接器。
④检查进气压力传感器搭铁线路。
⑤检查进气压力传感器元件。

子任务 3 节气门位置传感器故障诊断与修复

📖 任务描述

王先生的一辆迈腾 1.8T 轿车,行驶的过程中突然加速无力,仪表 EPC 故障灯点亮,降至怠速时怠速不稳,而且易熄火。

汽车发动机电子控制系统中,节气门位置传感器的作用是把节气门的位置或开度转换成电压信号,传输给电控单元,作为电控单元判定发动机运行工况的依据,实现不同节气门开度下的喷油量控制。节气门位置传感器出现问题,可能出现加速不畅、搓车、怠速不稳等故障。

现在需要你对节气门位置传感器进行进一步检测。

📖 学习目标

(1)认识进气系统的组成、结构与功用;

（2）了解节气门位置传感器的安装位置、功用；

（3）能运用检测和诊断设备进行节气门位置传感器的检测与诊断；

（4）能参阅维修手册进行节气门位置传感器的更换；

（5）具备信息查询和维修手册使用的基本能力；

（6）能够按照企业 5S 要求和安全生产规范进行操作；

（7）能与同学密切合作，规范安全地完成学习活动；

（8）养成自主学习的习惯，培养规范操作的工作作风及环保意识。

建议学时:2 学时。

📖 **知识准备**

一、节气门作用与分类

节气门位置传感器英文 Throttle Position Sensor,简称 TPS,安装在节气门体轴上,传统方式是由驾驶人操纵加速踏板上的拉索来控制进气量。当加速踏板踩下时,节气门开度增大,进气量也随之增大。与此同时,空气流量传感器控制的空气量也随之增大,喷油量也相应增多,混合气总量变大。

节气门位置传感器一方面用来确定节气门的开度位置,反映发动机所处工况;另一方面反映节气门开闭的速度,在急加速或急减速时,空气流量传感器由于惯性或灵敏度影响使其反映没有那么快,这样会影响汽车的动力性能和燃油经济性能。空气流量传感器这个缺陷可由节气门位置传感器弥补,故节气门位置传感器也是喷油量控制的一个重要信号。在自动变速器车上,节气门位置传感器信号同时输入给变速器 ECU,来控制变速器换挡时机和变矩器锁止时机。根据结构和原理不同,可分为可变电阻式、触点式和组合式三种。

二、工作原理

1.触点式节气门位置传感器结构与原理

1)触点式节气门位置传感器的结构特点

触点式节气门位置传感器(TPS)的结构如图 9-14 所示,主要由导向凸轮、节气门轴、控制杆、可动触点、怠速触点、功率触点、导向槽、接线端子组成,凸轮随节气门轴转动,节气门轴随节气门开度大小的变化而变化。

2)触点式节气门位置传感器的输出特性

触点式节气门位置传感器的输出特性如图 9-15 所示。当节气门关闭时,怠速触点 IDL 闭合、功率触点 PSW 断开,怠速触点 IDL 输出端子输出的信号为低电平 0,功率触点 PSW 输出的信号为高电平 1。ECU 接收到 TPS 输入的这两个信号时,如果车速传感器输入 ECU 的信号表示车速为零,那么 ECU 将判定发动机处于为怠速状态,并控制喷油器增加喷油量,保证发动机怠速转速稳定而不致熄火。如果车速传感器输入 ECU 的信号表示车速不为零,那么 ECU 将判定发动机处于减速状态运行,并控制喷油器停止喷油,以降低排放和提高燃油的经济性。

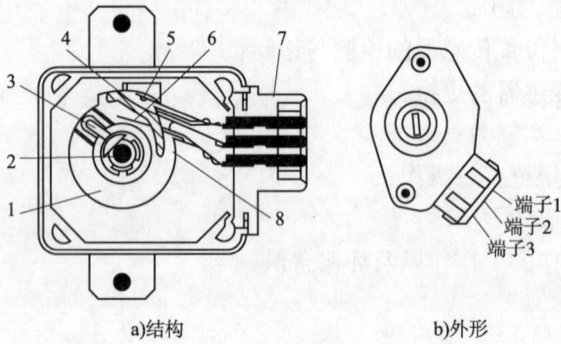

图 9-14　触点式节气门位置传感器
1-导向凸轮;2-节气门轴;3-控制杆;4-活动触点;5-怠速触
点;6-功率触点;7-线束插接器;8-导向凸轮槽

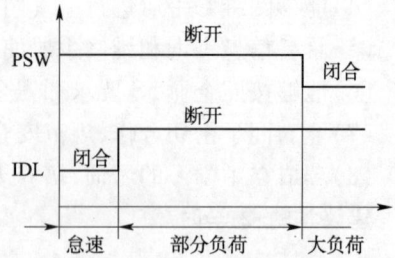

图 9-15　触点式节气门位置传感器输出特性

当节气门开度增大时,凸轮随节气门轴转动并将怠速触点 IDL 顶开,如果功率触点 PSW 保持断开状态,那么 IDL 端子和 PSW 端子都将输出高电平 1。ECU 接收到这两个高电平信号时,将判定发动机处于部分负荷状态,此时 ECU 将根据空气流量传感器信号和发动机转速信号计算喷油量,保证发动机的经济性和排放性能。

当节气门接近全部开启(80% 以上负荷)时,凸轮转动使功率触点 PSW 闭合,PSW 端子输出低电平 0,IDL 端子保持断开而输出为高电平 1。ECU 接收到这两个信号时,将判定发动机处于大负荷状态运行,并控制喷油器增加喷油量,保证发动机输出足够的功率,故大负荷触点称为功率触点。在此状态下,控制系统将进入开环控制模式,ECU 不采用氧传感器信号。如果此时空调系统仍在工作,那么 ECU 将中断空调主继电器信号约 15s,以便切断空调电磁离合器线圈电流,使空调压缩机停止工作,增大发动机的输出功率,提高汽车的动力性。

2. 组合式节气门位置传感器

1)组合式节气门位置传感器的结构特点

丰田轿车用组合式节气门位置传感器的基本结构与原理电路如图 9-16 所示,主要由可变电阻、活动触点、节气门轴、怠速触点和壳体组成。可变电阻为镀膜电阻,制作在传感器底板上,可变电阻的滑臂随节气门轴一同转动,滑臂与输入端子 V_{TA} 连接。

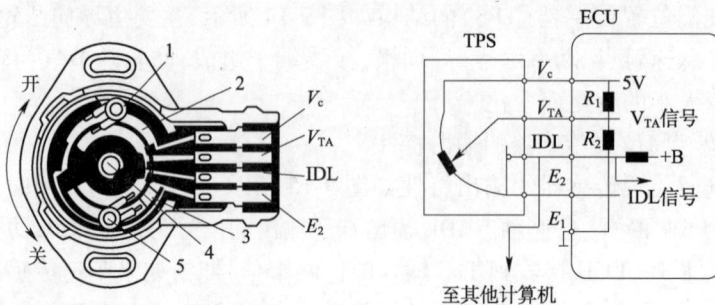

图 9-16　组合式节气门位置传感器
1-活动触点;2-提供5V标准电压;3-绝缘部件;4-节气门轴;5-怠速触点

2)组合式节气门位置传感器的输出特性

组合式节气门位置传感器的输出特性如图9-17所示。当节气门关闭或开度很小时,怠速触点闭合,其输入端IDL输出低电平(0V),当节气门开度开到一定程度时,怠速触点断开,输出端IDL输出高电平(5V)。

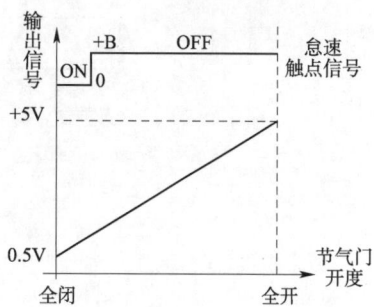

图9-17　组合式节气门位置传感器输出特性

随着节气门开度变化增大,可变电阻的滑臂便随节气门轴转动,滑臂上的触点便在镀膜电阻上滑动,传感器输出端子"V_{TA}"与"E_2"之间的信号电压随之发生变化,节气门开度越大,输出电压越高。传感器输出的线性信号经过A/D转换器转换成数字信号后再输入ECU。

操作指引

1. 组织方式

(1)场地设施:举升机一台,装有废气抽排系统和消防设施的场地。

(2)设备设施:迈腾1.8T轿车一辆。

(3)工量具:常用工具一套、车辆故障诊断仪、示波器、万用表等。

(4)耗材:熔断丝、线束、节气门位置传感器等。

2. 操作要点

(1)穿戴干净整洁的工作服。

(2)遵守场地安全规定,注意用电安全。

(3)正确使用万用表、诊断仪等工量具。

(4)在检测节气门位置传感器时,严禁用力拉扯线束。

任务实施

如图9-18及图9-19所示为节气门控制组件的安装位置及电路图。

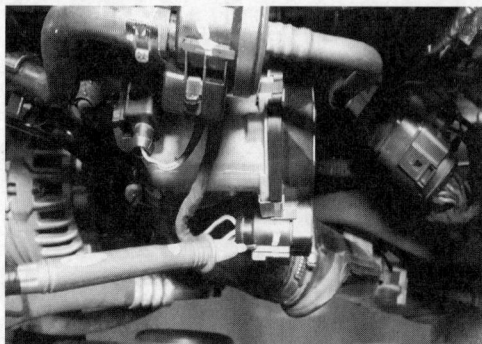

图9-18　节气门控制组件安装位置

节气门控制单元G338共6根线,发动机控制单元控制给节气门控制组件的电动机产生非连续性电流。为了使节气门位置传感器能够满足发动机控制单元的要求,输出信号电压互补(两个信号),并成反比例。

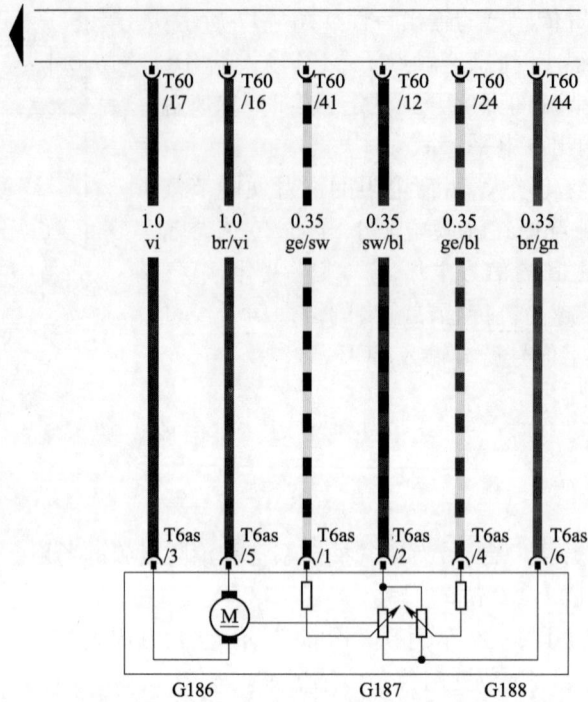

图 9-19　节气门控制组件电路图

1. 读取节气门位置传感器的数据流

将故障诊断仪连接到诊断座 DLC3，打开点火开关并起动发动机，打开诊断仪，测量数据流，发动机转速在急速时的数据流（迈腾 1.8T），见表 9-4。

节气门急速时的数据流　　　　　　　　　　　表 9-4

地址列	ID	测　量　值	数值	单位	目标值
01	1.1	发动机转速	920	r/min	
01	1.2	冷却液温度	45.0	℃	
01	3.3	节气门角度（电位计）	4.7	%	
01	23.2	发动机负载	22.6	%	
01	54.3	节气门位置（TP）传感器 1	0.0	%	
01	54.4	电位计的节气门角度	4.7	%	
01	60.1	电位计 1 的节气门角度	13	%	
01	60.2	电位计 2 的节气门角度	85	%	
01	60.3	节气门控制匹配状态（匹配状态计算器）	4		
01	60.4	节气门匹配状态	ADP OK		
01	61.2	供电	13.818	V	12
01	62.1	节气门驱动的角度传感器 1	13	%	
01	62.2	节气门驱动的角度传感器 2	85	%	
01	62.3	节气门位置（TP）传感器	14	%	
01	63.1	节气门位置（TP）传感器	14	%	

2.检测节气门控制单元的线路

1)检测节气门控制组件电动机电源电压

断开节气门控制单元插接器,将点火开关置于 ON 位置。

将万用表旋转开关置于直流电压挡,根据电路图,检测插接器端子 5 号脚与搭铁之间的电压应为 12V 左右,如图 9-20 所示。

2)检测两个传感器的供电电压

断开节气门控制单元插接器,将点火开关置于 ON 位置。将万用表旋转开关置于直流电压

图 9-20　电源电压的检测

挡,根据电路图,检测插接器端子 2 号脚与搭铁之间的电压应为 5V 左右,如图 9-21 所示。

3)检测两个传感器的共用搭铁端子

关闭点火钥匙,断开节气门控制组件插接器,用万用表电压挡测量插接器端子 6 号与搭铁之间的电压应在 0V 左右,如图 9-22 所示。

图 9-21　节气门控制组件传感器供电电压的检测

图 9-22　节气门控制组件传感器共用搭铁端子的检测

3.检测节气门位置传感器输出信号

重新连接节气门控制单元组件。起动发动机,检测两个节气门位置传感器的信号线端子电压应在 0~5V 之间,且两个传感器输出的信号电压值之和应是 5V 左右。

4.检测节气门控制组件线路电阻

点火开关断开,断开节气门控制组件插接器,检测节气门控制组件插头与发动机 ECU 对应端子的电阻应小于 0.5Ω。

5.更换节气门控制组件

操作步骤见维修手册。

任务小结

(1)节气门位置传感器安装在空气滤清器之后的进气总管上,其功用是检测节气门的开度和开启速率,并将信号转换成电信号输入 ECU,ECU 据此计算喷油量和点火提前角。

（2）目前大众车辆上采用的是节气门直动的控制组件直接控制发动机怠速,同时发动机 ECU 根据计算两个节气门位置传感器信号之和来判断节气门组件工作是否正常,精确度更高一些。

（3）如果节气门控制单元出现问题,会造成发动机提速较慢,同时发动机转速会被限制,汽车排放超标。当更换新的节气门控制组件后需要用诊断仪进行匹配学习。

（4）节气门控制组件检修项目包括：

①读取节气门控制组件的数据流。

②检测节气门控制组件的线路。

③检测节气门控制组件的波形。

④更换节气门控制组件。

子任务 4　曲轴位置传感器、凸轮轴位置传感器故障诊断与修复

任务描述

一位刘先生 2013 年购买的一辆迈腾 1.8T 轿车,行驶了 28670km 时,反应行车过程中仪表的 EPC 灯点亮,踩加速踏板汽车没有反应,重新起动发动机后,能够正常行驶一段距离,没过多久,EPC 指示灯又会亮起,故障再现。

曲轴位置传感器、凸轮轴位置传感器出现故障后,会造成发动机不能起动或不易起动等故障现象,同时会点亮仪表板上的故障指示灯。上述故障可能是凸轮轴位置传感器、曲轴位置传感器引起的,下面需要你对曲轴位置传感器、凸轮轴位置传感器进行检测。

学习目标

（1）了解曲轴位置传感器、凸轮轴位置传感器的安装位置、功用；

（2）能运用检测和诊断设备进行曲轴位置传感器、凸轮轴位置传感器的检测与诊断；

（3）能参阅维修手册进行曲轴位置传感器、凸轮轴位置传感器的更换；

（4）具备信息查询和维修手册使用的基本能力；

（5）能够按照企业 5S 要求和安全生产规范进行操作；

（6）能与同学密切合作,规范安全地完成学习活动；

（7）养成自主学习的习惯,培养规范操作的工作作风及环保意识。

建议学时:4 学时。

知识准备

在发动机电控单元（ECU）控制喷油器喷油和控制火花塞跳火时,首先需要知道究竟是哪一个汽缸的活塞即将到达排气行程上止点和压缩行程上止点,然后才能根据曲轴转角信号控制喷油提前角与点火提前角。

一、曲轴与凸轮轴位置传感器的功用

曲轴位置传感器(Crankshaft Position Sensor,CKPS)有时称为发动机转速传感器,用来检测曲轴转角和发动机转速信号,输送给 ECU,以便确定燃油喷射时刻和点火控制时刻。曲轴位置传感器是发动机控制系统中最主要的传感器之一,是确认曲轴转角位置和发动机转速不可缺少的信号之一,发动机 ECU 用此信号控制燃油喷射量、喷油正时、点火时刻、点火线圈充电闭合角、怠速转速和电动汽油泵的运行。

凸轮轴位置传感器(Camshaft Position Sensor,CMPS),用来检测凸轮轴位置信号,输送给 ECU,以便 ECU 确定第一缸压缩上止点,从而进行顺序喷油控制和点火时刻控制;同时,还用于发动机起动时识别第一次点火时刻;因此也称为判缸传感器。

二、曲轴位置传感器与凸轮轴位置传感器的分类

曲轴位置传感器和凸轮轴位置传感器通常安装在一起,只是各车型安装位置不同,如曲轴、凸轮轴、飞轮或分电器等处。根据结构和工作原理不同,可分为电磁式、霍尔式和光电式三种类型。

1. 光电式曲轴与凸轮轴位置传感器

1)传感器的结构特点

日产公司生产的光电式曲轴与凸轮轴位置传感器是由分电器改进而成,结构如图 9-23 所示,主要由信号发生器、信号盘(即信号转子)、配电器、传感器壳体和线束插头等组成。

信号盘是传感器的信号转子,压装在传感器轴上,结构如图 9-24a)所示,在靠近信号盘的边缘位置制作有间隔弧度均匀的内、外两圈透光孔。其中,外圈制作有 360 个长方形透光孔,(缝隙),间隔弧度为 1°(透光孔占 0.5°,遮光部分占 0.5°),用于产生曲轴转角与转速信号;内圈制作有 6 个透光孔(长方形孔),间隔弧度为 60°,用于产生各个汽缸的上止点位置信号,其中有 1 个长方形宽边稍长的透光孔,用于产生第一缸上止点位置信号。

信号发生器固定在传感器壳体上,由 Ne 信号(曲轴位置信号)发生器、G 信号(凸轮轴位置信号)发生器以及信号处理电路组成,如图 9-24b)所示,Ne 信号与 G 信号发生器均由一只发光二极管和一只光敏晶体管(三极管)组成,两只 LED 分别对着两只光敏晶体管。

2)曲轴转速、转角信号和汽缸识别信号的产生原理

光电式传感器的工作原理如图 9-24 所示,因为传感器轴上的斜齿轮与发动机配气机构凸轮轴上的斜齿轮啮合,所以当发动机带动传感器轴转动时,信号盘上的透光孔便从信号发生器的发光二极管 LED 与光敏晶体管之间转过。

当信号盘上的透光孔旋转到 LED 与光敏晶体管之间时,LED 发出的光线就会照射到光敏晶体管上,此时光敏晶体管导通,其集电极输出低电平(0.1~0.3V);当信号盘上的遮光部分旋转到 LED 与光敏晶体管之间时,LED 发出的光线就不能照射到光敏晶体管上,此时光敏晶体管截止,其集电极输出高电平(4.8~5.2V)。如果信号盘连续旋转,透光孔和遮光部分就会交替地输出高电平和低电平。

当传感器轴随曲轴和凸轮轴转动时,信号盘上的透光孔和遮光部分便从 LED 与光敏晶体管之间转过,LED 发出的光线受信号盘透光和遮光作用就会交替照射到信号发生器的光

敏晶体管上,信号传感器中就会产生与曲轴位置和凸轮轴位置对应的脉冲信号。日产公司采用的光电式曲轴与凸轮轴位置传感器输出信号的关系如图9-25所示。

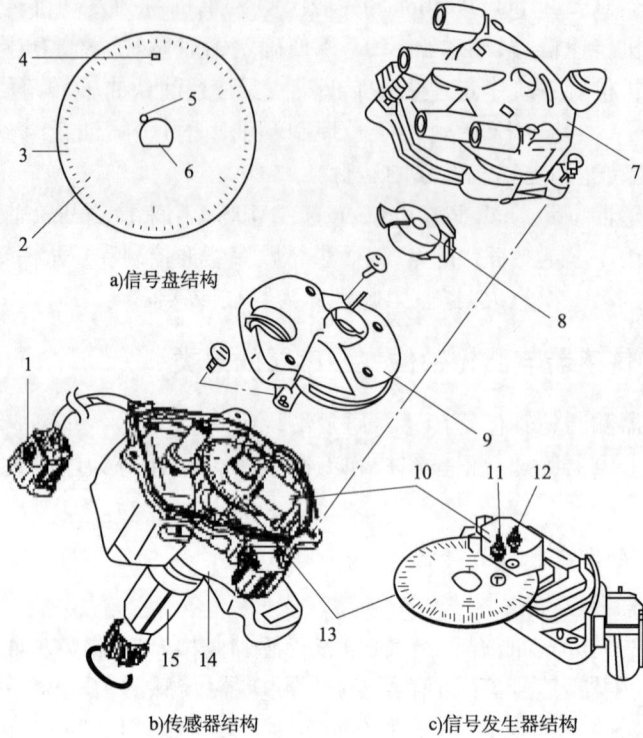

a)信号盘结构

b)传感器结构　　　　c)信号发生器结构

图9-23　光电式曲轴与凸轮轴位置传感器结构

1-线束插头;2-上止点信号透光孔;3-曲轴转角信号透光孔;4-1缸上止点信号透光孔;5-定位销;6、15-传感器轴;7-传感器盖;8-分火头;9-防护盖;10-信号发生器;11-凸轮轴位置传感器(上止点信号);12-曲轴位置传感器(转速信号);13-信号盘;14-壳体

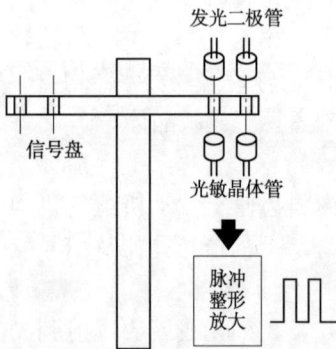

图9-24　光电式传感器工作原理

由于曲轴旋转两转,传感器轴带动信号盘旋转一圈,因此G信号传感器将产生6个脉冲信号,Ne信号传感器将产生360个脉冲信号,因为G信号透光孔间隔弧度为60,曲轴每旋转120°就会产生一个脉冲信号,所以通常G信号称为120°信号。设计安装保证120°信号在上止点前70°(BTDC70°)时产生,且长方形宽边稍长的透光孔产生的信号对应于发动机第一缸活塞上止点前70°,以便ECU控制喷油提前角与点火提前角。因为Ne信号透光孔间隔弧度为1°(透光孔占0.5°,遮光部分占0.5°),所以在每一个脉冲周期中,高、低电平各占1°曲轴转角,360个信号表示曲轴旋转720°。

由图9-25可见,当发动机ECU接收到G信号发生器输入的宽脉冲信号时,便可确定第一缸活塞处于压缩上止点前70°位置;ECU接收到下一个G信号时,则判定第五缸活塞处于压缩上止点前70°位置。ECU接收到每一个上止点位置信号(G信号)后,再根据曲轴转角信号(Ne信号)便可将喷油提前角和点火提前角的控制精度控制在1°(曲轴转角)范围内。

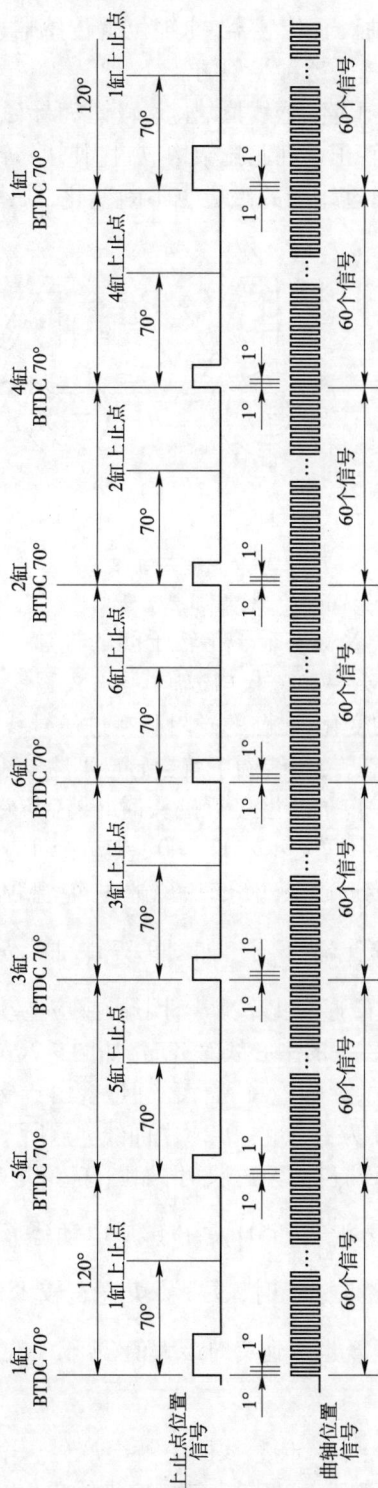

图 9-25　光电式曲轴与凸轮轴位置传感器输出波形

2. 电磁式曲轴位置传感器

威驰轿车丰田5A发动机凸轮轴位置传感器、曲轴位置传感器及桑塔纳轿车AJR发动机所应用的曲轴位置传感器采用的都是这种类型的。

磁感应式传感器主要由信号转子、传感线圈、永久磁铁和导磁磁轭组成,工作原理如图9-26所示。永久磁铁的磁力线经转子、线圈、托架构成封闭回路,转子旋转时,由于转子凸起与托架间的磁隙不断发生变化,通过线圈的磁通也不断变化,线圈中便产生感应电压,并以交流形式输出。

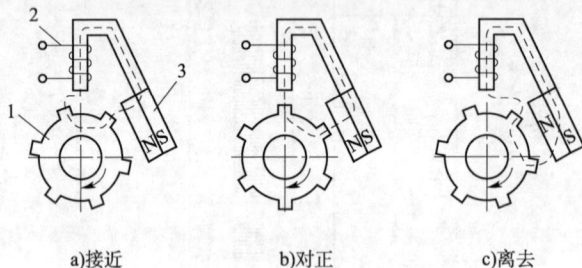

a)接近   b)对正   c)离去

图9-26　磁感应式传感器工作原理
1-信号转子;2-传感线圈;3-永久磁铁

磁力线穿过的路径为:永久磁铁N极→定子与转子间的气隙→转子凸齿→信号转子→转子凸齿与定子磁头间的气隙→磁头→导磁板(磁轭)→永久磁铁S极。当信号转子旋转时,磁路中的气隙就会发生周期性的变化,磁路的磁阻和穿过信号线圈磁头的磁通量随之发生周期性的变化。根据电磁感应原理,传感线圈中就会感应产生交变电动势。

当信号转子按顺时针方向旋转、转子凸齿接近磁头时,凸齿与磁头间的气隙减小,磁路磁阻减小,磁通量 Φ 增多,磁通变化率增大 $d\Phi/dT > 0$,感应电动势 E 为正($E > 0$),如图9-27中曲线 abc 所示。当转子凸齿接近磁头边缘时,磁通量 Φ 急剧增多,磁通变化率最大 $\left[\dfrac{d\Phi}{dT} = \left(\dfrac{d\Phi}{dT}\right)_{max}\right]$,感应电动势 E 最高($E = E_{max}$),如图9-27中曲线 b 点所示。转子转过 b 点位置后,虽然磁通量 Φ 仍在增多,但磁通变化率减小,因此,感应电动势 E 降低。

当转子旋转到凸齿的中心线与磁头的中心线对齐时,如图9-26b)所示,虽然转子凸齿与磁头间的气隙最小,磁路的磁阻最小,磁通量 Φ 最大。但是,由于磁通量不可能继续增加,磁通变化率为零,因此感应电动势 E 为零,如图9-27中曲线 c 点所示。

当转子沿顺时针方向继续旋转,凸齿离开磁头时,如图9-26c)所示,凸齿与磁头间的气隙增大,磁路磁阻增大,磁通量 Φ 减少$\left(\dfrac{d\Phi}{dT} < 0\right)$,所以感应电动势 E 为负值,如图9-27中曲线 cda 所示。当凸齿转到将要离开磁头边缘时,磁通量 Φ 急剧较少,磁通变化率达到负向最大值$\left[\dfrac{d\Phi}{dT} = -\left(\dfrac{d\Phi}{dT}\right)_{max}\right]$,感应电动势 E 也达到负向最大值($E = -E_{max}$),如图9-27中曲线上的 d 点所示。

由此可见,信号转子每转过一个凸齿,传感线圈中就会产生一个周期的交变电动势,即电动势出现一次最大值和一次最小值,传感线圈也就相应地输出一个交变电压信号。

磁感应式传感器的突出优点是不需要外加电源,永久磁铁起着将机械能变换为电能的作用,其磁能不会损失。当发动机转速变化时,转子凸齿转动的速度将发生变化,铁芯中的磁通变化率也将随之发生变化。转速越高,磁通变化率就越大,传感线圈中的感应电动势也就越高。转速不同时,磁通和感应电动势的变化情况如图 9-27b)所示。

由于转子凸齿与磁头间的气隙直接影响磁路的磁阻和传感线圈输出电压的高低,因此,转子凸齿与磁头间的气隙在使用中不能随意变动。气隙如有变化,必须按规定进行调整,气隙大小一般设计为 $0.2 \sim 0.4mm$。

a)低速时输出波形　　　　　　　　　　b)高速时输出波形

图 9-27　传感线圈中的磁通 Φ 和电动势 E 波形

3. 霍尔式曲轴与凸轮轴位置传感器

1)霍尔传感器工作原理

各种类型的霍尔式和差动霍尔式传感器都是根据霍尔效应制成。霍尔效应是美国约翰霍普金斯大学物理学家霍尔博士首先发现的。

(1)霍尔效应。霍尔博士于 1879 年发现:把一个通有电流 I 的长方形白金导体垂直于磁力线放入磁感应强度为 B 的磁场中时,如图 9-28 所示,在白金导体的两个横向侧面上就会产生一个垂直于电流方向和磁场方向的电压 U_H,当取消磁场时电压立即消失。该电压后人称为霍尔电压,U_H 与通过白金导体的电流 I 和磁感应强度 B 成正比,即:

图 9-28　霍尔效应原理图

$$U_H = \frac{R_H}{d} I \cdot B \qquad (9-1)$$

式中:R_H——霍尔系数;

　　　d——白金导体的厚度。

利用霍尔效应制成的元件称为霍尔元件,利用霍尔元件制成的传感器称为霍尔效应式传感器,简称霍尔式传感器或霍尔传感器。霍尔效应在自动控制技术领域直到 1947 年发现半导体器件之后才得以应用,从 20 世纪 70 年代开始在汽车技术领域得到了广泛应用。

实验证明,半导体材料也存在霍尔效应,且霍尔系数远远大于金属材料的霍尔系数。因此,一般都用半导体材料制作霍尔元件。利用霍尔效应不仅可以通过接通和切断磁场来检测电压,而且可以检测导线中流过的电流,因为导线周围的磁场强度与流过导线的电流成正

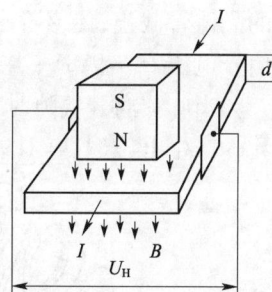

比关系。20世纪80年代以来,汽车上应用的霍尔式传感器与日俱增,主要原因在于霍尔式传感器有两个突出优点:一是输出电压信号近似于方波信号;二是输出电压高低与被测物体的转速无关。霍尔效应式传感器与磁感应式传感器不同的是需外加电源。

(2)霍尔式传感器的结构原理。霍尔式传感器的基本结构如图9-29所示,主要由转子、永久磁铁、霍尔晶体管和放大器等组成。转子安装在转子轴上。霍尔集成电路由霍尔元件、放大电路、稳压电路、温度补偿电路、信号变换电路和输出电路等组成。

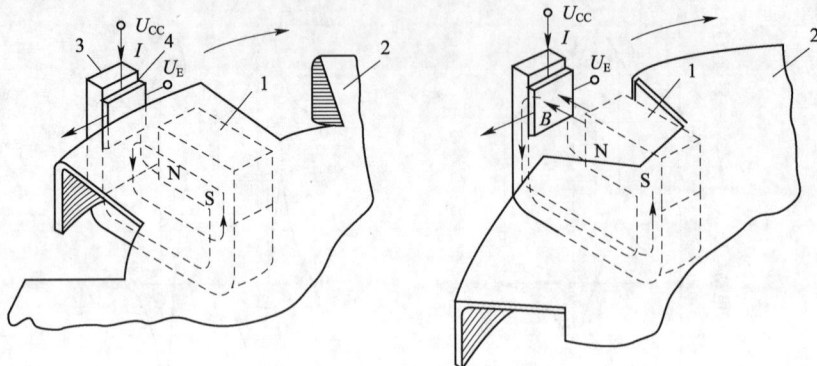

图9-29 霍尔式传感器工作原理
1-永久磁铁;2-触发叶轮;3-磁轭;4-霍尔集成电路

当转子随转子轴一同转动时,转子上的叶片便在霍尔集成电路与永久磁铁之间转动,霍尔式集成电路中的磁场就会发生变化,霍尔元件中就会产生霍尔电压,经过信号处理电路处理后,就可输出方波信号。

当传感器轴转动时,转子上的叶片便从霍尔集成电路与永久磁铁之间的气隙中转过。当叶片进入气隙时,霍尔集成电路中的磁场被叶片旁路,霍尔电压 U_H 为零,集成电路输出极的晶体管截止,传感器输出的信号电压 U_0 为高电平。实测表明:当电源电压 $U_{cc}=14.4V$ 时,信号电压 $U_0=9.8V$;当电源电压 $U_{cc}=5V$ 时,信号电压 $U_0=4.8V$。

当叶片离开气隙时,永久磁铁的磁通便经霍尔集成电路和导磁钢片构成回路,此时霍尔元件产生电压($U_H=1.9\sim2.0V$),霍尔集成电路输出极的晶体管导通,传感器输出的信号电压 U_0 为低电平。实测表明:当电源电压 $U_{cc}=14.4V$ 或 $U_{cc}=5V$ 时,信号电压 $U_0=0.1\sim0.3V$。

2)捷达与桑塔纳轿车用霍尔式凸轮轴位置传感器

(1)传感器的结构特点。捷达 AT、GTX、桑塔纳2000GSi、3000型轿车采用的霍尔式凸轮轴位置传感器安装在发动机配气凸轮轴的一端,如图9-30所示,主要由霍尔信号发生器和信号转子组成。

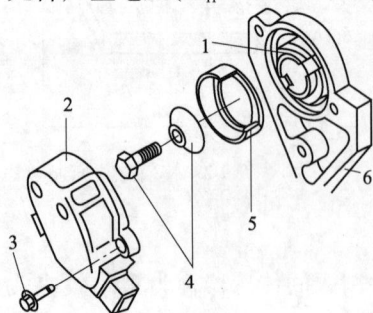

图9-30 桑塔纳2000GSi型霍尔式CPS的结构
1-进气凸轮轴;2-凸轮轴位置传感器;3-传感器固定螺钉;4-定位螺栓和座圈;5-信号转子;6-缸盖

信号转子又称触发叶轮,安装在配气凸轮轴的一端,用定位螺栓和座圈定位固定。信号转子的隔板又称叶片,在隔板上制有一个窗口,窗口对应产生的信号为低电平信号,隔板(叶片)对应产生的信号为高电平信号。霍尔元件用硅半导体材料制成,与永久磁铁之间留有 0.2~0.4mm

的间隙。当信号转子随配气凸轮轴一同转动时,隔板和窗口便从霍尔集成电路与永久磁铁之间的气隙中转过。

(2)传感器的工作原理。由霍尔式传感器的工作原理可知,当隔板(叶片)进入气隙(即在气隙内)时,霍尔元件不产生电压,传感器输出高电平(5V)信号,当隔板(叶片)离开气隙(即窗口进入气隙)时,霍尔元件产生电压,传感器输出低电平信号(0.1V)。

凸轮轴位置传感器输出的信号与曲轴位置传感器输出的信号之间的关系如图 9-31 所示,发动机曲轴每转 2 转,霍尔传感器信号转子就转一圈,对应产生一个低电平信号和一个高电平信号,其中低电平信号对应与 1 缸压缩上止点前一定角度。

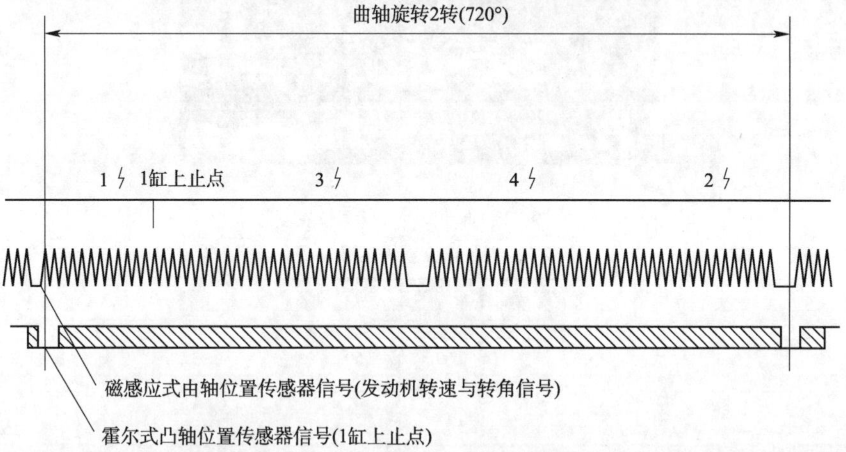

图 9-31　桑塔纳 2000GSi 曲轴/凸轮轴位置传感器输出波形的对应关系

发动机工作时,磁感应式曲轴位置传感器和霍尔式凸轮轴位置传感器产生的信号电压不断输入电控单元(ECU)。当 ECU 同时接收到曲轴位置传感器大齿缺对应的低电平信号和凸轮轴位置传感器窗口对应的低电平信号时,便可判定第一缸活塞处于压缩行程、第四缸活塞处于排气行程,再根据曲轴位置传感器对应输出的信号即可控制点火提前角和喷油提前角。

操作指引

1. 组织方式

(1)场地设施:举升机一台,装有废气抽排系统和消防设施的场地。

(2)设备设施:迈腾轿车。

(3)工量具:常用工具一套、车辆故障诊断仪、示波器、万用表等。

(4)耗材:熔断丝、线束、曲轴位置传感器、凸轮轴位置传感器等。

2. 操作要点

(1)穿戴干净整洁的工作服。

(2)遵守场地安全规定,注意用电安全。

(3)正确使用万用表、诊断仪等工量具。

(4)在检测曲轴位置传感器、凸轮轴位置传感器时,严禁用力拉扯线束。

任务实施

图 9-32、图 9-33 所示为曲轴位置传感器位置图和电路图。

图 9-32　曲轴位置传感器位置图
1-曲轴位置传感器

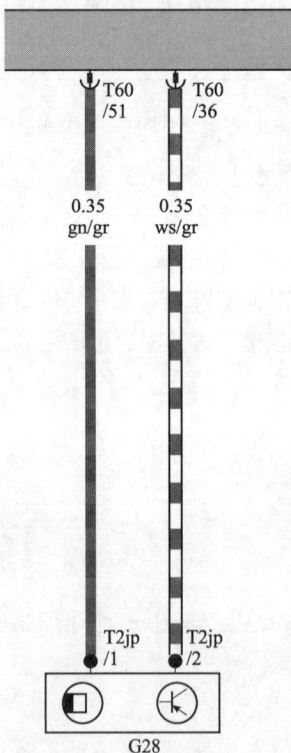

图 9-33　曲轴位置传感器电路图

图 9-34、图 9-35 所示为一汽迈腾 1.8T 轿车凸轮轴位置传感器位置图和电路图。

1. 读取曲轴位置传感器、凸轮轴位置传感器的数据流

将故障诊断仪连接到诊断座 DLC3，打开点火开关并起动发动机，打开诊断仪，测量数据流，可读取曲轴位置传感器的数据流和凸轮轴位置传感器的数据流，见表 9-5。

图9-34　凸轮轴位置传感器位置图
1-凸轮轴位置传感器

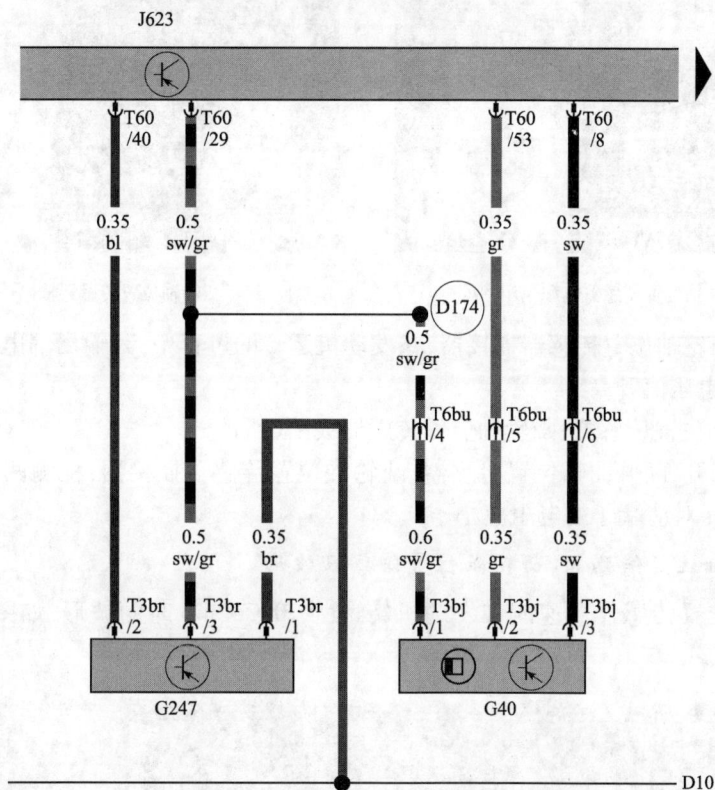

图9-35　凸轮轴位置传感器电路图

发动机怠速时曲轴及凸轮轴位置传感器数据流　　表9-5

地址列	ID	测　量　值	数值	单位	目标值
01	1.1	发动机转速	720	r/min	
01	1.2	冷却液温度	66.0	℃	
01	3.4	正时角度(当前值)	0.8	(°)	
01	4.2	蓄电池电压	13.818	V	
01	94.2	当前凸轮轴调整	37.50	(°)	

2. 检测凸轮轴位置传感器线路

1）检测电源电压

断开凸轮轴位置传感器插接器，将点火开关置于 ON 位置。

将万用表旋转开关置于直流电压挡，检测电源线插接器 1 号端子与搭铁之间的电压应为 5V 左右，如图 9-36 所示。

2）检测凸轮轴位置传感器输出信号端的检测

点火开关处于 ON 挡位置，用万用表的直流电压挡检测插接器 2 号端子与搭铁之间的电压应在 5V 左右，如图 9-37 所示。

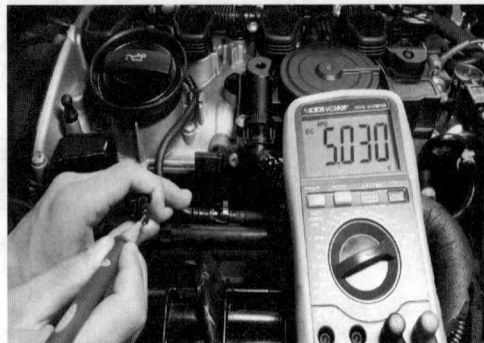

图 9-36　凸轮轴位置传感器电源电压的检测　　　　图 9-37　凸轮轴位置传感器输出信号端的检测

重新连接凸轮轴位置传感器插接器，在发动机运转的过程中，其输出的电压值随着发动机的转速提高，电压值升高。

3）检测曲轴位置传感器、凸轮轴位置传感器线路电阻

点火开关断开，断开曲轴位置传感器、凸轮轴位置传感器插接器，检测两个传感器插头端与发动机 ECU 对应端子的电阻应小于 0.5Ω。

3. 检测曲轴位置传感器、凸轮轴位置传感器波形

检测曲轴位置传感器怠速时和发动机转速为 2000r/min 时的波形，如图 9-38、图 9-39 所示。

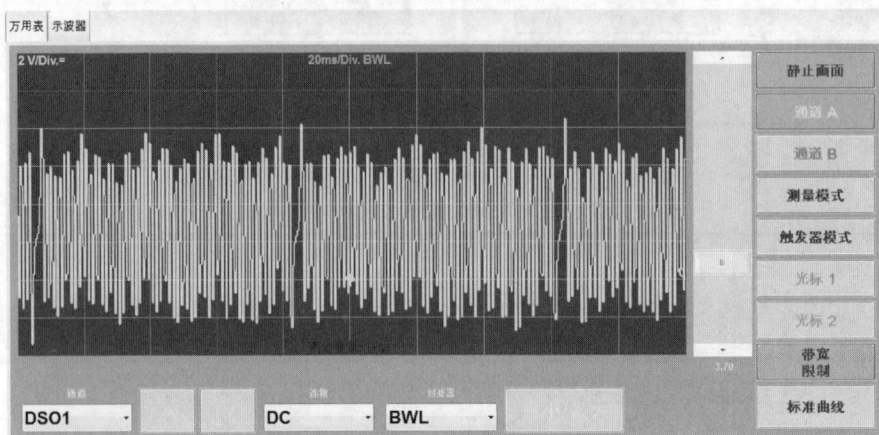

图 9-38　发动机怠速时的曲轴位置传感器波形

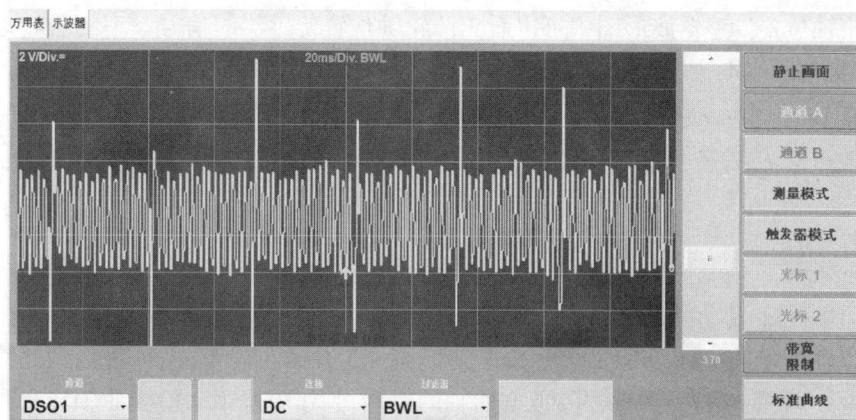

图 9-39　发动机转速为 2000r/min 时的曲轴位置传感器波形

从曲轴位置传感器波形图中可看出,曲轴位置传感器输出的信号电压和频率随着转速的信号增大而增大。

检测凸轮轴位置传感器怠速时和发动机转速为 2000r/min 时的波形如图 9-40、图 9-41 所示。

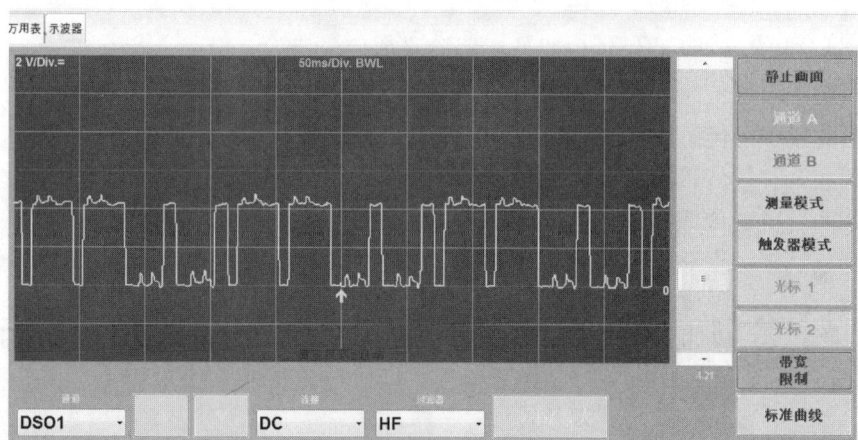

图 9-40　发动机怠速时的凸轮轴位置传感器波形

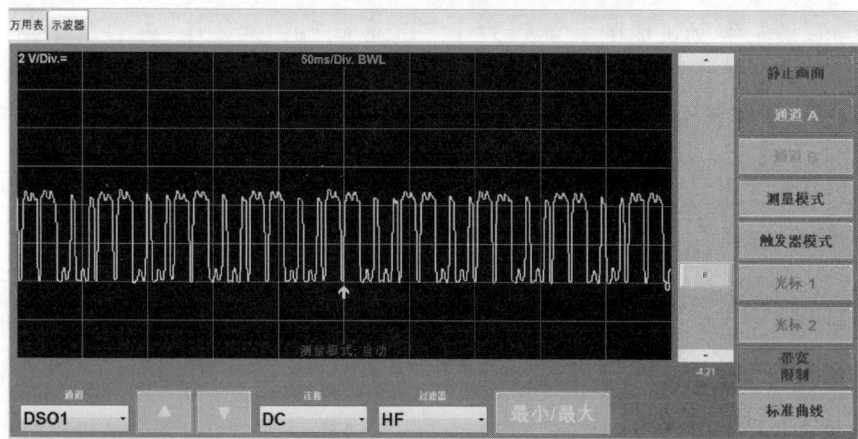

图 9-41　发动机转速为 2000r/min 的凸轮轴位置传感器波形图

从凸轮轴位置传感器波形图中可以看出凸轮轴位置传感器的信号频率随着转速的升高而升高,但是电压值不会发生变化。

4.更换曲轴位置传感器、凸轮轴位置传感器

操作步骤见维修手册。

任务小结

(1)迈腾1.8T发动机电控系统凸轮轴位置传感器安装在气门室罩上,其作用是用来检测凸轮轴位置信号,输送给ECU,以便ECU确定第一缸压缩上止点,从而进行顺序喷油控制和点火时刻控制;曲轴位置传感器安装在曲轴的后端,其作用是用来检测曲轴转角和发动机转速信号,输送给ECU,以便确定燃油喷射时刻和点火控制时刻。

(2)迈腾1.8T轿车电控发动机上所应用的凸轮轴位置传感器、曲轴位置传感器的结构类型都是霍尔式传感器,传感器检测精度高。

(3)如果凸轮轴位置传感器损坏,将造成发动机起动困难,如果曲轴位置传感器损坏将造成发动机不能起动。

(4)曲轴位置传感器、凸轮轴位置传感器检修项目包括:

①读取曲轴位置传感器、凸轮轴位置传感器的数据流。

②检测曲轴位置传感器、凸轮轴位置传感器的线路。

③检测曲轴位置传感器、凸轮轴位置传感器的波形。

④更换曲轴位置传感器、凸轮轴位置传感器。

子任务5 冷却液温度传感器、进气温度传感器故障诊断与修复

任务描述

一位车主张先生反映他的一辆迈腾1.8T轿车,2014年刚购买的新车,行驶里程8000km,出现冷车起步的时候发动机熄火现象。

冷却液温度传感器信号用于喷油量修正、点火提前角修正、活性炭电磁阀控制等。如果冷却液温度传感器信号中断,就会导致发动机冷起动困难、油耗增加、怠速稳定性降低、废气排放量增大等。上述故障是由冷却液温度传感器故障造成的,下面请你检测一下冷却液温度传感器。

学习目标

(1)了解冷却液温度传感器、进气温度传感器的安装位置、功用;

(2)能运用检测和诊断设备进行冷却液温度传感器、进气温度传感器的检测与诊断;

(3)能参阅维修手册进行冷却液温度传感器、进气温度传感器的更换;

（4）具备信息查询和维修手册使用的基本能力；

（5）能够按照企业 5S 要求和安全生产规范进行操作；

（6）能与同学密切合作，规范安全地完成学习活动；

（7）养成自主学习的习惯，培养规范操作的工作作风及环保意识。

建议学时:4 学时。

知识准备

1.温度传感器的功用

温度是反映发动机热负荷状态的重要参数，为了保证电控单元能够精确地控制发动机正常运行，必须随时监测发动机的进气温度，以便修正控制参数，准确计算吸入汽缸空气的质量以及进行排气净化处理等。空气质量大小与进气温度（密度）和大气（进气）压力高低密切相关。当进气温度低时空气密度大，相同体积气体的质量增大；反之，当进气温度升高时，相同体积气体的质量将减小。在采用进气压力传感器或空气流量传感器的燃油喷射系统中，都需要加装进气温度传感器，有些还需要加装大气压力传感器，以便随时监测周围环境温度和大气压力的变化，以修正喷油量，使电控单元自动适应外部环境寒冷或高温温度以及不同海拔大气压力的变化情况。

进气温度传感器（Intake Air Temperature Sensor, IATS）的功能是检测进气温度，并将温度信号转换为电信号输入发动机电控单元。进气温度信号是多种控制功能的修正信号，包括燃油脉宽、点火正时、怠速控制和尾气排放等，若进气温度传感器信号中断，将导致发动机热起动困难，燃油脉宽增加，尾气排放恶化。

冷却液温度传感器（Coolant Temperature Sensor, CTS）通常又称水温传感器，属负温度系数型热敏电阻式温度传感器，安装在发动机冷却液出水管上，其功能是检测发动机冷却液的温度，并将温度信号转换为电信号传送给发动机电控单元，电控单元根据该信号修正喷油时间和点火时间，使发动机工况处于最佳运行状态。冷却液温度传感器信号是许多控制功能的修正信号，如喷油量修正、点火提前角修正、活性炭电磁阀控制等。冷却液温度信号也是汽车上其他电控系统的重要参考信号，如电控自动变速器系统、自动空调系统等。在一些车型的电控自动变速器系统中，若检测到发动机冷却液温度低于 60℃，为保护行驶装置，自动变速器控制单元将进入"安全运行模式"，不会允许车辆升入超速挡，汽车只能在 90km/h 以下速度行驶。如果冷却液温度传感器故障或信号中断，发动机电控单元将启动备用模式，把冷却液温度值设定在 80℃ 左右，同时记录故障码。此时车辆虽然能够正常行驶，但发动机冷、热车均起动困难、油耗增加、怠速稳定性降低、废气排放量升高等。

2.温度传感器的分类

（1）按检测对象分类:分为进气温度传感器、冷却液温度传感器、排气温度传感器和润滑油温度传感器等。这种分类方法简单实用，使用者根据测量对象即可方便地选择使用所需的传感器。

（2）按结构与物理性能分类:温度传感器的种类很多，常用的有热敏电阻式、金属热电阻式、线绕电阻式、半导体晶体管式等。现代汽车广泛采用热敏电阻式温度传感器。

3. 热敏电阻式温度传感器

1) 热敏电阻式温度传感器的结构特点

热敏电阻又可分为正温度系数(PTC)型热敏电阻、负温度系数(NTC)型热敏电阻、临界温度型热敏电阻和线性热敏电阻。汽车上常用的是负温度系数型热敏电阻式温度传感器,如热敏电阻是利用陶瓷半导体材料的电阻随温度变化而变化的特性制成的,其突出优点是灵敏度高、响应及时、结构简单、制造方便、成本低廉。其结构主要由热敏电阻、金属或塑料壳体、接线插座与连接导线组成。温度传感器的结构如图9-42所示。

图9-42　温度传感器的结构

热敏电阻是温度传感器的主要部件,汽车用热敏电阻是在陶瓷半导体材料中掺入适量金属氧化物,并在1000℃以上的高温条件下烧结而成,控制掺入氧化物的比例和烧结温度,即可得到不同特性的热敏电阻,从而满足使用要求。例如,如果测量发动机冷却液温度,则热敏电阻的工作温度为 - 30 ~ 130℃。如果测量发动机的排气温度,热敏电阻的工作温度则为 600 ~ 1000℃。

热敏电阻的外形制作成珍珠形、圆盘形、垫圈形、梳状芯片形、厚膜形等,放置在传感器的金属管壳内。在热敏电阻的两个端面各引出一个电极并连接到传感器插座上。

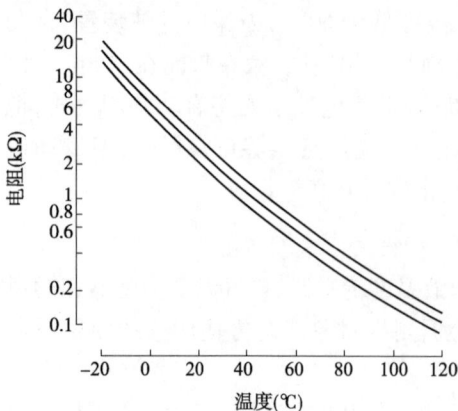

图9-43　温度传感器的阻值与温度的关系曲线

传感器壳体上制作有螺纹,以便安装与拆卸。接线插座分为单端子和两端子式两种,中高档轿车燃油喷射系统一般采用两端子式温度传感器,低档轿车燃油喷射系统以及汽车仪表一般采用单端子式温度传感器。如传感器插座上只有一个接线端子,则壳体为传感器的一个电极。

2) 车用温度传感器的特性与电路

汽车电子控制系统普遍采用了负温度系数NTC热敏电阻式温度传感器,其阻值与温度的关系曲线如图9-43所示。NTC型热敏电阻具有温度升高阻值减小;温度降低阻值增大的特性,而且成明显的非线性关系。

传感器的两个电极用导线与 ECU 插座连接。ECU 内部串联一只分压电阻,ECU 向热敏电阻和分压电阻组成的分压电路提供一个稳定的电压(5V),传感器输入 ECU 的信号电压等于热敏电阻上的分压值,如图 9-44 所示。

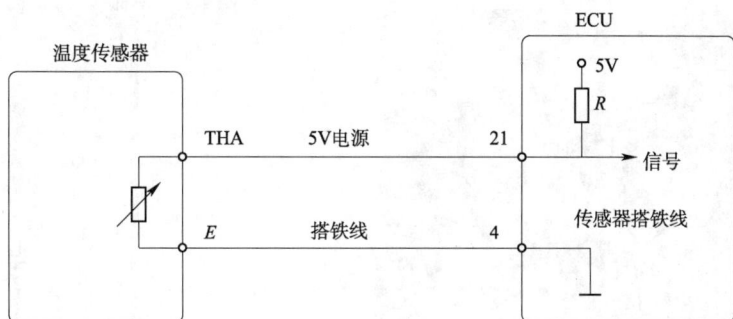

图 9-44　冷却液温度传感器的工作电路

当被测对象的温度升高时,传感器阻值减小,热敏电阻上的分压值降低;反之,当被测对象的温度降低时,传感器阻值增大,热敏电阻上的分压值升高。ECU 根据接收到得信号电压值,便可计算求得对应的温度值,从而进行实时控制。

📚 操作指引

1. 组织方式

(1)场地设施:举升机一台,装有废气抽排系统和消防设施的场地。

(2)设备设施:迈腾轿车。

(3)工量具:常用工具一套、车辆故障诊断仪、示波器、万用表等。

(4)耗材:熔断丝、线束、冷却液温度传感器、进气温度传感器等。

2. 操作要点

(1)穿戴干净整洁的工作服。

(2)遵守场地安全规定,注意用电安全。

(3)正确使用万用表、诊断仪等工量具。

(4)在检测冷却液温度传感器时,严禁用力拉扯线束。

⭐ 任务实施

图 9-45、图 9-46 所示为一汽迈腾 1.8T 轿车冷却液温度传感器的位置图和电路图。

图 9-47、图 9-48 所示为进气温度传感器结构位置图和进气温度传感器电路图。

1. 读取冷却液温度传感器数据流

将故障诊断仪连接到诊断座 DLC3,打开点火开关并起动发动机,打开诊断仪,测量冷却液温度传感器的数据流,如图 9-49 所示。

图9-45 冷却液温度传感器位置图

1-冷却液温度传感器插头;2-冷却液温度传感器

图9-46 冷却液温度传感器电路图

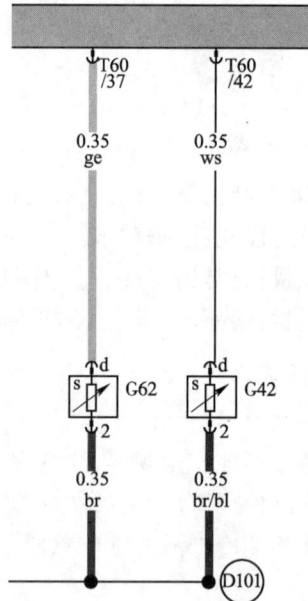

图9-47 进气温度传感器位置图

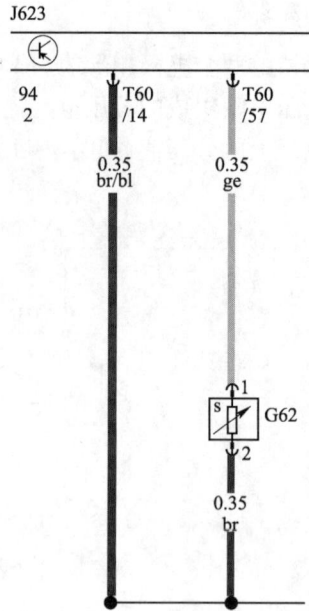

图9-48 G42进气温度传感器电路图

地址列	ID	测量值	数值	单位	目标值
01	1.1	发动机转速	2200	/min	
01	1.2	冷却液温度	51.0	℃	

图9-49 一汽迈腾1.8T轿车冷却液温度传感器数据流

冷却液温度传感器的数据流显示的为发动机冷却液的当前温度,在暖机的过程中,该温度随着发动机冷却液的升温,温度升高。

2.检测进气温度传感器、冷却液温度传感器线路

1)检测进气温度传感器电源电压

断开进气温度传感器插接器,将点火开关置于 ON 位置。将万用表旋转开关置于直流电压挡,检测插接器 2 号端子与搭铁线之间的电压应为 5V 左右,如图 9-50 所示。

2)检测进气温度传感器搭铁线路

断开进气温度传感器插接器,将点火开关置于 ON 位置。将万用表旋转开关置于直流电压挡,检测插接器 1 号端子与搭铁之间的电压约为 0V 左右,如图 9-51 所示。

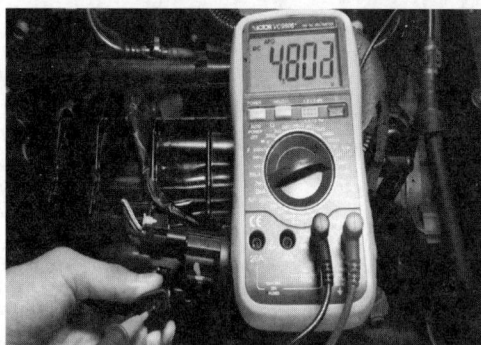

图 9-50　检测进气温度传感器电源电压

图 9-51　检测进气温度传感器搭铁线路

重新连接进气温度传感器插接器。起动发动机,检测信号线端子电压应在 0~5V 之间。

3)检测进气温度传感器线路电阻

点火开关断开,断开进气温度传感器插接器,检测进气温度传感器插头与发动机 ECU 对应端子的电阻应小于 0.5Ω。

冷却液温度传感器的检测项目和方法与进气温度传感器的检测是一样的,这里不再重复描述。

3.更换进气温度传感器、冷却液温度传感器

操作步骤见维修手册。

任务小结

(1)进气温度传感器安装在进气道上,其功用是检测发动机进气温度,并将进气温度信息转换成电信号输入 ECU,ECU 据此计算修正喷油量;冷却液温度传感器的作用是检测发动机冷却液的温度,并将温度信号转换为电信号传送给发动机 ECU,ECU 根据该信号修正喷油时间和点火时间,使发动机工况处于最佳运行状态。

(2)迈腾 1.8T 轿车上进气温度传感器和冷却液温度传感器采用的都是负温度系数的热敏电阻,灵敏度高。

(3)进气温度传感器与冷却液温度传感器都是给发动机控制单元信号,发动机控制单元根据其信号用来修正喷油和点火,相对来讲,冷却液温度传感器的修正信号更重要一些。

（4）冷却液温度传感器、进气温度传感器检修项目包括：

①读取进气温度传感器、冷却液温度传感器的数据流。

②检测进气温度传感器、冷却液温度传感器的线路。

③检测进气温度传感器、冷却液温度传感器的波形。

④更换进气温度传感器、冷却液温度传感器。

子任务6　氧传感器故障诊断与修复

任务描述

一位张先生车主，2013年7月买的一辆迈腾1.8T轿车，行驶53500km，汽车在行驶的过程中，发动机故障指示灯点亮，动力性能并没有什么变化，故障码为P0130，以前消除过该故障码，故障再次出现。

发动机在正常工作温度时，氧传感器如不能随混合气浓度输出相应的电压，则证明失效，需要进行更换。氧传感器失效会导致混合气过浓或过稀，产生怠速不稳、油耗过大、排放过高等故障，此时发动机自诊断系统将点亮汽车仪表板上的发动机故障报警灯，提示要立即检修。上述故障的原因为氧传感器故障造成的，下面需要你对氧传感器进行进一步检测。

学习目标

（1）了解氧传感器的安装位置、功用；

（2）能运用检测和诊断设备进行氧传感器的检测与诊断；

（3）能参阅维修手册进行氧传感器的更换；

（4）具备信息查询和维修手册使用的基本能力；

（5）能够按照企业5S要求和安全生产规范进行操作；

（6）能与同学密切合作，规范安全地完成学习活动；

（7）养成自主学习的习惯，培养规范操作的工作作风及环保意识。

建议学时：4学时。

知识准备

一、氧传感器（带加热器）

氧传感器是排气氧传感器EGO的简称，又称氧量传感器O_2S，氧传感器安装在排气管上，在使用三元催化转化器降低排放污染的发动机上，氧传感器是必不可少的。三元催化转化器安装在排气管的中段，它能净化排气中CO、HC和NO_x三种主要的有害成分，但只在混合气的空燃比处于接近理论空燃比的一个窄小范围内，三元催化转化器才能有效地起到净化作用。故在排气管中插入氧传感器,借检测废气中的氧浓度测定空燃比。并将其转换成电压信号或电阻信号,反馈给 ECU。ECU 控制空燃比收敛于理论值附近。

目前使用的氧传感器有氧化锆(ZrO_2)式和氧化钛(TiO_2)式两种,其中应用最多的是氧化锆式氧传感器。

1. 氧化锆式氧传感器

氧化锆式氧传感器的基本元件是氧化锆(ZrO_2)陶瓷管(固体电解质),又称锆管(图 9-52)。锆管固定在带有安装螺纹的固定套中,内外表面均覆盖着一层多孔性的铂膜,其内表面与大气接触,外表面与废气接触。氧传感器的接线端有一个金属护套,其上开有一个用于锆管内腔与大气相通的孔;电线将锆管内表面的铂极经绝缘套从此接线端引出。

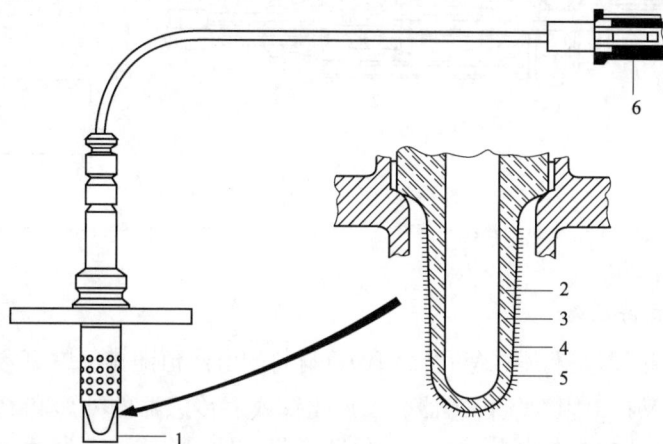

图 9-52　氧化锆式氧传感器

1-保护套管;2-内表面铂电极层;3-氧化锆陶瓷体;4-外表面铂电极层;5-多孔氧化铝保护层;6-线束接头

氧化锆在温度超过 300℃后,才能进行正常工作。早期使用的氧传感器靠排气加热,这种传感器必须在发动机起动运转数分钟后才能开始工作,它只有一根接线与 ECU 相连,如图 9-53a)所示。现在,大部分汽车使用带加热器的氧传感器,如图 9-53b)所示。这种传感器内有一个电加热元件,可在发动机起动后的 20~30s 内迅速将氧传感器加热至工作温度。它有三根接线,一根接 ECU,另外两根分别搭铁和电源。

锆管的陶瓷体是多孔的,渗入其中的氧气,在温度较高时发生电离。由于锆管内、外侧氧含量不一致,存在浓差,因而氧离子从大气侧向排气一侧扩散,从而使锆管成为一个微电池,在两铂极间产生电压,如图 9-54 所示。当混合气的实际空燃比小于理论空燃比,即发动机以较浓的混合气运转时,排气中氧含量少,但 CO、HC、H_2 等较多。这些气体在锆管外表面的铂催化作用下与氧发生反应,将耗尽排气中残余的氧,使锆管外表面氧气浓度变为零,这就使得锆管内、外侧氧浓度差加大,两铂极间电压陡增。因此,锆管传感器产生的电压将在理论空燃比时发生突变:稀混合气时,输出电压几乎为零;浓混合气时,输出电压接近 1V。

要准确地保持混合气浓度为理论空燃比是不可能的。实际上的反馈控制只能使混合气在理论空燃比附近一个较小的范围内波动,故氧传感器的输出电压在 0.1~0.8V 之间不断变化(通常每 10s 内变化 8 次以上)。如果氧传感器输出电压变化过缓(每 10s 少于 8 次)或电压保持不变(不论保持在高电位或低电位),则表明氧传感器有故障,需检修。

图 9-53　两种不同的氧化锆式氧传感器

1-保护套管；2-废气；3-锆管；4-电极；5-弹簧；6-绝缘体；7-信号输出导线；8-空气；9-搭铁；10-加热器接线端；11-信号输出端；12-加热器

2. 氧化钛式氧传感器

氧化钛式氧传感器是利用二氧化钛（TiO_2）材料的电阻值随排气中氧含量的变化而变化的特性制成的，故又称电阻型氧传感器。二氧化钛式氧传感器的外形和氧化锆式氧传感器相似。在传感器前端的护罩内是一个二氧化钛厚膜元件，如图 9-55 所示。纯二氧化钛在常温下是一种高电阻的半导体，但表面一旦缺氧，其晶格便出现缺陷，电阻随之减小。由于二氧化钛的电阻也随温度不同而变化，因此，在氧化钛式氧传感器内部也有一个电加热器，以保持氧化钛式氧传感器在发动机工作过程中的温度恒定不变。

图 9-54　氧传感器的工作原理

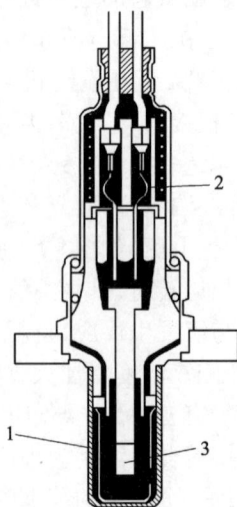

图 9-55　氧化钛式氧传感器

1-保护套管；2-连接线；3-二氧化钛厚膜元件

如图 9-56 所示，ECU 2 号端子将一个恒定的 1V 电压加在氧化钛式氧传感器的一端上，传感器的另一端子与 ECU 4 号端子相接。当排出的废气中氧浓度随发动机混合气浓度变化而变化时，氧传感器的电阻随之改变，ECU 4 号端子上的电压降也随着变化，当 4 号端子上的电压高于参考电压时，ECU 判定混合气过稀，当 4 号端子上的电压低于参考电压时，ECU 判定混合气过稀。通过 ECU 的反馈控制，可保持混合气的浓度在理论空燃比附近。在实际的反馈控制过程中，二氧化钛式氧传感器与 ECU 连接的 4 号端子上的电压也是在 0.1 ～ 0.9V 之间不断变化，这一点与氧传锆式氧传感器是相似的。

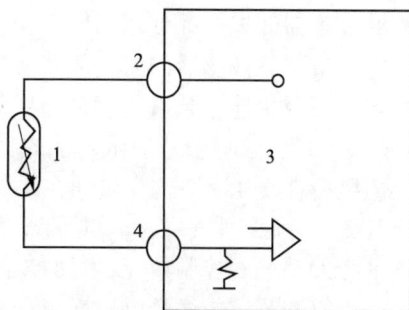

图 9-56　二氧化钛式氧传感器工作原理
1-氧化钛式氧传感器；2-1V 电压端子；3-ECU；4-输出电压端子

3.宽带氧传感器

宽带氧传感器能够提供准确的空燃比反馈信号给 ECU，从而 ECU 精确地控制喷油时间，使汽缸内混合气浓度始终保持在理论空燃比值附近。宽带氧传感器的使用提高了 ECU 的控制精度，最大限度地发挥了三元催化的作用，优化了发动机的性能，并可节省大约 15% 的燃油消耗，更加有效地降低了有害气体的排放。宽带氧传感器通过检测发动机尾气排放中的氧含量，并向发动机控制单元（ECU）输送相应的电压信号，反应空燃比的稀浓。ECU 根据氧传感器传送的实际混合气浓稀信号而相应调节喷油脉宽，使发动机运行在最佳空燃比（$\lambda = 1$）状态，从而为三元催化转换器的尾气处理创造理想的条件。如果混合气太浓（$\lambda < 1$），必须减少喷油量，如果混合气太稀（$\lambda > 1$），则要增加喷油量。

1）宽带型氧传感器的分类及基本结构

根据氧传感器的制造材料不同，宽带氧传感器可分为 ZrO_2 为基本的固化电解质型和利用氧化物半导体电阻变化型两大类；根据传感器的结构不同，宽带型氧传感器又可分为电池型、临界电流型及泵电池型。宽带氧传感器的基本控制原理就是以普通氧化锆型氧传感器为基础扩展而来。氧化锆型氧传感器有一特性，即当氧离子移动时会产生电动势。反之，若将电动势加在氧化锆组件上，即会造成氧离子的移动。根据此原理即可由发动机控制单元控制所想要的比例值。

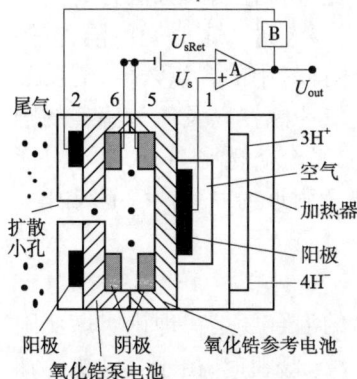

2）宽带型氧传感器的基本原理

宽带型氧传感器的结构如图 9-57 所示。

构成宽带型氧传感器的组件有两个部分：一部分为感应室，另一部分是泵氧元。感应室的一面与大气接触，而另一面是测试腔，通过扩散孔与排气接触，与普通氧化锆传感器一样，由于感应室两侧的氧含量不同而产生一个电动势。一般的氧化锆传感器将此电压作为控制单元的输入信号来控制混合比，而宽带型氧传感器与此不同的是：发动机控制单元要把感应室两侧的氧含量保持一致，让电压值维持在 0.45V，这个电压只是发动机控制单元的参考标准值，它就

图 9-57　宽带氧传感器的结构

需要传感器的另一部分来完成。

宽带型氧传感器的另一部分是传感器的关键部位——泵氧元,泵氧元一边是排气,另一边与测试腔相连。泵氧元就是利用氧化锆传感器的反作用原理,将电压施加于氧化锆组件(泵氧元)上,这样会造成阳离子的移动。把排气中的氧泵入测试腔当中,使感应式两侧的电压值维持在0.45V。这个施加在泵氧元上变化的电压,才是我们要的氧含量信号。如果混合气太浓,那么排气中含氧量下降,此时从扩散孔溢出的氧较多,感应室的电压升高。为达到平衡发动机的控制单元,增加控制电流使泵氧元增加泵氧效率,使测试腔的氧含量增加,这样可以调节感应式的电压恢复到0.45V;相反混合气太稀,则排气中的含氧量增加,这时氧要从扩散孔进入测试腔,感应室电压降低,此时泵氧元向外排出氧来平衡测试腔中的含氧量,使感应室的电压维持在0.45V。总而言之,加在泵氧元上的电压可以保证当测试腔内的氧多时,排出腔内的氧,这时发动机控制单元的控制电流是正电流;当腔内的氧少时,进行供氧,此时发动机控制单元的控制电流是负电流。以上过程供给泵氧元的电流就反映了排气中的剩余空气含量系数。

二、空燃比反馈控制

为了获得三元催化转换器所要求的空燃比,必须十分精确地控制喷油量。但在如下情况下,仅凭空气流量计测得进气量信号是达不到这么高的控制精度,都会造成燃烧后排出的CO、HC、NO_x 在排气管中的混合比例不对,三元催化转换效率下降,造成排放污染严重。

(1)如喷油器漏油或堵塞时会造成实际混合气过浓或过稀。

(2)点火系统缺火或火花能量不足会造成没有燃烧完的混合气直接进入三元催化转换器燃烧,造成动力性、经济性和排放性下降。

(3)气门正时不对,混合气也会直接进入三元催化转换器燃烧。

(4)空气流量计后的进气歧管漏气会造成生成的 NO_x 过多或空气流量计有故障后的输出曲线有偏差。

(5)冷却液温度传感器输出曲线有偏差。

(6)燃油系统喷油压力调节装置失效,使系统压力不正确。

(7)进气温度传感器信号输出曲线有偏差等。

因此必须借助安装在排气管中的氧传感器送来的反馈信号,对理论空燃比进行反馈控制。发动机控制单元根据氧传感器的输入信号,对混合气空燃比进行控制的方法称为闭环控制。它是一个简单而实用的闭环控制系统。这个控制系统需要经过一定时间间隔,控制过程才能响应,即从进气管内形成混合气开始,至氧传感器检测排气中的含氧浓度,需要经过一定时间。这一过程的时间包括混合气吸入汽缸、排气流过氧传感器以及氧传感器的响应时间等。由于存在滞后时间,要完全准确地使空燃比保持在理论空燃比14.7是不可能的,因此实际控制的混合气的空燃比总是保持在理论空燃比14.7附近的一个狭窄范围内。

三、反馈控制的实施条件

采用氧传感器进行反馈控制即闭环控制期间,原则上供给的混合气是在理论空燃比附近。但在有些条件下又是不适宜的,如发动机起动时以及刚起动未暖机时,由于发动机冷却液温度低,这时需要较浓的混合气,如按反馈控制供给的混合气在理论空燃比附近,发动机可能会熄火。又如发动机在大负荷、高转速运转时(实际在高速公路、车速超过130km/h,风阻很大,要保证高车速必须大节气门开度才能维持发动机高转速高转矩,发动机转速高,车速才能高)也需要较浓的混合气,如按反馈控制供给的混合气也在理论空燃比附近,则发动机会运转不良。所以在有些情况下必须停止反馈控制,即进入开环控制状态。一般遇到以下情况反馈控制作用解除:

(1)发动机起动时。

(2)冷起动后暖机过程。

(3)汽车大负荷或超速行驶时。

(4)燃油中断停供时。

(5)从氧传感器送来的空燃比过稀信号持续时间大于规定值(如10s以上)时。

(6)从氧传感器送来的空燃比过浓信号持续时间大于规定值(如4s以上)时。

此外,由于氧传感器的温度在300℃以下不会产生电压信号,当然反馈控制也不会发生作用。

操作指引

1. 组织方式

(1)场地设施:举升机一台,装有废气抽排系统和消防设施的场地。

(2)设备设施:迈腾轿车。

(3)工量具:常用工具一套、车辆故障诊断仪、示波器、万用表等。

(4)耗材:熔断丝、线束、氧传感器等。

2. 操作要点

(1)穿戴干净整洁的工作服。

(2)遵守场地安全规定,注意用电安全。

(3)正确使用万用表、诊断仪等工量具。

(4)在检测氧传感器时,严禁用力拉扯线束。

任务实施

图9-58、图9-59所示为一汽迈腾1.8T轿车氧传感器的结构位置图和电路图。

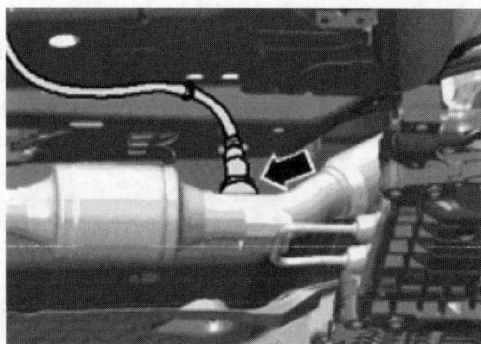

图9-58　氧传感器结构位置图

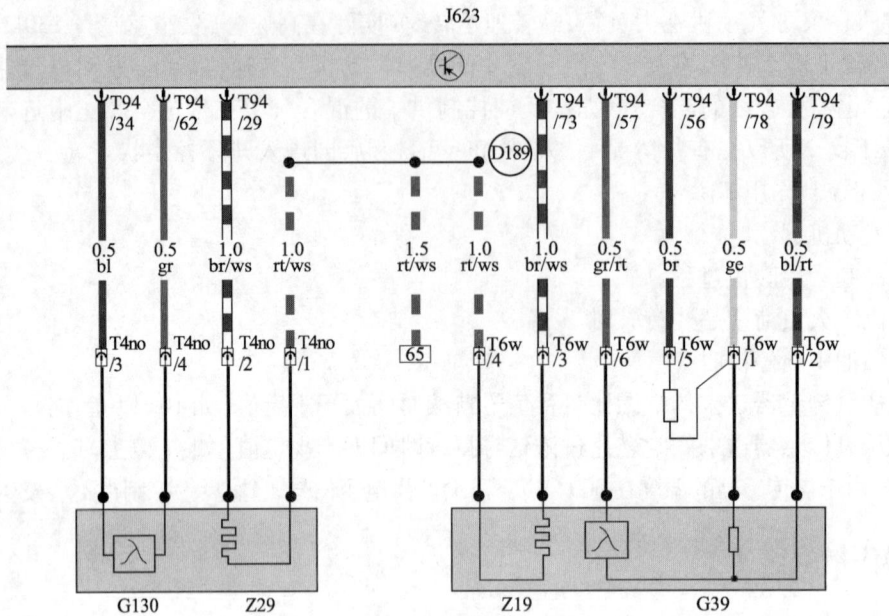

图 9-59　氧传感器电路图

1. 读取氧传感器数据流

将故障诊断仪连接到诊断座 DLC3，打开点火开关并起动发动机，打开诊断仪，测量数据流，发动机转速在 700～860r/min（迈腾 1.8T），氧传感器的数据流在 0.1～0.9 范围内，见表 9-6。

氧传感器数据流 表 9-6

地址列	ID	测　量　值	数值	单位	目标值
01	1.1	发动机转速	2640	r/min	
01	1.2	冷却液温度	67.0	℃	
01	1.3	氧传感器控制值	0.0	%	
01	34.2	催化转换器温度	498.0	℃	
01	34.3	传感器1、动态因素	1.00		
01	36.1	传感器2、传感器电压	0.45	V	
01	37.3	确定空燃比控制的部件	0.000		
01	41.1	氧传感器加热、传感器1的电脑	510	Ω	
01	41.3	氧传感器加热、传感器2的电脑			
01	41.4	传感器2的状态	Hig aC，切断		
01	43.1	发动机转速、空燃比传感器老化	2040	r/min	
01	43.3	传感器2、氧传感器电压	0.47	V	

2. 检测氧传感器线路

1）检测电源电压

断开氧传感器插接器，将点火开关置于 ON 位置。

将万用表旋转开关置于直流电压挡,检测电源线的电压应为12V。

2)检测氧传感器输出信号

重新连接氧传感器插接器。

起动发动机,检测信号线端子电压应在0.1～0.9V之间。

3)检测氧传感器线路电阻

点火开关断开,断开氧传感器插接器,检测氧传感器与发动机ECU对应端子的电阻应小于0.5Ω。

检测氧传感器线路与车身的电阻应为∝。

3.更换氧传感器

操作步骤见维修手册。

任务小结

(1)氧传感器安装在排气管上,在使用三元催化转化器降低排放污染的发动机上,氧传感器是必不可少的。其功用是检测排气管尾气中氧气的含量,并以电信号的方式告知发动机控制单元,发动机控制单元根据氧传感器的信号去调整喷油量来实现喷油系统的闭环控制。

(2)一汽迈腾1.8T轿车前氧传感器采用的是宽带氧传感器,其检测的精度比普通氧传感器的检测信号更准确一些。

(3)如果氧传感器出现问题,会导致混合气过浓或过稀,产生怠速不稳、油耗过大、排放过高等故障。

(4)氧传感器检修项目包括:

①读取氧传感器数据流。

②检测氧传感器线路。

③检测氧传感器波形。

④更换氧传感器。

子任务7　爆震传感器故障诊断与修复

任务描述

一位王先生开的迈腾1.8T轿车,行驶6000km后,行驶中,仪表上的发动机故障指示灯突然点亮一下,然后汽车顿挫一下,踩加速踏板时,汽车提速很慢,然后感觉无力,汽车的加速性能变差,同时换挡点升至3000r/min,并一直保持,读取发动机故障码,有12398故障码。

爆震传感器本身在实际中很少发生故障,发生故障时多为爆震传感器拧紧力矩不对,标准力矩为20N·m。如果发动机爆震传感器固定力矩过大,可能使它过于灵敏,减小了点火提前角造成发动机反应迟钝、排气温度过高、油耗增大；而如果发动机爆震传感器固定力矩过小，传感器灵敏度下降，此时发动机容易产生爆震，从而使得发动机温度过高、NO_x 化合物的排放量超标。此外还有插头锈蚀、线束插头损坏、爆震传感器本身内部摔裂损坏等。

上述故障的原因为爆震传感器故障导致，下面需要你对爆震传感器进行进一步检测。

📖 学习目标

(1) 了解爆震传感器的安装位置、功用；

(2) 能运用检测和诊断设备进行爆震传感器的检测与诊断；

(3) 能参阅维修手册进行爆震传感器的更换；

(4) 具备信息查询和维修手册使用的基本能力；

(5) 能够按照企业 5S 要求和安全生产规范进行操作；

(6) 能与同学密切合作，规范安全地完成学习活动；

(7) 养成自主学习的习惯，培养规范操作的工作作风及环保意识。

建议学时：2 学时。

📚 知识准备

检测发动机爆震的方法有三种：一是检测发动机燃烧室的压力变化；二是检测发动机缸体的振动频率；三是检测混合气燃烧的噪声。通过直接检测燃烧室压力变化来检测发动机振动的测量精度高，但传感器安装复杂且耐久性差，一般用于测量仪器。测量混合气燃烧噪声的方法为非接触式检测，其耐久性好但测量精度与灵敏度较低，实际应用很少。实际应用的压力检测传感器均为间接测量式，通过检测发动机缸体振动频率来检测爆震的优点是测量灵敏度高、传感器安装方便且输出电压变化大，因此现代汽车工业广泛采用该种检测方法。

利用振动法检测爆震的传感器有磁致伸缩型和半导体压电型两种类型，其中半导体压电型又有共振型和非共振型之分。

1. 磁致伸缩式爆震传感器

这种爆震传感器安装在发动机上，将发动机振动频率转换成电压信号，然后输送给 ECU，以检测发动机爆震的强度。当发动机的爆震强度与设定值相同时，爆震传感器输出最大的电压信号，以表示发动机由于爆震而产生使机体异常的振动频率。图 9-60、图 9-61 所示为应用较早的磁致伸缩式爆震传感器的外形与结构图，其内部有永久磁铁、靠永久磁铁激磁的强磁性铁芯以及铁芯周围的线圈。其工作原理是：当发动机的汽缸体出现振动时，该传感器在 7 kHz 左右处与发动机产生共振，强磁性材料铁芯的磁导率发生变化，致使永久磁铁穿心的磁通密

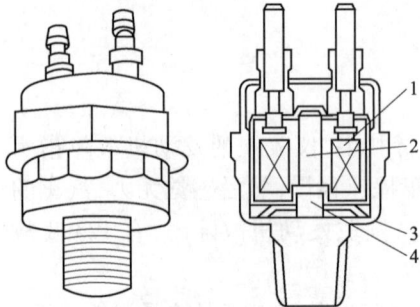

图 9-60　磁致伸缩式爆震传感器的外形与结构
1-绕组；2-铁芯；3-外壳；4-永久磁铁

度也变化,从而在铁芯周围的绕组中产生感应电动势,并将这一电信号输入 ECU。

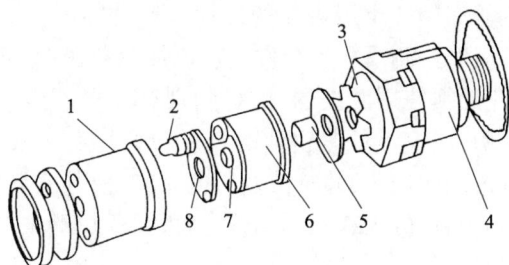

图9-61　磁致伸缩式爆震传感器的组成
1-软磁套;2-端子;3-弹簧;4-外壳;5-永久磁铁;6-绕组;7-磁致伸缩杆;8-电绝缘体

2.非共振型压电式爆震传感器

非共振型压电式爆震传感器以接收加速度信号的形式,来判别爆震是否产生。传感器结构如图9-62所示。

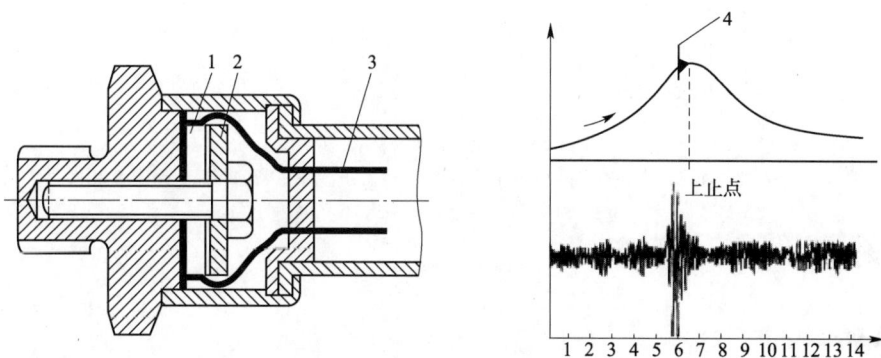

图9-62　压电非共振型爆震传感器
1-压电元件;2-惯性配重;3-信号输出线;4-爆震压力波

它由两个压电元件同极性相向对接,使用的配重块用一个螺钉固定在壳体上,它将加速度变换成作用于压电元件上的压力,输出电压由两个压电元件的中央取出。这种传感器构造简单,制造时不需调整。

发动机振动时,安装在发动机缸体上的爆震传感器内部配重因受振动的影响,而产生加速度,因此,在压电元件上就会受到加速时惯性力的作用而产生电压信号。此种传感器不像磁致伸缩式爆震传感器那样在爆震频率附近产生一个较高的输出电压,用以判断爆震的产生,而是具有平的输出特性,图9-63所示为非共振型压电式爆震传感器输出电压与频率的关系。因此,必须将反应发动机振动频率的输出电压信

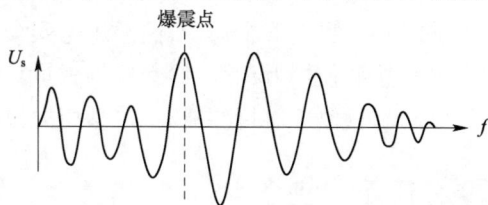

图9-63　输出电压与频率的关系

号送至识别爆震的滤波器中,判别是否有爆震信号产生。这种传感器的感测频率范围设计成由零至数十千赫兹,可检测具有很宽频带的发动机的振动频率。

3. 共振型压电式爆震传感器

此种形式的爆震传感器利用产生爆震时的发动机振动频率,与传感器本身的固有频率相符合,而产生共振现象,用以检测爆震是否发生。该传感器在爆震时的输出电压比无爆震时的输出电压高得多,因此无须使用滤波器,即可判别有无爆震产生。图 9-64 所示为共振型压电式爆震传感器的结构,压电元件紧密地贴合在振荡片上。振荡片则固定在传感器的基座上。振荡片随发动机振动而振荡,并且波及压电元件,使其变形而产生电压信号。当发动机爆震时的振动频率与振荡片的固有频率相符合时,振荡片产生共振,此时压电元件将产生最大的电压信号。

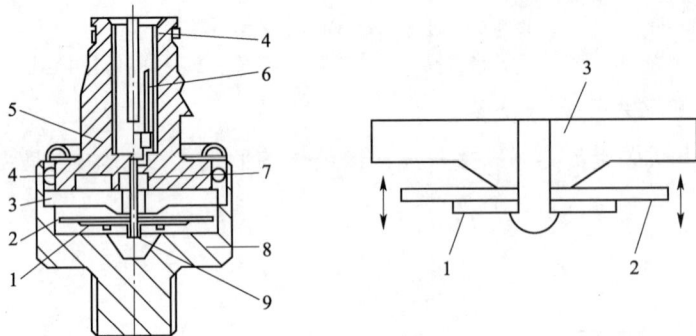

图 9-64　压电共振型爆燃传感器

1-压电元件;2-振荡片;3-基座;4-O 形密封圈;5-连接器;6-接头;7-密封剂;8-壳体;9-引线

操作指引

1. 组织方式

(1)场地设施:举升机一台,装有废气抽排系统和消防设施的场地。

(2)设备设施:迈腾轿车。

(3)工量具:常用工具一套、车辆故障诊断仪、示波器、万用表等。

(4)耗材:熔断丝、线束、爆震传感器等。

2. 操作要点

(1)穿戴干净整洁的工作服。

(2)遵守场地安全规定,注意用电安全。

(3)正确使用万用表、诊断仪等工量具。

(4)在检测爆震传感器时,严禁用力拉扯线束。

任务实施

图 9-65、图 9-66 所示为爆震传感器的位置图和电路图。

1. 爆震传感器电阻的检测

点火开关置于"OFF"位置,拔开爆震传感器导线接头,用万用表欧姆挡检测爆震传感器的接线端子与外壳间的电阻,应为∞(不导通);若为0Ω(导通)则须更换爆震传感器。用万用表的欧姆挡测量传感器两个端子与搭铁之间的电阻,若导通,说明传感器已经损坏,必须更换。

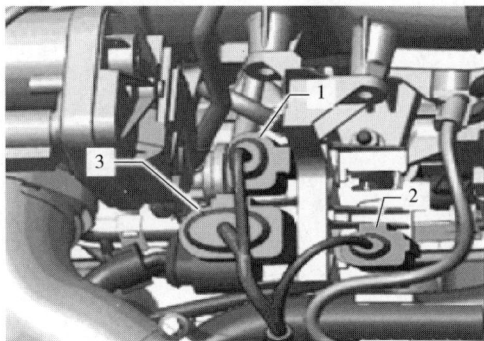

图9-65　爆震传感器位置图

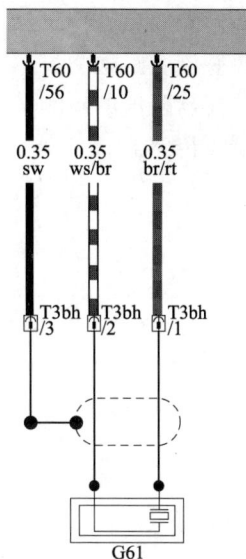

图9-66　爆震传感器电路图

对于磁致伸缩式爆震传感器,还可应用万用表欧姆挡检测线圈的电阻,其阻值应符合规定值(具体数据见具体车型维修手册),否则更换爆震传感器。

2.爆震传感器波形的检测

爆震传感器是否正常,应该用示波器检测发动机工作时,爆震传感器输出电压波形。如果有不规则的振动波形出现,并且该波形随发动机爆震情况的变化而有明显的变化,则说明爆震传感器工作正常。如果没有波形输出或者输出波形不随发动机工作情况的变化而变化,说明爆震传感器有故障,应该更换。

3.爆震传感器输出信号的检测

1.8T发动机爆震传感器的3个端子及电路图如图9-66所示,在爆震传感器的连接电路中,端子1为信号线正极,端子2为信号线负极,端子3为屏蔽线。拔开爆震传感器的连接插头,在发动机怠速时用万用表电压挡检查爆震传感器的接线端子与搭铁间的电压,应有脉冲电压输出。如没有,应更换爆震传感器。

🖱 任务小结

(1)爆震传感器安装在发动机进气侧汽缸体上,其功用是通过检测发动机的振动强度判断发动机是否有无爆震,ECU根据爆震传感器的信号去控制点火提前角的调整,实现点火系统的闭环控制。

(2)迈腾1.8T轿车上采用的是压电式共振型爆震传感器,由传感器的工作原理可知,该传感器必须按照规定的拧紧力矩安装到发动机缸体上,否则影响其输出信号。

（3）如果爆震传感器出现问题，会造成发动机的动力性下降、提速慢、发动机过热等故障现象。影响发动机动力输出和增加燃油消耗，使排放恶化。

（4）爆震传感器检修项目包括：

①爆震传感器波形分析。

②爆震传感器线路检测。

③爆震传感器阻值的检测。

④更换爆震传感器。

学习任务十　电子节气门系统故障诊断与修复

任务描述

车主王先生反映他的迈腾1.8T车最近经常出现在行驶中发动机加速无力、换挡冲击大的现象,同时仪表EPC灯点亮。

电子节气门系统主要由加速踏板位置传感器、节气门位置传感器、节气门驱动电动机等组成。该系统工作首先是通过驾驶人踩下加速踏板,然后加速踏板位置传感器将感知的信号传送ECU,ECU经过分析、判断,并发出指令给驱动电动机,并由驱动电动机控制节气门的开度,节气门位置传感器用来检测和反馈节气门位置。若该系统出现故障,仪表上EPC灯点亮,同时发动机功率受限,同时影响正常的换挡行车。

学习目标

(1)认识电子节气门系统的组成、结构与功用;
(2)了解电子节气门系统各部件的安装位置、功用;
(3)能运用检测和诊断设备进行电子节气门系统的检测与诊断;
(4)能参阅维修手册进行电子节气门系统各部件的更换;
(5)具备信息查询和维修手册使用的基本能力;
(6)能够按照企业5S要求和安全生产规范进行操作;
(7)能与同学密切合作,规范安全地完成学习活动;
(8)养成自主学习的习惯,培养规范操作的工作作风及环保意识。
建议学时:4学时。

知识准备

一、电子节气门系统的基本结构与功能

电子节气门能将驾驶人意愿经加速踏板并经过传感器传送到发动机控制单元,控制单元再发出命令来调整节气门的位置。

电子节气门系统主要包括加速踏板位置传感器、节气门位置传感器、控制单元、节气门

驱动电动机、EPC 灯等。

1. 加速踏板位置传感器

加速踏板位置传感器检测踩下加速踏板踏量大小和变化速率并将电压信号输入 ECU。

电子节气门系统采用 2 个加速踏板位置传感器,也称之为"冗余设计",其结构如图 10-1 所示,G79、G185 分别是大众迈腾发动机两个加速踏板位置传感器。冗余设计可使两个传感器相互检测,当一个传感器发生故障时能及时被识别,在很大程度上增加了系统的可靠性,保证行车的安全性。

加速踏板位置传感器有 6 根线,完全与发动机 ECU 相连,其中有两根电源线,两根搭铁线,两根信号线,电路图如图 10-2 所示。

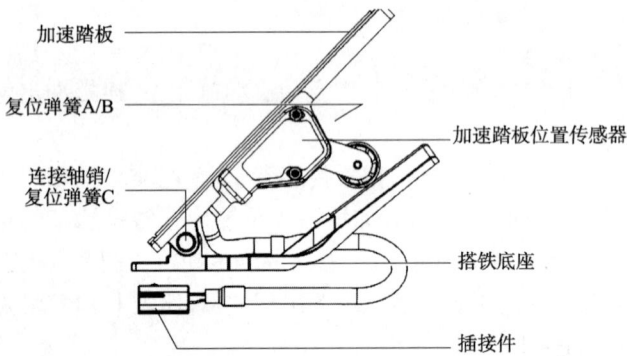

图 10-1　加速踏板位置传感器总成

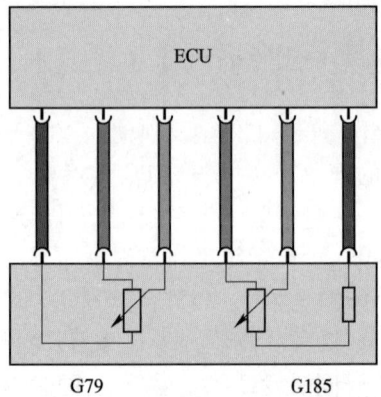

图 10-2　加速踏板位置传感器电路图

ECU 向传感器提供基准电压,随着加速踏板位置的改变,两个传感器的信号电压也同步改变,一个传感器的信号电压增大,另一个则同步减小。

2. 节气门位置传感器

节气门位置传感器也是由两个无触点线性电位器传感器组成,且由 ECU 提供相同的基准电压,其结构如图 10-3 所示。当节气门位置发生变化时,电位器阻值也随之线性地改变,由此产生相应的电压信号输入 ECU,该电压信号反映节气门开度大小和变化速率。

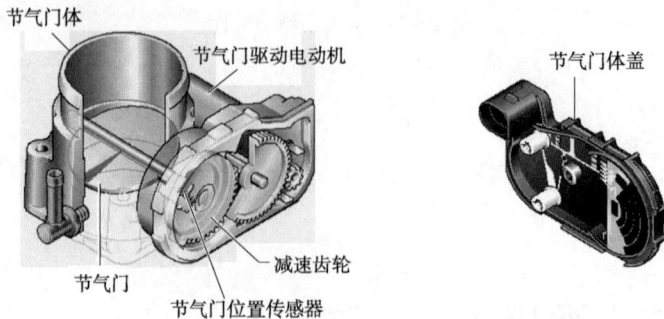

图 10-3　节气门体总成

为保证系统的工作可靠性及行车的安全性,节气门位置传感器也采用了冗余设计。

节气门位置传感器有 4 根线,完全与发动机 ECU 相连,其中有 1 根电源线,1 根搭铁线,

2 根信号线,电路图如图 10-4 所示。

3.控制单元(ECU)

控制单元是整个系统的核心,包括信息处理模块和电动机驱动电路模块两部分。

信息处理模块接收来自加速踏板位置传感器的电压信号,经过处理后得到节气门的最佳开度,并把相应的电压信号发送到电动机驱动电路模块。电动机驱动电路模块接收来自信息处理模块的信号,控制电动机转动相应的角度,使节气门达到或保持相应的开度。

此外,控制单元还对系统的功能进行监控,如果发现故障,将点亮系统故障指示灯,提醒驾驶人系统有故障。

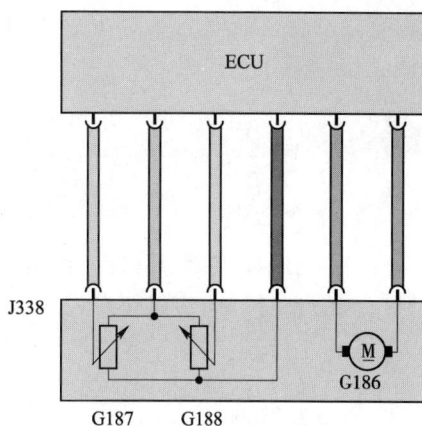

图 10-4　节气门位置传感器电路图

4.节气门驱动电动机

节气门驱动电动机一般为直流电动机,经过两级齿轮减速来控制节气门开度。控制单元通过调节脉宽调制信号的占空比来控制直流电动机转角的大小,电动机方向则是由和节气门相连的复位弹簧控制。电动机输出转矩和脉宽调制信号的占空比成正比。当占空比一定,电动机输出转矩与复位弹簧阻力矩保持平衡时,节气门开度不变;当占空比增大时,电动机驱动力矩克服复位弹簧阻力矩,节气门开度增大;反之,当占空比减小时,电动机输出转矩和节气门开度也随之减小。

若驱动电动机故障,节气门不再受电动机控制。节气门在复位弹簧的作用下返回到一个小开度的位置,使车辆慢速开到维修地点。

5.EPC 灯

EPC 是 Electronic Power Control 的缩写,意思是发动机功率电子调节(即电子节气门)。EPC 灯在仪表板上,此指示灯用于监控汽油发动机的电子控制系统。在接通点火开关后,该灯亮 3s,如果故障存储器内没有故障记录或者在这段时间内没有识别出故障的话,该灯就又熄灭了。系统出现故障时,发动机控制单元会接通该灯,故障存储器内也会记录下故障。

二、电子节气门系统的工作原理

驾驶人操纵加速踏板,加速踏板位置传感器产生相应的电压信号输入控制单元,控制单元根据分析判断出驾驶人意图,并计算出对发动机转矩的基本需求,得到相应节气门转角的基本期望值,然后再通过其他工况信息以及各种传感器信号如发动机转速、挡位、节气门位置、空调负载等了解其他功率需求,由此计算出整车所需求的全部转矩,通过对节气门转角期望值进行补偿,得到节气门的最佳开度,并把相应的电压信号发送到驱动电动机模块,驱动控制电动机使节气门达到最佳的开度位置。节气门位置传感器则把节气门的开度信号反馈给控制单元,形成闭环的位置控制。

电子节气门的特点是能通过调整节气门的位置来改变发动机的输出转矩,即使驾驶人没有踏动加速踏板也可调节发动机转矩。这样可使得发动机管理系统之间和内部更好地协调工作。

操作指引

1. 组织方式

(1)场地设施:举升机一台,装有废气抽排系统和消防设施的场地。

(2)设备设施:迈腾轿车。

(3)工量具:常用工具一套、车辆故障诊断仪、示波器、万用表等。

(4)耗材:熔断丝、线束等。

2. 操作要点

(1)穿戴干净整洁的工作服。

(2)遵守场地安全规定,注意用电安全。

(3)正确使用万用表、诊断仪等工量具。

(4)在检测加速踏板位置传感器、节气门位置传感器等部件时,严禁用力拉扯线束。

任务实施

1. 加速踏板位置传感器

1)读取加速踏板位置传感器数据流

将故障诊断仪连接到诊断座 DLC3,打开点火开关,打开诊断仪,测量数据流,踩下加速踏板(迈腾 1.8T)G79 变化范围应为 12%~97%,G185 变化范围应为 4%~49%。

2)检测加速踏板位置传感器线路

(1)检测电源电压。断开加速踏板位置传感器插接器,将点火开关置于 ON 位置。

将万用表旋转开关置于直流电压挡,检测电源线的电压应为 5V。

(2)检测加速踏板位置传感器输出信号。连接加速踏板位置传感器插接器,点火开关置于 ON 位置,踩下加速踏板,检测信号线端子电压应在 0~5V 之间。

(3)检测加速踏板位置传感器线路电阻。点火开关断开,断开加速踏板位置传感器插接器,检测加速踏板位置传感器与发动机 ECU 对应端子的电阻应小于 0.5Ω。

检测加速踏板位置传感器线路与车身的电阻应为 ∝。

2. 节气门位置传感器及驱动电动机

1)读取节气门位置传感器数据流

将故障诊断仪连接到诊断座 DLC3,打开点火开关,打开诊断仪,测量数据流,踩下加速踏板(迈腾 1.8T)G187 变化范围应为 8%~60%,G188 变化范围应为 60%~94%。

2)检测节气门位置传感器线路

(1)检测电源电压。断开节气门位置传感器插接器,将点火开关置于 ON 位置。

将万用表旋转开关置于直流电压挡,检测电源线的电压应为 5V。

(2)检测节气门位置传感器输出信号。连接节气门位置传感器插接器,点火开关置于

ON 位置,踩下加速踏板,检测信号线端子电压应在 0~5V 之间。

(3)检测节气门位置传感器线路电阻。点火开关断开,断开加速踏板位置传感器插接器,检测加速踏板位置传感器与发动机 ECU 对应端子的电阻应小于 0.5Ω。

检测加速踏板位置传感器线路与车身的电阻应为 ∝。

3)检测节气门驱动电动机

断开节气门驱动电动机插头,检测电动机的电阻应符合维修手册的要求。

📖 任务小结

(1)掌握加速踏板位置传感器的安装位置、功用及所有检测项目,并能够对该传感器相关故障进行分析和诊断。

(2)掌握节气门位置传感器及驱动电动机的安装位置、功用及所有检测项目,并能够对该传感器及电动机的相关故障进行分析和诊断。

(3)了解 EPC 灯点亮的特点,以及电子节气门系统故障与 EPC 灯点亮的关系。

(4)能按照维修手册更换加速踏板位置传感器总成和节气门体总成。

学习任务十一 发动机点火系统故障诊断与修复

子任务1 非独立点火系统故障诊断与修复

任务描述

车主李先生反映,最近汽车在行驶中,提不起速,加速无力,换了机油滤清器、喷油器、机油泵、空气滤清器、电动燃油泵等零部件,故障现象依旧,需进一步检查以便确认故障原因。引起此故障的可能原因是:点火系统故障。现在需要对点火系进行进一步检测。

学习目标

(1)认识发动机非独立点火系统的组成、结构与功用;
(2)能运用检测和诊断设备获取发动机信息,判断发动机非独立点火系统故障;
(3)能确定合适的发动机非独立点火系统故障的诊断程序;
(4)能诊断发动机非独立点火系统故障,并分析故障原因;
(5)能参阅维修手册进行发动机非独立点火系统部件的维修与更换。
(6)具备信息查询和手册使用的基本能力;
(7)能够按照企业5S要求和安全生产规范进行操作;
(8)能与同学密切合作,规范安全地完成学习活动;
(9)养成自主学习的习惯,培养规范操作的工作作风及环保意识。
建议学时:6学时。

知识准备

一、汽油机点火系统的作用

点火系统是在发动机处于不同转速和负荷状况下,均能在适当的时机提供足够的电压,产生足以点燃汽缸内混合气的电火花,让发动机得到最佳的燃烧效率。点火系统的基本装置包含电源、传感器、电子控制单元、点火线圈、高压电分配装置、高压线及火花塞。现代的点火提前装置则已改由发动机管理电脑所控制,电脑收集发动机转速、进气歧管压力或空气流量、节气门位置、蓄电池电压、冷却液温度、爆震等信号,算出最佳点火正时提前角度,再发出点火信号,达到控制点火正时的目的。

二、汽油机点火系统分类

发动机点火系统,按照其组成和产生高压电方式的不同可分为传统点火系统、电子点火系统、微机控制点火系统和磁电动机点火系统。

微机控制点火系统(MCI)是根据各种传感器提供的发动机工况的信息,发出点火控制信号,控制点火时刻,点燃可燃混合气。微机控制点火系统将点火提前角控制在最佳值,使可燃混合气燃烧后产生的温度和压力达到最大值,从而提高发动机的动力性,同时还能提高燃油经济性和减少有害气体的排放量,已被广泛应用于各种汽车中。

三、对点火系统的基本要求

点火系统应在发动机各种工况和使用条件下都能保证可靠而准确地点火。为此点火系统应满足以下基本要求。

1.能产生足以击穿火花塞间隙的电压

火花塞电极击穿而产生火花时所需要的电压称为击穿电压。点火系统产生的次级电压必须高于击穿电压,才能使火花塞跳火。

2.火花应具有足够的能量

发动机正常工作时,不同工况下,对电火花能量的要求不一样。因此,为了保证可靠点火,高能电子点火系统一般应具有 $80 \sim 100mJ$ 的火花能量,起动时应产生高于 $100mJ$ 的火花能量。火花塞电极示意图如图 11-1 所示。

3.点火时刻应适应发动机的工作情况

首先,点火系统应按发动机的工作顺序进行点火。其次,必须在最有利的时刻进行点火。

由于混合气在汽缸内燃烧占用一定的时间,所以混合气不应在压缩行程上止点处点火,而应适当提前,使活塞达到上止点时,混合气已得到充分燃烧,从而使发动机获得较大功率。点火时刻一般用点火提前角来表示,即从火花塞开始跳火到活塞到达上止点为止这段时间曲轴转过的角度。

如果点火过迟,当活塞到达上止点时才点火,则混合气的燃烧主要在活塞下行过程中完成,汽缸内最高燃烧压力降低,导致发动机过热,功率下降。如果点火过早,由于混合气的燃烧完全在压缩过程进行,汽缸内的燃烧压力急剧升高,当活塞到达上止点之前即达最大,使活塞受到反冲,不仅使发动机的功率降低,并有可能引起爆震和运转不平稳现象。

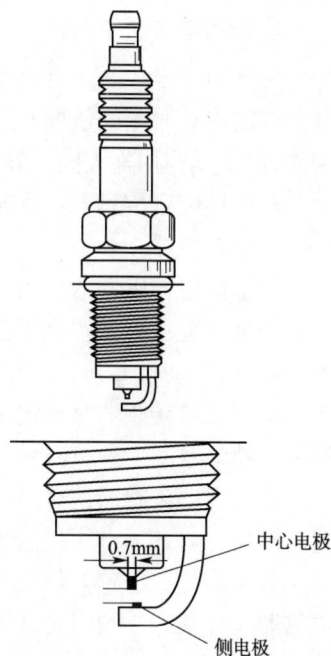

0.7mm

中心电极

侧电极

图 11-1　火花塞电极示意图

四、微机控制点火系统的结构组成

微机控制点火系统主要由凸轮轴位置传感器 CIS、曲轴位置传感器 CPS、空气流量传感器 AFS、节气门位置传感器 TPS、冷却液温度传感器 CTS、进气温度传感器 IATS、车速传感器 VSS、爆震传感器 EDS、各种控制开关、电控单元(ECU)、点火控制模块、点火线圈以及火花塞等组成。桑塔纳 2000GSi、3000 型轿车微机控制直接点火系统的组成如图 11-2 所示。

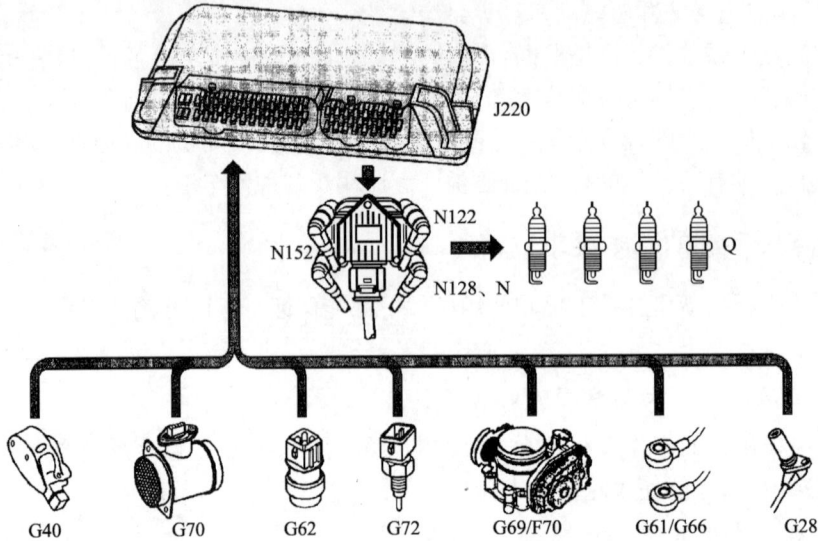

图 11-2 桑塔纳 2000GSi 型轿车微机控制直接点火系统的组成

1. 传感器与开关信号

传感器用来检测与点火有关的发动机工作和状况信息,并将检测结果输入 ECU,作为计算和控制点火时刻的依据。虽然各型汽车采用的传感器的类型、数量、结构及安装位置不尽相同,但是其作用都大同小异,而且这些传感器大多与燃油喷射系统、怠速控制系统等共用。

凸轮轴位置传感器。凸轮轴位置传感器能够识别汽缸活塞即将到达上止点,所以称为汽缸识别传感器。

曲轴位置传感器的作用就是确定曲轴的位置,也就是曲轴的转角。通过曲轴位置传感器信号来计算哪缸活塞处于上止点,通过凸轮轴位置传感器来计算哪缸活塞是在压缩行程中。这样,发动机 ECU 可以计算出各缸的点火时刻。

空气流量传感器是确定进气量大小的传感器。空气流量信号输入 ECU 后,除了用于计算基本喷油时间之外,还用作负荷信号来计算和确定基本点火提前角。

进气温度传感器信号反映发动机吸入空气的温度。在微机控制电子点火系统中,ECU 利用该信号对基本点火提前角进行修正。

节气门位置传感器将节气门开启角度转换为电信号输入 ECU,ECU 利用该信号和车速传感器信号来综合判断发动机所处的工况(怠速、中等负荷、大负荷、减速),并对点火提前角进行修正。

冷却液温度传感器信号反映发动机工作温度的高低。在微机控制点火系统中,ECU 除了利用该信号对基本点火提前角进行修正之外,还要利用该信号控制起动和发动机暖机期间的点火提前角。

各种开关信号用于修正点火提前角。空调开关信号用于怠速工况下使用空调时修正点火提前角;起动开关信号用于起动时修正点火提前角;空挡安全开关仅在采用自动变速器的汽车上使用,ECU利用该开关信号来判断发动机是处于空挡状态还是行驶状态,然后对点火提前角进行必要的修正。

上述传感器和开关信号的结构原理与检修方法在发动机燃油喷射系统中已经介绍,下面主要介绍爆震传感器的有关知识。

2. 电控单元(ECU)

现代汽车发动机大多数都采用集中控制系统,微机控制点火系统是其子系统,ECU不仅是燃油喷射控制系统的控制核心,也是点火控制系统的控制核心。在ECU的只读存储器ROM中,除存储有监控和自检等程序之外,还存储有由台架试验测定的该型发动机在各种工况下的最佳点火提前角。随机存储器RAM用来存储微机工作时暂时需要存储的数据,如输入/输出数据、单片机运算得出的结果、故障码、点火提前角修正数据等。这些数据根据需要可随时调用或被新的数据改写。CPU不断接收上述各种传感器发送来的信号,并按预先编制的程序进行计算和判断,向点火控制器发出接通与切断点火线圈初级电路的控制信号。

3. 点火控制器

点火控制器又称点火电子组件或点火器,是微机控制点火系统的功率输出级,它接收ECU输出的点火控制信号并进行功率放大,以便驱动点火线圈工作。

五、微机控制点火系统的控制过程

1. 微机控制点火系统的原理

微机控制点火系统的控制原理如图11-3所示,曲轴位置传感器CPS向ECU提供发动机转速、曲轴转角信号,转角信号用于控制点火时刻(点火提前角),转速信号用于计算确定点火提前角。空气流量传感器AFS和节气门位置传感器TPS向ECU提供发动机负荷信号,用于计算确定点火提前角。冷却液温度信号CTS、车速信号VSS、进气温度信号IATS、空调开关信号A/C以及爆震传感器EDS信号等,用于修正点火提前角。

发动机工作时,CPU通过上述传感器把发动机的工况信息采集到随机存储器RAM中,并不断检测凸轮轴位置传感器信号,判定是哪一缸即将到达压缩上止点。当接收到后,CPU立即开始对曲轴转角信号进行计算,以便控制点火提前角。与此同时,CPU根据反映发动机工况的转速信号、负荷信号以及与点火提前角有关的传感器信号,从只读存储器中查询出相应工况下的最佳点火提前角。在此期间,CPU一直在对曲轴转角信号进行计数,判断点火时刻是否到来。当曲轴转角等于最佳点火提前角时,CPU立即向点火控制器发出控制指令,使功率晶体管截止,点火线圈初级电流切断,次级绕组产生高压,并按发动机点火顺序分配到各缸火花塞跳火点着可燃混合气。

上述控制过程是指发动机在正常状态下点火时刻的控制过程。当发动机起动、怠速或汽车滑行工况时,设有专门的控制程序和控制方式进行控制。

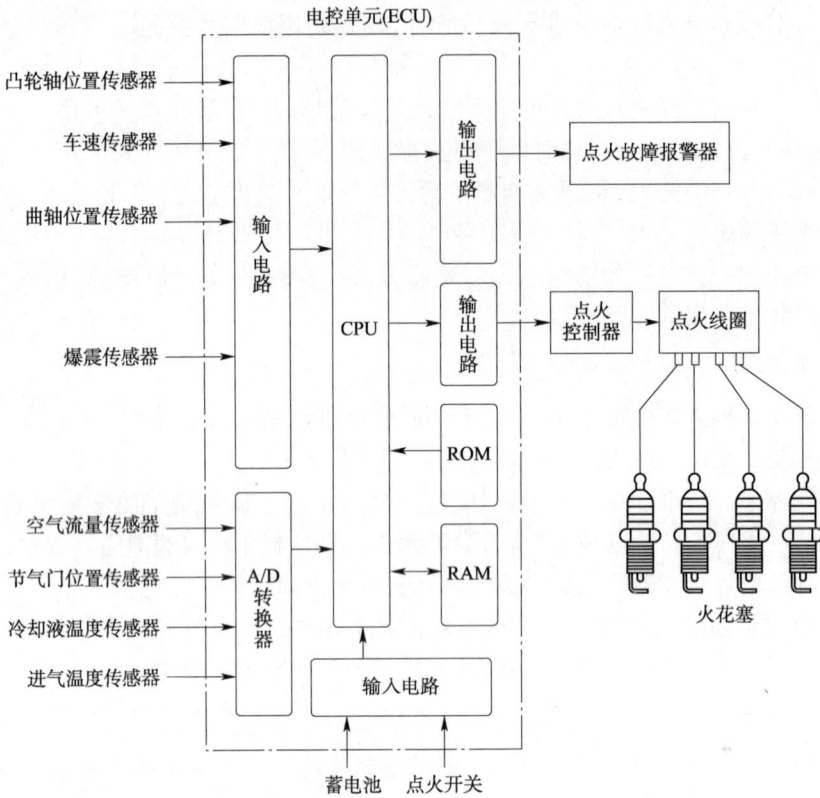

图 11-3 微机控制点火系统的控制原理

2. 点火提前角的控制

汽油发动机的可燃混合气在汽缸内燃烧不是瞬时完成的,需要先经诱导期,然后才能进入猛烈的明显燃烧期。因此,要使发动机发出最大的功率,混合气不应在压缩行程上止点处点火而应适当地提早一些。通常把发动机发出功率最大和油耗最少的点火提前角称为最佳点火提前角。点火提前角大小直接影响发动机的输出功率、油耗、排放等。发动机工况不同,需要的最佳点火提前角也不相同,怠速时的最佳点火提前角是为了使怠速运转平稳、降低有害气体排放量和减少燃油消耗量;部分负荷时的最佳点火提前角是为了减少燃油消耗量和有害气体排放量,提高经济性和排放性能;大负荷时的最佳点火提前角是为了增大输出转矩,提高动力性能。

微机控制的点火提前角由汽车起动时的初始点火提前角和起动后的基本点火提前角与修正点火提前角三部分组成。

1)起动时点火提前角的控制

发动机起动过程中,进气管绝对压力传感器信号或空气流量计信号不稳定,ECU 无法正确计算点火提前角,一般将点火时刻固定在设定的初始点火提前角。

2)起动后点火提前角的控制

起动后点火提前角由基本点火提前角和修正角(或修正系数)组成。

(1)基本点火提前角。发动机设计的最佳基本点火提前角的数据存储在发动机 ECU 的存储器中。发动机运行时,发动机 ECU 根据各种传感器的输入信号,在存储器中查找到这一工况条件下运转时相应的基本点火提前角。

基本点火提前角根据发动机运行工况可分为:

①怠速时的基本点火提前角。

②正常运行时的基本点火提前角。

怠速工况时基本角确定:ECU 根据节气门位置传感器信号(IDL 信号)、发动机转速传感器信号(Ne 信号)和空调开关信号(A/C 信号)来确定,如图 11-4 所示。

其他工况时基本角:ECU 根据发动机的转速和负荷对照存储器中存储的基本点火提前角控制模型来确定,如图 11-5 所示。

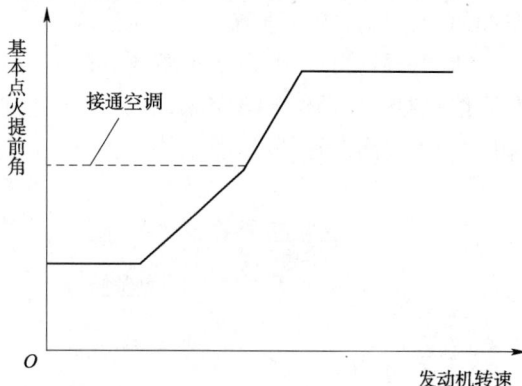

图 11-4　怠速时基本点火提前角的确定

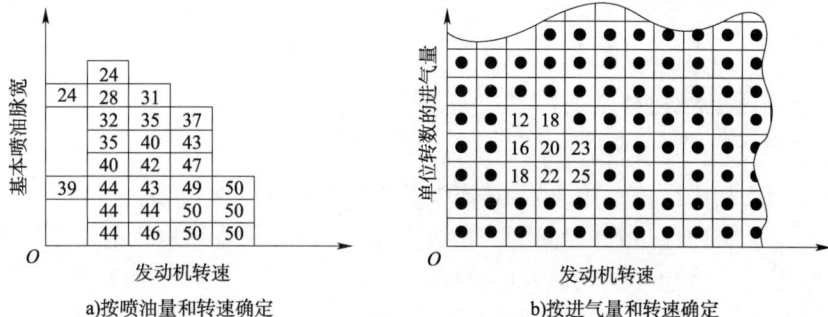

a)按喷油量和转速确定　　　　b)按进气量和转速确定

图 11-5　基本点火提前角控制模型

(2)点火提前角的修正。

①冷却液温度修正。暖机过程中,随着冷却液温度的升高,点火提前角应逐渐减小,如图 11-6a)所示,发动机处于部分负荷运行时(如节气门位置传感器的怠速触点断开),如图 11-6c)所示,当冷却液温度过高是,为了避免爆震,可将点火提前角推迟。发动机处于怠速工况(如节气门位置传感器怠速触点闭合),冷却液温度过高时,为避免发动机长时间过热,应将点火提前角增大,以此来提高发动机的怠速转速,从而提高水泵和冷却风扇的转速,增强制冷效果,降低发动机的温度。过热修正曲线如图 11-6b)所示。

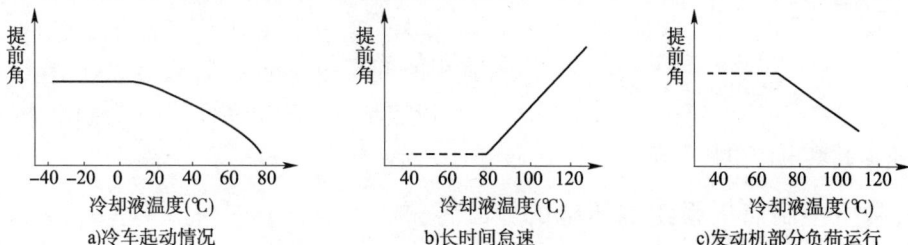

a)冷车起动情况　　　　b)长时间怠速　　　　c)发动机部分负荷运行

图 11-6　点火提前角与冷却液温度信号的关系

②怠速稳定性修正修正。怠速运行期间,发动机负荷变化时发动机转速也会发生改变,为使发动机在规定的怠速运转下稳定运转,需要对点火提前角进行修正。怠速运转时,当平

均转速低于或高于规定的怠速转速时,发动机 ECU 根据与怠速目标转速差值的大小并结合空调的接通与否相应地增大或减小点火提前角,如图 11-7 所示。

③喷油量修正。装有氧传感器和闭环控制程序的电子燃油控制系统中,发动机 ECU 根据氧传感器的反馈信号对空燃比进行修正。在喷油量减少时,混合气变稀,发动机转速相应降低,为了提高怠速的稳定性,点火提前角应适当增加;反之点火提前角应适当减小,如图 11-8 所示。

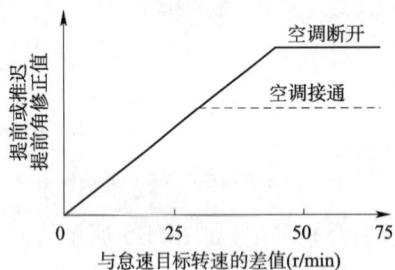

图 11-7　怠速稳定性修正

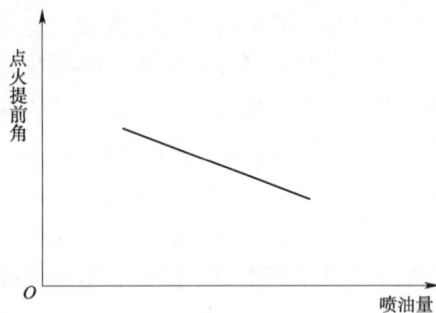

图 11-8　点火提前角随喷油量的变化关系

3. 微机控制通电时间的控制

1)通电时间控制的必要性

当点火线圈的初级电路被接通后,其初级电流按指数规律增长,通电时间长短决定初级电流的大小。当初级电流达到饱和时,若初级电路被断开,此瞬间初级电流达到最大值(即断开电流),会感应次级电压达到最大值。次级电压的升高,会使低火花塞点火能力增强,所以在发动机工作时,必须保证点火线圈的初级电路有足够的通电时间。但如果通电时间过长,点火线圈又会发热并增大电能消耗。所以,通电时间过长过短,都会给点火系统带来不利,为了保证点火线圈工作性能,必须对初级电路的通电时间进行控制。

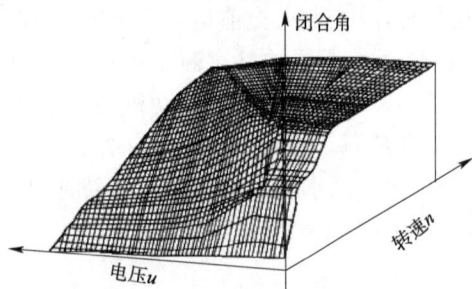

图 11-9　闭合角(通电时间)控制模型

2)通电时间的控制

在现代电控点火系统中,通过凸轮轴/曲轴位置传感器把发动机工作信号输入给 ECU,ECU 根据存储在内部的闭合角(通电时间)控制模型,如图 11-9 所示,控制点火线圈初级电路的通电时间。发动机工作时,ECU 根据发动机转速信号(Ne 信号)和电源电压信号确定最佳的闭合角(通电时间),并向点火器输出执令信号(IGt 信号),以控制点火器中晶体管的导通时间,并随发动机转速提高和电源电压下降,闭合角(通电时间)增长。

六、微机控制点火系统高压电的分配方式

微机控制点火系统可分为有分电器微机控制点火系统和无分电器微机控制点火系统。

1. 有分电器电控点火系统

1)有分电器电控点火系统组成

有分电器电控点火系统组成如图 11-10 所示。

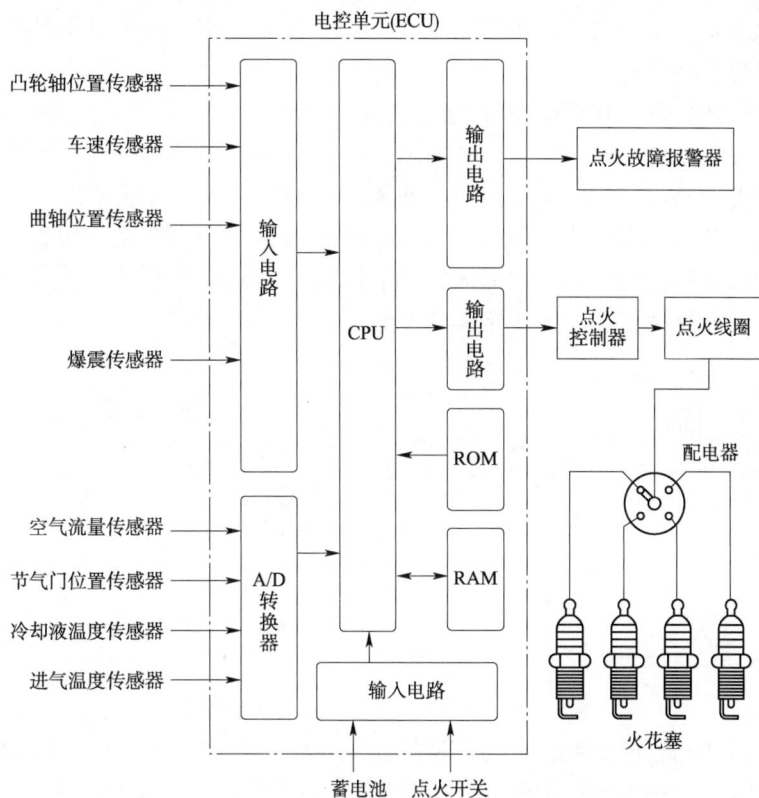

图 11-10　电控点火系统的基本组成

2）配电方式

发动机工作时,ECU 根据各传感器信号确定某缸点火时,向点火器发出指令信号,点火器控制点火线圈内初级电路通电或断电。

3）缺点

带分电器配电方式存在的缺点有:分火头与分电器盖旁电极之间必须保留一定间隙才能进行高压电分配,因此,必须损失一部分火花能量,同时也是一个主要的无线电干扰源。

2. 无分电器电控点火系统

无分电器电控点火系统是指在点火控制器控制下,点火线圈的高压电按照一定的点火顺序,直接加到火花塞上的直接点火方式。

常用无分电器电控点火系统可分为双缸同时点火和各缸单独点火两种配电方式。这里我们重点介绍双缸同时点火方式,各缸单独点火我们在子任务 2 中介绍。

双缸同时点火是指点火线圈每产生一次高压电,都使两个汽缸的火花塞同时跳火。次级绕组产生的高压电将直接加在两个汽缸(四缸发动机的 1、4 缸或 2、3 缸;六缸发动机的 1、6 缸、2、5 缸或 3、4 缸)的火花塞电极上跳火。

双缸同时点火时,一个汽缸处于压缩行程末期,是有效点火,另一个汽缸处于排气行程末期,缸内温度较高而压力很低,火花塞电极间隙的击穿电压很低,对有效点火汽缸火花塞的击穿电压和火花放电能量影响很小,是无效点火。曲轴旋转一转后,两缸所处行程恰好相反。双缸同时点火时,高压电的分配方式又分为二极管分配和点火线圈分配两种行程。

1)二极管分配高压电式

利用二极管分配高压电的双缸同时点火电路原理如图11-11所示。点火线圈由两个初级绕组和一个次级绕组构成,次级绕组的两端通过4只高压二极管与火花塞构成回路。4只二极管有内装式(安装在点火线圈内部)和外装式两种。对于点火顺序为1→3→4→2的发动机,1、4缸为一组,2、3缸为另一组。(1缸、2缸、3缸、4缸所对应的二极管分别是D_1、D_2、D_3、D_4)。点火控制器中的两只功率晶体管分别控制一个初级绕组,两只功率晶体管由电控单元(ECU)按点火顺序交替控制其导通与截止。

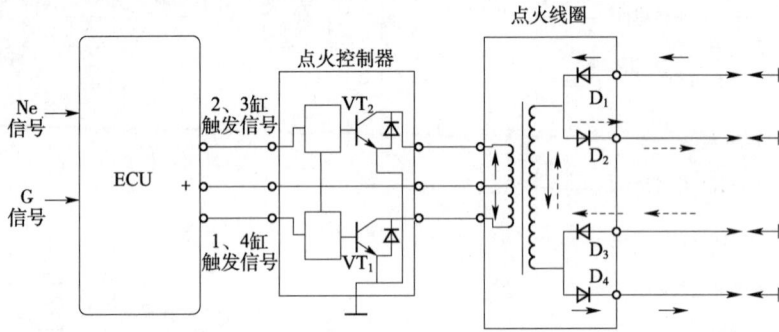

图11-11 二极管分配高压电的点火控制方式

当电控单元(ECU)将1、4缸的点火触发信号输入点火控制器时,功率晶体管VT_1截止,初级绕组(箭头向下)中的电流切断,次级绕组中就会产生高压电动势。在该电动势的作用下,二极管D_1、D_4正向导通,1、4缸火花塞电极上的电压迅速升高直至跳火,高压放电电流经过图中实线箭头所指方向构成回路;D_2、D_3反向截止,不能构成放电回路,因此2、3缸火花塞电极上无高压火花放电电流而不能跳火。

2)点火线圈分配高压电式

利用点火线圈直接分配高压的同时点火电路原理如图11-12所示,桑塔纳2000GSi、3000型、捷达AT、GTX和奥迪200型轿车点火系统采用了这种配电方式。

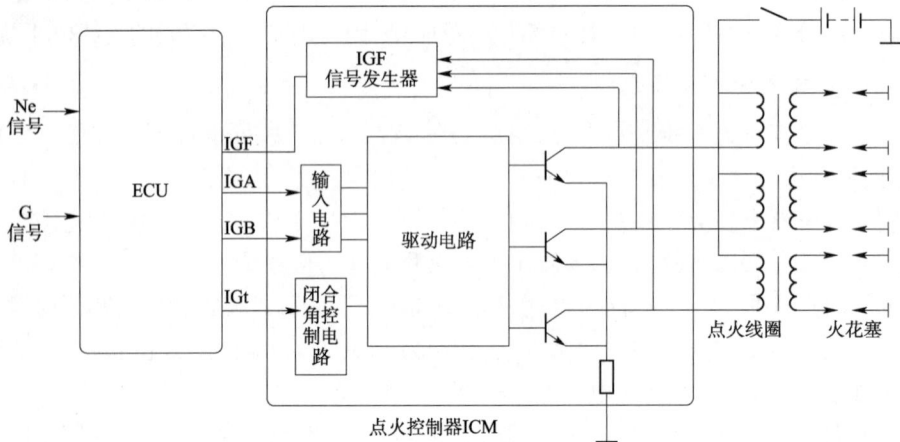

图11-12 点火线圈分配高压电双缸同时点火方式

点火线圈组件由 2 个(四缸发动机)或 3 个(六缸发动机)独立的点火线圈组成,每个点火线圈供给成对的两个火花塞工作(四缸发动机的 1、4 缸和 2、3 缸分别共用一个点火线圈;六缸发动机的 1、6 缸、2、5 缸和 3、4 缸分别共用一个点火线圈)。点火控制组件中设有与点火线圈数量相等的功率晶体管,分别控制一个点火线圈工作。点火控制器根据电控单元 ECU 输出的点火控制信号,按点火顺序轮流触发功率晶体管导通与截止,从而控制每个点火线圈轮流产生高压电,再通过高压线直接输送到成对的两缸火花塞电极间隙上跳火点燃可燃混合气。

综上所述,微机控制无分电器点火系统消除了分电器高压配电的不足。由于点火线圈(或初级绕组)数量增加,对每一个点火线圈来说,初级绕组允许通电时间可增加 2~6 倍。因此,即使发动机高速运转时,初级绕组也有足够充裕的通电时间。换句话说,无分电器点火系统具有足够大的点火能量和足够高的次级电压来保证发动机在任何工况都能可靠点火。

七、爆震控制

1. 发动机爆震的控制作用

汽油发动机获得最大功率和最佳燃油经济性的有效方法之一是增大点火提前角,但是点火提前角过大又会引起发动机爆震。

发动机爆震,是燃烧室内混合气异常燃烧导致汽缸压力骤然上升,而引起发动机缸体产生的振动。在采用闭环控制的发动机电子控制系统中,当发动机产生爆震时,电控系统就能够通过调整点火时刻(点火提前角)来有效地抑制和消除发动机爆震。爆震传感器(Detonation Sensor, DS)是发动机闭环控制系统中的重要部件,其功能是将发动机爆震信号转换为电信号传递给电控单元,电控单元根据爆震信号随时对点火时刻进行修正,使点火提前角保持在最佳状态。

2. 爆震控制过程

火花塞跳火点燃混合气后,如果火焰在传播途中压力异常升高,一些部位的混合气不等火焰传到,自己就会着火燃烧,造成瞬时爆发燃烧,这种现象成为爆震。爆震的危害一是噪声大,二是很可能使发动机损坏,特别在大负荷条件下,这种可能性很大。

要消除爆震,通常可以采用抗爆性能好的燃料、改进燃烧室结构、加强冷却液循环、推迟点火时间等方法。特别是推迟点火时间对消除爆震有明显的作用。

点火提前角越大,越容易产生爆震。试验证明,发动机发出最大转矩的点火时刻是在发动机即将产生爆震的点火时刻附近。

通常情况下,爆震传感器安装在发动机的缸体上,根据发动机产生的各种不同的振荡频率的振动,而产生不同的电压信号。当发动机发生爆震时,爆震传感器的感应性能最好,产生最大的电压信号,其输出电压特性如图 11-13a)所示。

爆震强度以超过基准值的次数计量,次数越多,爆震强度越大;次数越少,爆震强度越小,如图 11-13b)所示。

爆震传感器输入处理回路如图 11-14 所示,发动机 ECU 收到爆震传感器的信号后,经过滤波回路滤波,将爆震信号与其他振动信号分离,只允许特定频率范围的爆震信号通过滤波电路,再经峰值检测电路 3、与基准值比较电路 4 使输入信号的最大值与爆震强度基准值进行比较,比较后由爆震判断电路 5 判断是否产生爆震并将判定后的信号传给微处理器,微处理器相应的减小点火提前角来消除爆震。

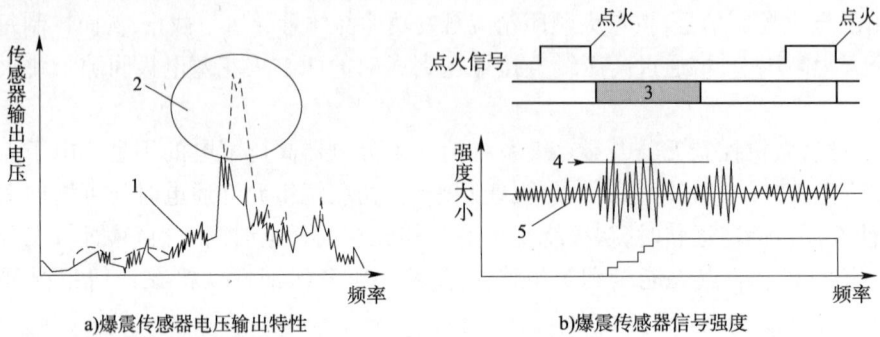

图 11-13　爆燃信号的确定

1-无爆震电压波;2-产生爆震电压波;3-爆震识别区间;4-爆震确定基准;5-爆震传感器输出信号

在电控点火系统中,通过爆震传感器输入给 ECU,ECU 经过分析,判定有无发生爆震及爆震的强度,并根据其判定结果对点火提前角进行反馈控制,可以使发动机处于爆震的边缘工作,既能防止爆震发生,又能有效地提高发动机动力性和经济性。爆震控制实际是点火提前角控制中的追加功能,控制过程如图 11-15 所示。

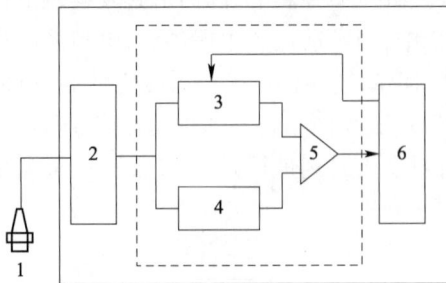

图 11-14　爆燃识别电路

1-火花塞;2-滤波电路;3-峰值检测电路;4-与基准值比较电路;5-爆震判断电路;6-微处理电路

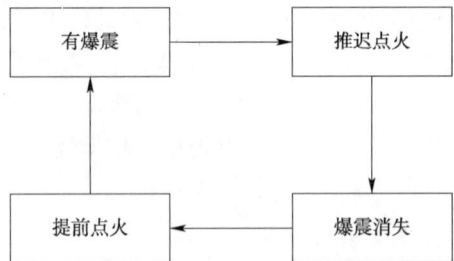

图 11-15　爆震控制过程

操作指引

1. 组织方式

(1)场地设施:举升机一台,工作台一件。

(2)设备设施:丰田 5A、AJR 发动机台架、解码仪、万用表一个。

(3)工量具:常用工具、专用工具各一套等。

(4)耗材:手套、纱布等。

2. 操作要点

(1)穿戴干净整洁的工作服。

（2）遵守场地安全规定,注意用电安全。

（3）正确使用工量具。

（4）正确使用解码仪、万用表等设备。

任务实施

1.爆震传感器的检测

桑塔纳 AJR 发动机有两个爆震传感器,分别安装在进气歧管下面,1/2 缸与 3/4 缸之间,传感器插座上有 3 根引线,其中 2 根为信号线,1 根为屏蔽线。

爆震传感器本身在实际中很少发生故障,发生故障时多为爆震传感器拧紧力矩不对,标准力矩为 $20N \cdot m$。如果发动机爆震传感器固定力矩过大,可能使它过于灵敏,减小了点火提前角造成发动机反应迟钝、排气温度过高、油耗增大;而如果发动机爆震传感器固定力矩过小,传感器灵敏度下降,此时发动机容易产生爆震,从而使得发动机温度过高、NO_x 化合物的排放量超标。此外还有插头锈蚀、线束插头损坏、爆震传感器本身内部摔裂损坏等。

爆震传感器是否正常,应该用示波器检测发动机工作时,爆震传感器输出电压波形。如果有不规则的振动波形出现,并且该波形随发动机爆震情况的变化而有明显的变化,则说明爆震传感器工作正常。如果没有波形输出或者输出波形不随发动机工作情况的变化而变化,说明爆震传感器有故障,应该更换。

在没有示波器的情况下,也可以通过测量电阻的方法对爆震传感器进行粗略的检测。将爆震传感器导线插头拔下,用万用表的欧姆挡测量传感器两个端子与搭铁之间的电阻,若导通,说明传感器已经损坏,必须更换。

桑塔纳 AJR 发动机爆震传感器的 3 个端子及电路图如图 11-16 所示,在爆震传感器的连接电路中,端子 1 为信号线正极,端子 2 为信号线负极,端子 3 为屏蔽线。

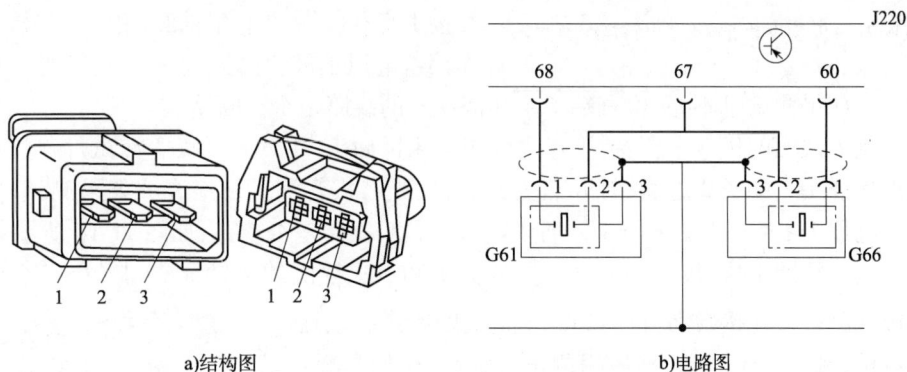

a)结构图　　　　　　　　　　　　b)电路图

图 11-16　桑塔纳 AJR 发动机爆震传感器

1）检测传感器电阻

断开点火开关,拔下传感器线束插头,检测结果应与表 11-1 中标准值相符合。

2）检测线束电阻

断开点火开关,拔下传感器线束插头和 ECU 线束插头,两插头各端子间导线电阻检测结果应与表 11-1 中的标准值相符合。

桑塔纳 2000Gsi 爆震传感器检修标准

表 11-1

检测项目	检测条件	检测部位	电阻标准值（Ω）
爆震传感器的电阻	断开点火开关并拔下传感器插头	传感器插座上端子 1 与 2	>1M
		传感器插座上端子 1 与 3	>1M
		传感器插座上端子 2 与 3	>1M
传感器信号正极线	拔下控制器和传感器插头	控制器 60（11）端子至传感器插头 1 端子	<0.5
		控制器 68 端子至传感器插头 1 端子	<0.5
传感器信号负极线		控制器 67（30）端子至传感器插头 2 端子	<0.5
传感器屏蔽线		控制器模块旁边发动机搭铁点至传感器插头 3 端子	<0.5

3）检测输出信号

插上传感器线束插头，起动发动机，测量端子 1 与 2 间的电压，正常值为 0.3～1.4V。爆震传感器的 3 个端子之间不应有短路现象，否则，更换爆震传感器。传感器插头和发动机控制单元线束插头间的线路若有断路或短路应排除故障。

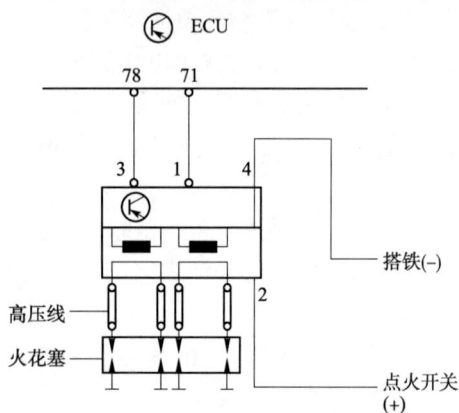

图 11-17　AJR 型发动机点火系电路接线图

2. 点火模块的检测

AJR 型发动机点火系统采用无分电器双火花直接点火系统。点火线圈发生故障，发动机立即熄火或不能起动。ECU 不能检测到该故障信息。如果一个火花塞由于开路使这个点火回路断开，那么和它共用一个点火线圈的火花塞也因电气线路故障而不能跳火，如果一个火花塞由于短路而不能跳火，但电气回路没有断开，那么和它共用一个点火线圈的火花塞仍然能够跳火。AJR 型发动机点火系电路接线如图 11-17 所示。

拔下点火线圈的 4 针插头，用发光二极管测试灯连接蓄电池正极和插头上端子 4，发光二极管测试灯应亮。如果测试灯不亮，检查端子 4 和搭铁点的线路是否有断路。

测试点火线圈的供电电压：拔下点火线圈的 4 针插头，用发光二极管测试灯连接在发动机搭铁点和插头上端子 2 之间，打开点火开关，发光二极管测试灯应亮。如果测试灯不亮，检查中央电器 D 插头 23 端子与 4 针插座端子 2 之间线路是否断路，如图 11-18 所示。

测试点火线圈工作：拔下 4 个喷油器的插头和点火线圈的 4 针插头，打开点火开关，用发光二极管测试灯连接发动机搭铁点和插头上端子 1，接通起动机数秒，测试灯应闪亮，然后用测试灯连接发动机搭铁点和端子 3，接通起动机数秒，测试灯应闪亮。如果测试灯不闪，检查点火线圈插头上端子和发动机控制单元线束的插头间导线是否开路或短路，如果线路正常，应更换发动机 ECU。

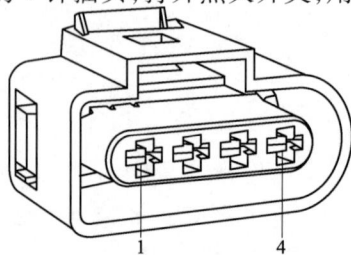

图 11-18　点火线圈的 4 针插头
1、4—端子

1）电阻测试

本项目电阻测试为辅助性测试，主要是检测线束的导通性,以确认线束通畅,无断路短路,插接器牢靠,各信号传递无干扰。测试在汽车微机控制故障检测诊断试验系统的发动机试验台上进行。

(1)线束导通性测试:将数字万用表设置在电阻挡,在电路图上找到点火线圈图形下面的针脚号与 ECU 信号测试端口图相应的针脚号,分别测试点火线圈针脚对应至电控单元针脚的电阻,所有电阻都应低于5Ω,见表11-2。

点火线圈针脚对应至电控单元针脚的正常阻值　　　　　　　　　　表11-2

点火线圈(N152)线路 电阻的测量	ECU 针脚	点火线圈针脚	导通性
	搭铁点	4	通
		2 与 D23	通
	78	3	<0.5
	71	1	<0.5

(2)线束短路性测试:将数字万用表设置在电阻200kΩ挡,测量点火线圈针脚与其不相对应的电控单元针脚之间电阻应为∞。

在实际维修中,欲测试各条线束的导通性,应关闭点火开关,拔下传感器插头与电控单元插接器,使用数字万用表分别测量各线束间的电阻,相连导线电阻应当小于5Ω,不相连导线电阻应∞为正常。在实际测量中,由于测量手法、万用表本身的误差以及被测物体表面的氧化与灰尘等因素,发生几欧姆的误差属正常现象,不必拘泥于具体数字。

2)电压测试

本项目电压测试有电源电压测试和信号电压测试两部分,其中信号电压测试是确定点火线圈是否失效的主要依据。

(1)电源电压测试:在实际维修中,应拔下传感器插头,打开点火开关,测量 2 号端子与搭铁间电压,起动起动机时应显示12V。此时电控单元会记录点火线圈的故障码,测试完毕后要使用诊断仪清除故障码。

(2)信号电压测试:起动发动机至工作温度,拔下4个喷油器的插头和点火线圈的4针插头,打开点火开关,用发光二极管测试灯连接发动机搭铁点和插头上端子1,接通起动机数秒,测试灯应闪亮,然后用测试灯连接发动机搭铁点和端子3,接通起动机数秒,测试灯应闪亮。

3.注意事项

(1)爆震传感器要轻拿轻放,避免爆震传感器掉到地上摔坏。

(2)点火线圈要轻拿轻放,避免点火线圈掉到地上摔坏。

(3)在实物台架上,测试端口与电控单元直接相连,不要将任何电压加在发动机试验台的测试端口上,以免损坏电控单元。

任务小结

(1)现代的点火提前装置已改由发动机管理电脑所控制,电脑收集发动机转速、进气歧管压力或空气流量、节气门位置、蓄电池电压、冷却液温度、爆震等信号,算出最佳点火正时提前角度,再发出点火信号,达到控制点火正时的目的。

(2)发动机点火系统,按照其组成和产生高压电方式的不同可分为传统点火系统、电子点火系统、微机控制点火系统和磁电动机点火系统。

（3）点火系统应在发动机各种工况和使用条件下都能保证可靠而准确地点火。为此点火系统应满足以下基本要求：能产生足以击穿火花塞间隙的电压；火花应具有足够的能量；点火时刻应适应发动机的工作情况。

（4）微机控制点火系统主要由凸轮轴位置传感器 CIS、曲轴位置传感器 CPS、空气流量传感器 AFS、节气门位置传感器 TPS、冷却液温度传感器 CTS、进气温度传感器 IATS、车速传感器 VSS、爆震传感器 EDS、各种控制开关、电控单元（ECU）、点火控制模块、点火线圈以及火花塞等组成。

（5）微机控制点火系统的控制过程。曲轴位置传感器 CPS 向 ECU 提供发动机转速、曲轴转角信号，转角信号用于控制点火时刻（点火提前角），转速信号用于计算确定点火提前角。空气流量传感器 AFS 和节气门位置传感器 TPS 向 ECU 提供发动机负荷信号，用于计算确定点火提前角。冷却液温度信号 CTS、车速信号 VSS、进气温度信号 IATS、空调开关信号 A/C 以及爆震传感器 EDS 信号等，用于修正点火提前角。

（6）微机控制点火系统高压电的分配方式可分为带分电器微机控制点火系统和无分电器微机控制点火系统。

（7）汽油发动机获得最大功率和最佳燃油经济性的有效方法之一是增大点火提前角，但是点火提前角过大又会引起发动机爆震。

（8）爆震传感器的检测方法。

子任务 2　独立点火系统故障诊断与修复

📖 任务描述

车主张女士反映，最近汽车在行驶中，发动机故障灯常亮、加速无力、油耗高，调取故障信息，更换凸轮轴位置传感器和空气流量传感器，故障现象依旧，需进一步检查以便确认故障原因。

引起此故障的可能原因是：点火正时故障、点火系统故障、进气系统故障、排气系统故障、燃油系统故障、发动机机械系统故障、发动机 ECU 及其线路故障。现在需要对点火系统进行进一步检测。

📚 学习目标

（1）认识发动机独立点火系统的组成、结构与功用；

（2）能运用检测和诊断设备获取发动机信息，判断发动机独立点火系统故障；

（3）能确定合适的发动机独立点火系统故障的诊断程序；

（4）能诊断发动机独立点火系统故障，并分析故障原因；

（5）能参阅维修手册进行发动机独立点火系统部件的维修与更换。

（6）具备信息查询和手册使用的基本能力；

（7）能够按照企业 5S 要求和安全生产规范进行操作；

（8）能与同学密切合作，规范安全地完成学习活动；

（9）养成自主学习的习惯，培养规范操作的工作作风及环保意识。

建议学时:4 学时。

知识准备

一、独立点火系统结构及功用

点火系统采用单独点火方式时，每一个汽缸都配有一个点火线圈，并安装在火花塞上方。在点火控制器中，设置有与点火线圈相同数目的大功率晶体管，分别控制每个线圈次级绕组电流的接通与切断，其工作原理与同时点火方式相同。单独点火的优点是省去了高压线，点火能量损耗进一步减少；此外，所有高压部件都可以安装在发动机的汽缸盖上的金属屏蔽罩内，点火系统对无线电的干扰可大幅度降低。单独独立点火控制如图 11-19 所示。

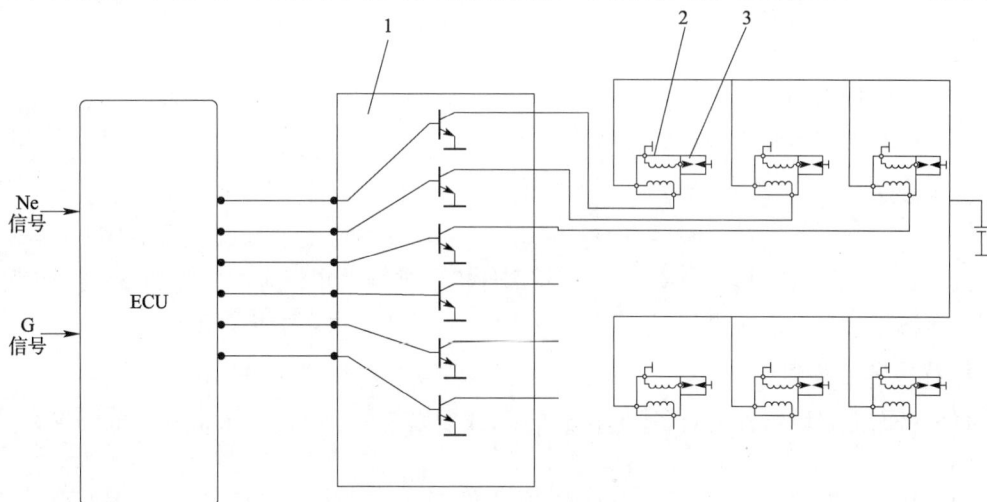

图 11-19　单缸独立点火控制方式
1-点火控制器;2-点火线圈;3-火花

二、独立点火系统优点

独立点火系统是指每个汽缸都有一个点火线圈，这种点火线圈具有的以下优点。

（1）点火线圈不再需要靠导线传输高压能量，减少能量损耗，点火线圈的能量基本直接给予了火花塞，线损降到了零，可以大大提升性能。

（2）老式单点火线圈，一旦点火线圈不工作，则无法再起动，只能让拖车拖走，但单缸独立点火系统，一个线圈不工作，只会使这个汽缸失效，其他线圈仍然可以供应其他汽缸工作，虽然汽车的动力会大大下降，工作也不会太稳定，但可以保证汽车回家功能。

（3）独立点火具有一定的抗电子干扰能力。单缸独立点火系统导线的电流都是低压传输，电压产生的电磁干扰极小。

（4）能量损耗小。单缸独立点火系统中，每个汽缸都有单独的点火线圈，点火线圈产生的高压电直接传给火花塞进行点火,不需要用高压线连接。电能在导线中的损耗可以降到最低,并且不影响发动机的点火性能。

(5)工作更加稳定、可靠。单缸独立点火系统中,一个点火线圈出问题只会影响到它负责的汽缸,其他的汽缸点火都不会受影响。

操作指引

1. 组织方式

(1)场地设施:举升机一台,工作台一件。

(2)设备设施:迈腾整车一辆,解码仪一套,万用表一个。

(3)工量具:常用工具和专用工具各一套等。

(4)耗材:手套、纱布等。

2. 操作要点

(1)穿戴干净整洁的工作服。

(2)遵守场地安全规定,注意用电安全。

(3)正确使用工量具。

(4)正确使用解码仪、万用表等设备。

任务实施

独立点火系统由于其自身特点,对各零部件检测维修操作相对不简便,可以通过专用解码仪对车辆进行自诊断检测,调取故障码或者波形,检测点火系统是否正常。

1. 解码仪的检测

目前市面上解码仪种类繁多,在本任务里,我们以 V. A. S5052A 大众专用解码仪为例进行说明。

(1)连接故障诊断接口,进入主界面(图 11-20)。

图 11-20 进入主界面

（2）选择车辆系统。

（3）选择诊断功能（图11-21）。

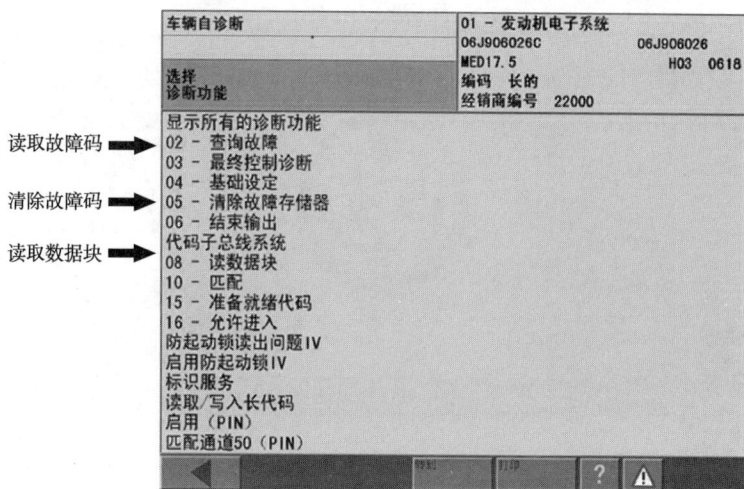

图11-21　选择诊断功能

（4）读取故障码。

（5）读取数据块（图11-22）。

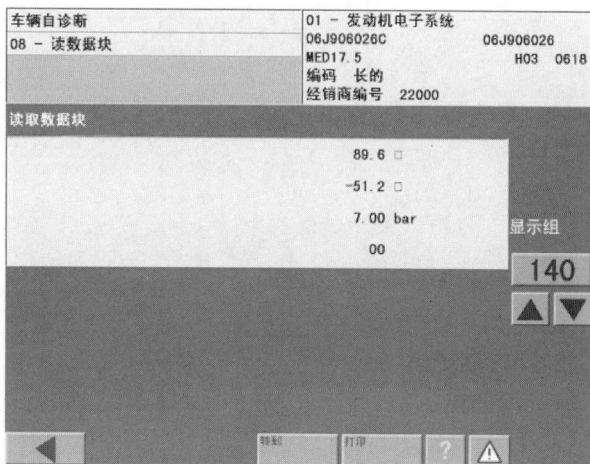

图11-22　读取数据块

2. 示波器检测

在不解体情况下,发动机点火系统的检测诊断主要分为点火波形的检测与分析和点火正时检测两个方面。下面向大家介绍一下点火波形的分析知识。

波形分析指把汽车发动机点火系统实际点火波形与标准波形比较以判断点火系统故障的过程。

目前市场上有多种示波器,我们以 V. A. S5051 大众专用设备调取点火系统波形。

（1）连接线路,进入主界面。

（2）选择"测试仪器"（图11-23）。

图 11-23　选择"测试仪器"

（3）功能切换（图 11-24）。

Go to（转到）-Multimeter（万用表）或 DSO。

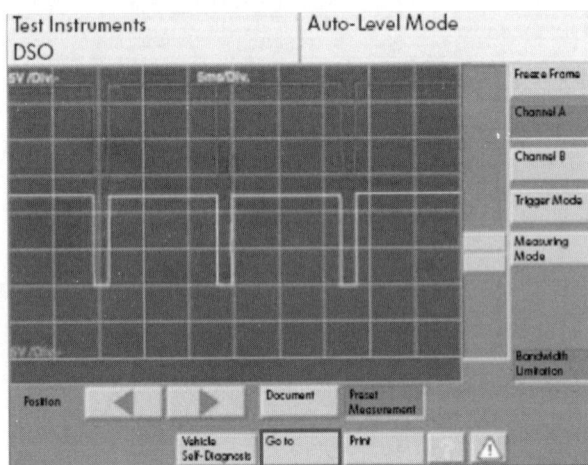

图 11-24　功能切换

3. 点火波形分析

1）标准波形

传统触点式一次、二次点火电压波形如图 11-25 所示。

电子点火系统的二次点火波形与传统点火系统点火波形的主要区别在于，其闭合段后部电压略有上升。有的波形在闭合段中间也有一个微小的电压波动，这反映了点火控制器（电子模块）中限流电路的作用。另外，电子点火波形闭合段的长度随转速变化而变化。电子点火波形如图 11-26 所示。

2）波形分析

波形上的故障反映区：如果用示波器测得的波形与标准波形比较有差异，说明点火系统有故障。传统点火系统故障在波形（以二次波形为例）上有 4 个主要反映区，如图 11-27 所示。

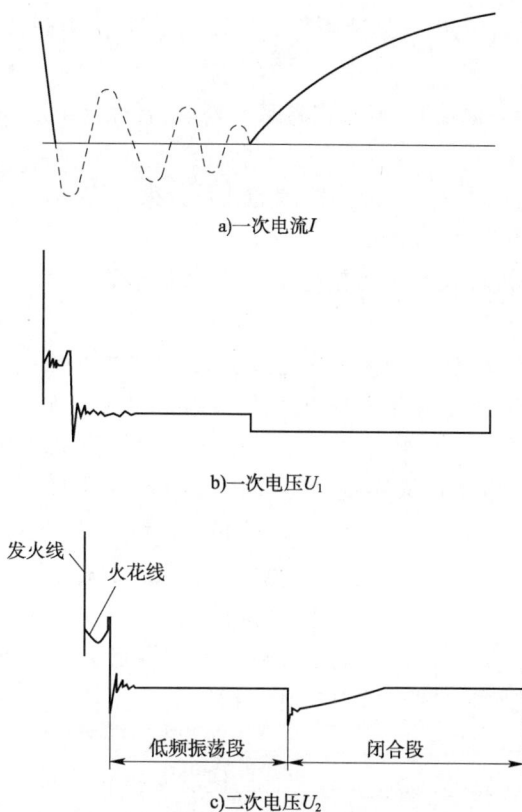

a)一次电流I

b)一次电压U_1

c)二次电压U_2

图 11-25　点火工作过程波形图

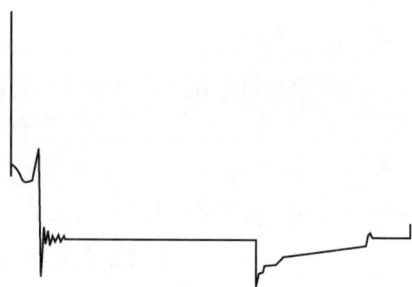

图 11-26　电子点火波形图

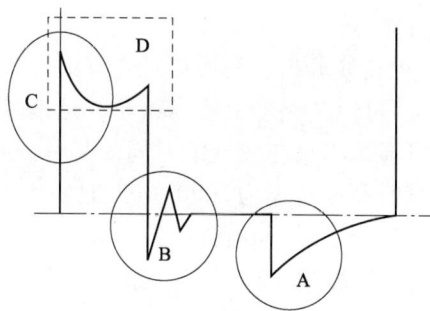

图 11-27　二次波形故障反映区

C 区域为点火区:当一次电路切断时,点火线圈一次绕组内电流迅速降低,所产生的磁场迅速衰减,在二次绕组中产生高压电(15000~20000V),火花塞间隙被击穿。击穿电压一般为 4000~8000V。火花塞电极被击穿放电后,二次点火电压随之下降。

D 区域为燃烧区:当火花塞电极间隙被击穿后,电极间形成电弧使混合气点燃。火花放电过程一般持续 0.6~1.5ms,在二次点火电压波形上形成火花线。

B 区域为振荡区:在火花塞放电终了,点火线圈中的能量不能维持火花放电时,残余能量以阻尼振荡的形式消耗殆尽。此时,点火电压波形上出现具有可视脉冲的低频振荡。

A 区域为闭合区:一次电路再次闭合后,二次电路感应出 1500~2000V 与蓄电池电压相反的感生电压。在点火波形上出现迅速下降的垂直线,然后上升过渡为水平线。

3)典型故障波形

(1)发火线分析。转速稳定时,显示出各缸平列波,若点火电压高于标准值,说明高压电路有高电阻。

若各缸都高,说明高电阻发生在点火线圈插孔及分火头之间,如高压断线、接触不良、分火头脏污等。

个别缸电压高,说明该缸火花塞间隙过大,高压线接触不良或分火头与该缸高压线接触不良。

若全部缸或个别缸电压过低,原因为火花塞脏污、间隙太小或高压短路。

当显示出各缸平列波,拔下除第一缸以外任一缸的高压线(第一缸高压线上包夹着示波器的传感器),使其距搭铁部位的距离逐渐增大,该缸发火线应明显上升,其电压值应是点火线圈的最高输出电压。对电子点火系统,则应高于30kV,否则说明点火线圈有故障。若使拔下的高压线搭铁,发火线应明显缩短,其值应低于5kV,否则说明分火头或分电器盖插孔电极间隙大,或分缸高压线与插孔接触不良,图11-28所示为拔下任一缸高压线后发火线升高的情况。

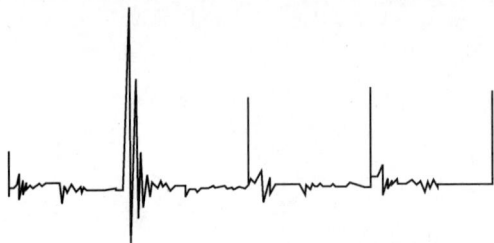

图11-28 拔下任一缸高压线,发火线升高

当荧光屏上显示二次点火平列波时,如果突然使发动机转速增高,所有缸的发火线均匀升高,说明各缸火花塞工作正常。若一个缸或几个缸的发火线不能升高,说明火花塞有积炭。若某缸高压峰值上升很高,则说明该缸火花塞加速特性不好。

(2)火花线分析。利用单缸选择波可较容易观察该缸火花线,在具有毫秒扫描装置的示波器上,可以从刻度上读出火花线延续时间和点火电压值(如美国 BEAR-200 型发动机检测仪可显示出火花线延续时间的毫秒数)。对于装有电子点火系统的大多数汽车而言,火花延续时间在转速为1000r/min 时约为1.5ms。火花延续时间小于0.8ms 时,就不能保证混合气完全燃烧,同时排气污染增大、动力性下降;若火花持续时间超过2ms,火花塞电极寿命会明显缩短。传统点火系统火花线长度一般为0.6~0.8ms,燃烧区电压一般为1~2kV。

若火花线过短,其原因一般为:火花塞间隙过大;分火头和分电器盖电极烧蚀或两者间隙过大;混合气过稀。

若火花线过长,原因一般为:火花塞脏污;火花塞间隙过小;高压线或火花塞短路。

用某些发动机综合检测仪观测点火波形时,尽管不能确定火花线的具体长度,但通过对各缸点火波形的比较,也可发现火花延续时间较短及电压较低的汽缸。

(3)低频振荡区分析。发动机点火系统技术状况良好时,其低频振荡区应有5个以上可见脉冲;高功率线圈所产生的脉冲将大于8个。振荡脉冲数少,且振幅也小的原因是:

①点火线圈短路。

②点火线圈一次电路接头或线路连接不良,阻值过大。

对于电子点火系统,低频振荡区异常时,仅表示点火线圈技术状况不正常。

对于电子点火系统而言,闭合区的波形虽与传统点火系统极相似,但反向电压和击穿电压是由于晶体管导通和切断一次电流而产生的。因此,该两处波形异常是由于晶体管技术状况不良造成的。电子点火系统闭合区波形的长度、形状与传统点火系统不同,主要表现在:闭合区在高转速时拉长,闭合段内有波纹或凸起;有的电子点火系统在闭合区结束前,先产生一条锯齿状的上特勤斜线,而后出现点火线。以上均属正常情况。

(4)波形倒置。点火线圈正负极接反时,发动机也能起动,但点火消耗的能量增加。这是因为火花塞工作时,中心电极的温度较旁电极高,电子从中心电极向旁电极运动的较容易;反之则稍难。点火线圈正负极接线正确时,发火线向上;极性接反时,则发火线向下,如图 11-29 所示。

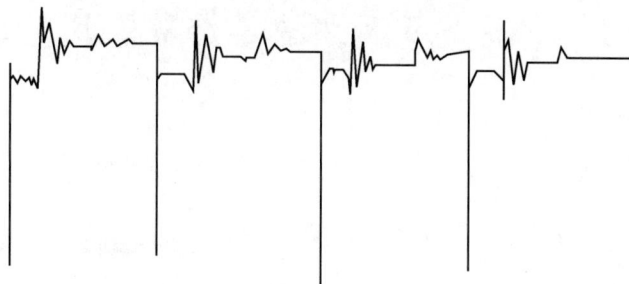

图 11-29　点火线圈极性接反的故障波形

任务小结

(1)点火系统采用单独点火方式时,每一个汽缸都配有一个点火线圈,并安装在火花塞上方。在点火控制器中,设置有与点火线圈相同数目的大功率晶体管,分别控制每个线圈次级绕组电流的接通与切断,其工作原理与同时点火方式相同。

(2)独立点火系统由于其自身特点,对各零部件检测维修操作相对不简便,可以通过专用解码仪对车辆进行自诊断检测,调取故障码或者波形,检测点火系统是否正常。

学习任务十二　发动机燃油系统故障诊断与修复

子任务 1　普通发动机燃油系统故障诊断与修复

任务描述

车主李先生反映他的捷达车最近经常出现发动机在行驶或怠速情况下偶尔熄火,但停放几分钟又可以起动。

普通发动机燃油系统主要由电动燃油泵、喷油器、汽油滤清器、燃油压力调节器、稳压器组成。该系统的作用是保证在各工况下可靠地提供发动机所需要的燃油,并将燃油按照合适的喷油量喷入进气道。若该系统出现故障,发动机可能会出现动力不足、怠速不稳,甚至无法起动。

学习目标

(1)认识发动机燃油系统的组成、结构与功用;
(2)了解发动机燃油系统各部件的安装位置、功用;
(3)能运用检测和诊断设备进行发动机燃油系统的检测与诊断;
(4)能参阅维修手册进行发动机燃油系统各部件的更换;
(5)具备信息查询和手册使用的基本能力;
(6)能够按照企业 5S 要求和安全生产规范进行操作;
(7)能与同学密切合作,规范安全地完成学习活动;
(8)养成自主学习的习惯,培养规范操作的工作作风及环保意识。
建议学时:6 学时。

知识准备

燃油系统包括燃油的供给、输送以及燃油喷射,主要包括油箱、电动燃油泵、喷油器、燃油滤清器、燃油压力调节器、稳压器等。燃油供给系统的作用是保证在各工况下可靠地提供发动机所需要的燃油。电动输油泵把燃油从油箱中吸出,使之经过燃油滤清器,进入与电磁喷油器相连的燃油(分配)轨道。喷油器把燃油按精确的数量喷射到发动机的进气歧管内。配有回油管路的系统中,多余的燃油经过装有压力调节器的回油管路回到油箱中。

一、电动燃油泵

电动燃油泵是电控发动机燃油供给系统组成的最重要的部件,它是为燃油供给系统提供所需要的燃油压力动力源。

1.电动燃油泵的功用及分类

1)电动燃油泵的功用

电动燃油泵是电控燃油喷射发动机的基本部件之一。它一般由小型直流电动机驱动,工作时把燃油从油箱中吸出,加压后输送到管路中,和燃油压力调节器配合建立合适的系统压力。电动燃油泵的电动机和燃油泵连成一体,密封在同一壳体内。

电动燃油泵向喷油器提供的燃油油压高于进气歧管压力 250～300kPa,因为燃油是从油箱内泵出,经压缩或动量转换将油压提高后,经输油管送到喷油器,所以油泵的最高油压需要 450～600kPa,其供油量比发动机最大耗油量大得多,多余的汽油将从回油管返回油箱。

2)电动燃油泵的分类

电动燃油泵按其结构不同,主要有涡轮式、滚柱式,叶片式三种类型。

2.电动燃油泵的组成及原理

涡轮式电动燃油泵如图 12-1 所示,涡轮式电动燃油泵主要由燃油泵电动机、涡轮泵、出油阀、卸压阀等组成。燃油进入燃油泵内的进油室前,首先经过滤网初步过滤。

涡轮泵主要由叶轮、叶片、泵壳体和泵盖组成,叶轮安装在燃油泵电动机的转子轴上。燃油泵电动机通电时,燃油泵电动机驱动涡轮泵叶轮旋转,由于离心力的作用。使叶轮周围小槽内的叶片贴紧泵壳体,并将燃油从进油室带往出油室。由于进油室燃油

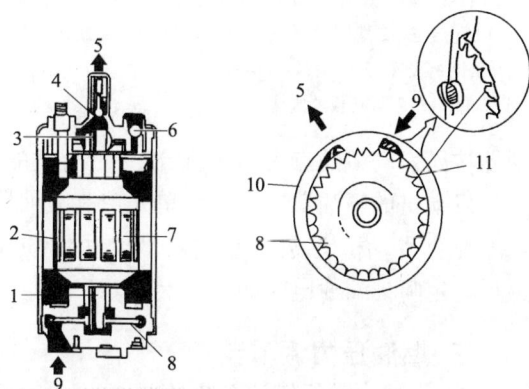

图 12-1　涡轮式电动燃油泵
1-前轴承;2-电动机定子;3-后轴承;4-出油阀;5-出油口;6-卸压阀;7-电动机转子;8-叶轮;9-进油口;10-泵壳体;11-叶片

不断被带走,所以形成一定的真空度,将油箱内的燃油经进油口吸入;而出油室燃油不断增多,燃油压力升高,当油压达到一定值时,则顶开出油阀经出油口输出。出油阀还可在燃油泵不工作时,阻止燃油倒流回油箱,这样可保持油路中有一定的残余压力,便于下次起动。

燃油泵工作中,燃油流经燃油泵内腔,对燃油泵电动机起到冷却和润滑的作用。燃油泵不工作时,出油阀关闭,使油管内保持一定的残余压力,以便于发动机起动和防止气阻产生。卸压阀安装在进油室和出油室之间,当燃油泵输出油压达到0.4MPa 时,卸压阀开启,使燃油泵内的进、出油室连通,燃油泵工作只能使燃油在其内部循环,以防止输油压力过高。

涡轮式电动燃油泵具有泵油量大、泵油压力较高(可达 600kPa 以上)、供油压力稳定、运转噪声小、使用寿命长等优点,所以应用最为广泛。

二、喷油器

喷油器是电控燃油供给系统中应用的执行器。喷油器是电控燃油喷射系统中的重要执行器,它接受来自发动机控制模块的信号,精确地喷射燃油量。

多点喷射系统的喷油器安装在各缸进气歧管或汽缸盖上的各缸进气道处。

按喷油口的结构不同,喷油器可分为轴针式和孔式两种,图12-2所示为轴针式喷油器结构图。

喷油器主要由滤网、线束插接器、电磁线圈、复位弹簧、衔铁和针阀等组成,针阀与衔铁制成一体。

燃油供给管路中的滤网防止污物进入喷油器,同时,两个O形密封圈分别对油轨和进气歧管与喷油器连接处进行密封。线圈中不通电时,弹簧和燃油压力将针阀紧压在阀座上,使燃油轨道与进气歧管分隔开来。

当喷油器电磁阀绕组通电时,线圈即产生电磁场。电磁场使衔铁升起,针阀随之离开阀座,燃油从喷油器喷出。系统压力和喷油嘴量孔开度是单位时间内喷油量的决定因素。触发电流中止,针阀立即关闭。

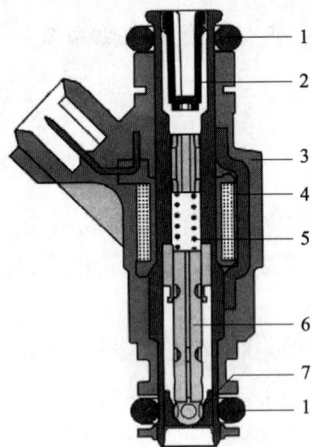

图12-2 轴针式喷油器的结构
1-O形密封圈;2-滤网;3-有电接头的壳体;4-线圈;5-弹簧;6-有电磁衔铁的针阀;7-带孔板的阀座

喷油器通常采用顺序燃油喷射,即曲轴每转两圈,各缸的喷油器按照发动机的点火顺序,依次在最合适的曲轴转角位置进行燃油喷射。

发动机的喷油量通过电控单元控制喷油器的通电时间(喷油脉冲宽度)来确定。发动机ECU根据发动机运转工况及各种影响因素进行计算,最后确定喷油器通电时间。

三、燃油压力调节器

喷油量由喷射时间和油轨中燃油压力与进气歧管内的压力差决定。

带回油管路的系统采用压力调节器维持燃油系统压力与进气歧管内压力的压力差恒定。燃油压力调节器通过控制返回油箱的燃油量来保持通过喷油器的压力降恒定,如图12-3所示。为了确保燃油分配管内燃油的有效流动,燃油压力调节器通常安装在它的远端。

在无回油管路的系统中,燃油压力调节器安装在油箱内置泵总成内,由此,它维持燃油分配管中燃油压力相对于环境压力保持恒定。由此可见,系统并没有保持燃油分配管与进气歧管之间压力差恒定。

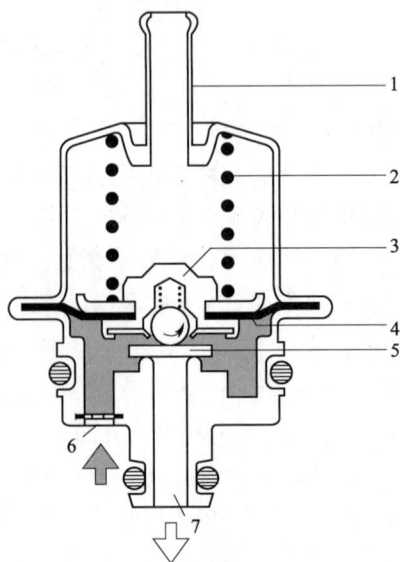

图12-3 燃油压力调节器
1-进气歧管接头;2-弹簧;3-压板;4-膜片;5-阀;6-进油口;7-回油口

四、稳压器

喷油器的周期性的喷油和燃油泵的燃油周期性输出特性都会在燃油系统中引起压力波。在不利情况下,电动输油泵底座、油管和燃油分配管本身会将这些振动传到燃油箱和车身。由此引起的噪声可通过使用特殊设计的底座和燃油稳压器来加以抑制。燃油稳压器(图12-4)的设计总体上和燃油压力调节器一样,两者皆用弹簧压住的膜片把燃油和空气隔离。

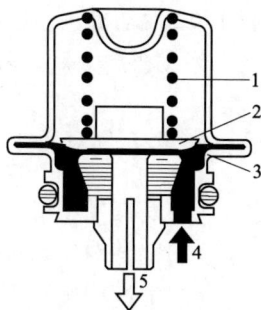

图 12-4 稳压器
1-弹簧;2-弹簧底板;3-膜片;
4-进油口;5-回油口

操作指引

1. 组织方式

(1)场地设施:举升机一台,装有废气抽排系统和消防设施的场地。
(2)设备设施:装备非直喷发动机的整车。
(3)工量具:常用工具一套、车辆故障诊断仪、示波器、万用表等。
(4)耗材:熔断丝、线束等。

2. 操作要点

(1)穿戴干净整洁的工作服。
(2)遵守场地安全规定,注意用电安全。
(3)正确使用万用表、诊断仪等工量具。
(4)在检测喷油器、油泵等线路时,严禁用力拉扯线束。

任务实施

1. 检测喷油器的电阻值

拔下喷油器线束插头,用万用表测量喷油器两端子之间的电阻,喷油器的电阻值应为符合规定值,通常应在 $13\sim16\Omega$。

2. 喷油器电路检测

断开喷油器线束插接器,接通点火开关,但不起动发动机,用万用表测量其电源端子与搭铁间电压应为 12V 电源电压(有些车需起动发动机)。测量喷油器搭铁端子与发动机 ECU 端子之间的阻值应小于 1Ω。

3. 检测电动燃油泵

断开电动燃油泵线束插接器,接通点火开关起动挡,用万用表测量其电源端子与搭铁间电压应为 12V 电源电压。测量电动燃油泵搭铁端子与车身之间的阻值应小于 1Ω。

断开电动燃油泵线束插接器,检测电动燃油泵的电阻应符合规定值,通常阻值在 $1\sim2\Omega$。

4. 检测油路油压

首先将油路泄压,然后将油压表接入燃油管路中,起动发动机,油压应符合规定值,如速腾 1.6L 发动机怠速运转燃油系统压力应为 0.4MPa。

发动机熄火后,等待一段时间,观察压力表的压力,应符合规定值。

任务小结

(1)掌握发动机燃油系统各部件的安装位置、功用及所有检测项目。

(2)能够对发动机燃油系统相关故障进行分析和诊断。

(3)能按照维修手册进行发动机燃油系统各部件的更换。

子任务 2　直喷发动机燃油系统故障诊断与修复

任务描述

车主赵先生反映他的迈腾 1.8T 轿车在行驶过程中,发动机突然加速无力,发动机最高转速只能达到 3000r/min,同时发动机故障灯报警。

直喷发动机燃油系统包括低压燃油系统和高压燃油系统。低压燃油系统包括低压油泵、燃油泵 ECU、汽油滤清器等。高压燃油系统包括高压油泵、燃油压力调节阀、燃油压力传感器、喷嘴等。

燃油首先由低压油泵建立压力,然后经过高压油泵加压,并经过燃油压力调节阀对高压进行调节以符合工况需要,最终通过喷油器喷入汽缸。若该系统出现故障,有可能会造成发动机动力不足,甚至无法起动。

学习目标

(1)认识直喷发动机燃油系统的组成、结构与功用;

(2)了解直喷发动机燃油系统各部件的安装位置、功用;

(3)能运用检测和诊断设备进行直喷发动机燃油系统的检测与诊断;

(4)能参阅维修手册进行直喷发动机燃油系统各部件的更换;

(5)具备信息查询和手册使用的基本能力;

(6)能够按照企业 5S 要求和安全生产规范进行操作;

(7)能与同学密切合作,规范安全地完成学习活动;

(8)养成自主学习的习惯,培养规范操作的工作作风及环保意识。

建议学时:6 学时。

知识准备

直喷发动机燃油系统包括低压燃油系统和高压燃油系统,如图 12-5 所示。低压燃油系统包括低压油泵、燃油泵 ECU、汽油滤清器等。高压燃油系统包括高压油泵、燃油压力调节阀、燃油压力传感器、喷嘴等。

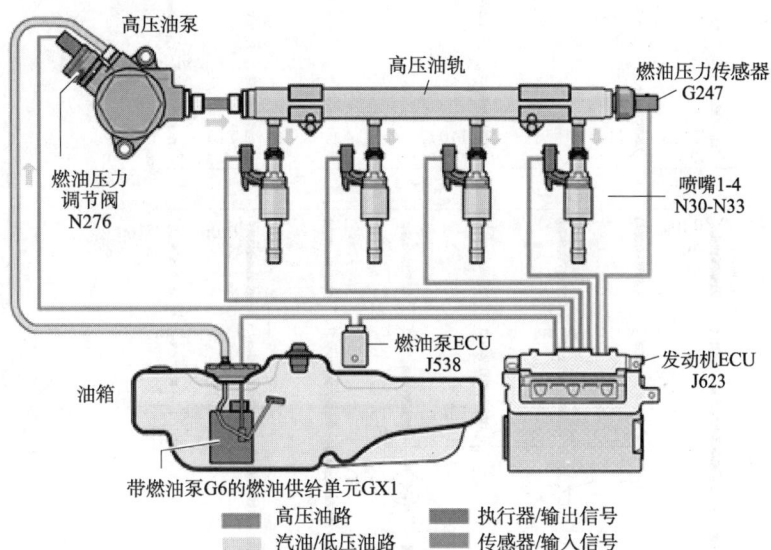

图 12-5 直喷发动机燃油系统

一、低压燃油系统的基本结构与工作原理

低压燃油系统包括油箱、低压油泵、油泵控制单元、燃油滤清器等。

燃油泵控制单元安装在电动燃油泵上面,它接收发动机的控制信号,接收 J519 的预工作信号,控制单元 J538 通过脉宽调制信号(PWM)来控制电动燃油泵,为燃油泵提供正电和搭铁,此外还向仪表提供油位显示信号。

燃油泵的基本结构与普通发动机的燃油泵基本相同。

燃油泵及燃油泵控制单元相关线路如图 12-6 所示。

二、高压燃油系统的基本结构与工作原理

高压燃油系统主要包括高压燃油泵、油压调节阀 N276、油轨、压力限制阀(开启压力大约 14MPa)、燃油压力传感器 G247、高压喷射阀 N30-N33。

高压燃油系统的油压范围可以达到 4 ~ 14MPa。

燃油压力传感器安装在油轨或高压泵上,其作用是监控油轨内的燃油压力,依此来调整燃油压力。其核心是一个钢膜,在钢膜上镀有应变电阻,要测的压力经压力接口作用到钢膜的一侧时,由于钢膜弯曲,就引起应变电阻的阻值发生变化,阻值的变化转换成电压信号传给发动机控制单元,发动机控制单元根据这个信号,调节燃油压力调节阀来控制油轨内的燃油压力。其结构如图 12-7 所示。

高压燃油泵通常由进气凸轮轴驱动,有的安装在凸轮轴的中部位置,有的安装在凸轮轴的后端位置。高压燃油泵外部结构如图 12-8 所示。

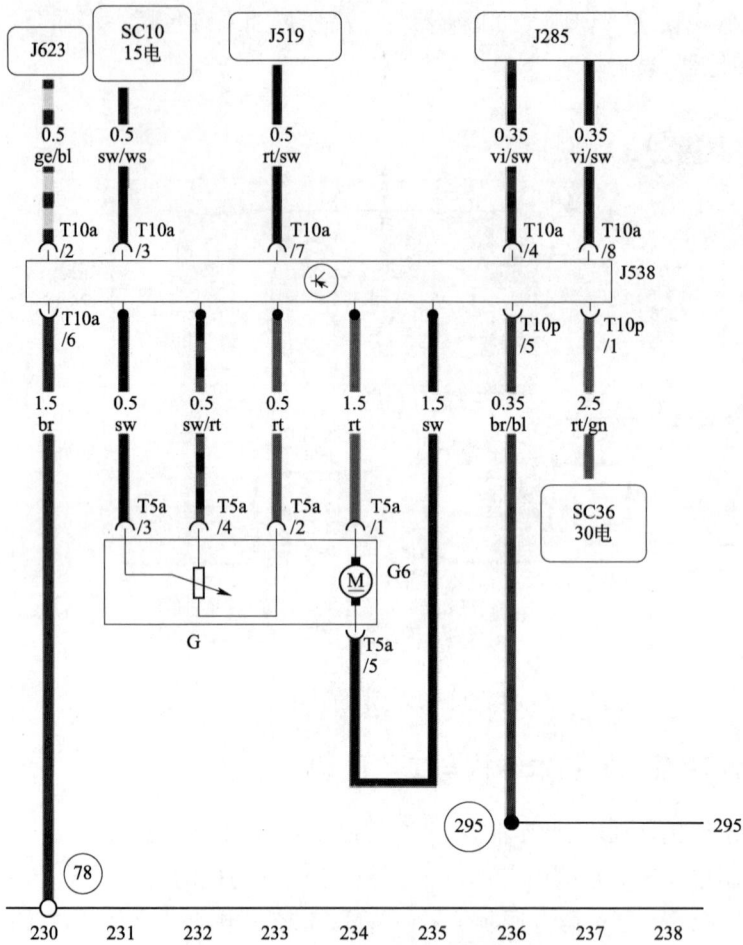

图12-6 低压油泵工作电路

J519-中央电气控制单元；J285-仪表；J623-发动机控制单元

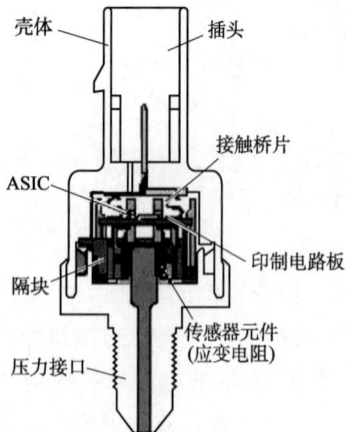

图12-7 燃油压力传感器

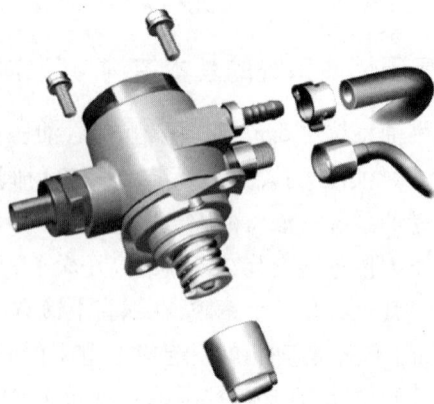

图12-8 高压燃油泵

高压燃油泵工作分为三个阶段（图12-9），即进油阶段、回油阶段、供油阶段。在进油阶段，靠泵活塞的下行提供吸油的动力，同时进油阀打开，燃油被吸入泵腔。在泵活塞行程的最后 1/3 段,燃油压力调节阀断电,使得在泵活塞向上运动的初期进油阀仍然开启进行回油。

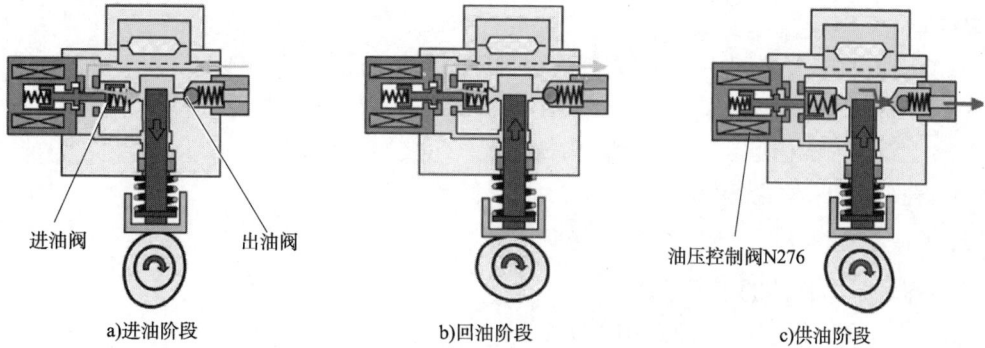

进油阀　　　出油阀　　　　　　　　　　　　　　　　油压控制阀N276

a)进油阶段　　　　　　　　b)回油阶段　　　　　　　　c)供油阶段

图 12-9　高压燃油泵的泵油过程

在回油阶段,为了控制实际的供油量,在泵活塞向上运动的初期进油阀,还是打开的,多余的燃油被泵活塞挤回低压端。在供油阶段的初期,燃油压力调节阀通电,进油阀关闭。泵活塞上行在泵腔内产生压力,当压力超过油轨内压力时,出油阀就被打开,燃油被泵入油轨。

燃油压力限压阀集成在高压燃油泵内(图 12-10),作用是在发生燃油热膨胀和故障的时候,为系统提供过压保护。它是一个机械阀,在压力超过 14MPa 的时候开启,开启的是在泵内从高压端到低压端的回流油道,然后燃油再被压回高压端。

油压调节阀 N276 安装在高压泵的侧面,其作用是控制进入油轨的油压,发动机电控单元通过脉宽调制信号对其进行控制。

喷嘴的作用是将燃油分别喷入每个汽缸中,控制单元的驱动电压达到约 65V,瞬时电流可达 12A,平均电流 2.6A。喷嘴的电路如图 12-11 所示。

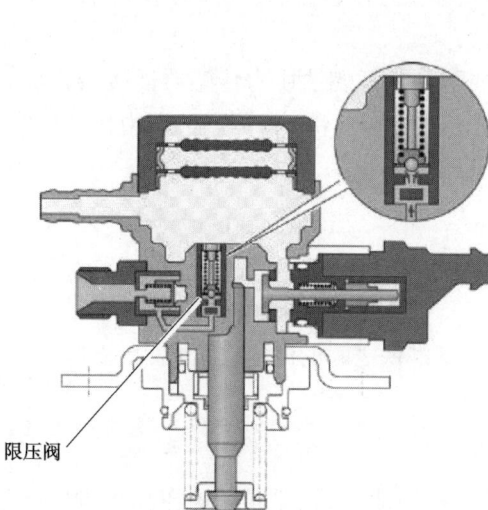

限压阀

图 12-10　限压阀

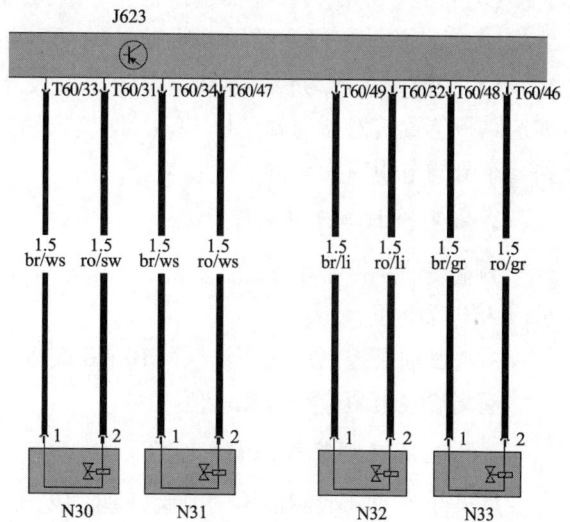

图 12-11　喷嘴的电路

操作指引

1. 组织方式

(1)场地设施:举升机一台,装有废气抽排系统和消防设施的场地。

(2)设备设施:迈腾轿车。

(3)工量具:常用工具一套、车辆故障诊断仪、示波器、万用表等。

(4)耗材:熔断丝、线束等。

2. 操作要点

(1)穿戴干净整洁的工作服。

(2)遵守场地安全规定,注意用电安全。

(3)正确使用万用表、诊断仪等工量具。

(4)在检测油压调节阀、燃油压力传感器等部件时,严禁用力拉扯线束。

任务实施

1. 燃油压力传感器(迈腾1.8T)

1)燃油压力传感器数据流

将故障诊断仪连接到诊断座DLC3,打开点火开关,打开诊断仪,测量数据流,怠速时约为4MPa(迈腾1.8T),踩下加速踏板(迈腾1.8T)油压相应上升。

2)检测燃油压力传感器线路

(1)检测电源电压。断开燃油压力传感器插接器,将点火开关置于ON位置,将万用表旋转开关置于直流电压挡,检测电源线的电压应为5V。

(2)检测燃油压力传感器输出信号。连接加速踏板位置传感器插接器,起动发动机并踩下加速踏板,检测信号线端子电压应在0~5V之间。

(3)检测燃油压力传感器线路电阻。点火开关断开,断开燃油压力传感器插接器,检测加速踏板位置传感器与发动机ECU对应端子的电阻应小于0.5Ω。检测燃油压力传感器线路与车身的电阻应为∝。

2. 油泵控制单元及油泵

测量燃油泵控制单元的工作电压,T10p/1为电源电压,T10p/3端子打开点火开关,该端子应为电源电压。

检查燃油泵控制单元搭铁线(T10p/6端子)与车身搭铁之间的电阻应正常。

检测油泵电阻应符合规定值。

3. 检测油压调节阀(迈腾1.8T)

点火开关ON,检测油压调节阀,1脚为电源电压,检测油压调节阀电磁线圈的电阻应符合规定值。测量电磁阀与电控单元相连的搭铁线的电阻,应小于0.5Ω。

利用诊断仪执行元件功能测试,选择燃油压力调节阀,应能听见电磁阀"嗒嗒"的声音,同时用手触摸电磁阀有振动。

注意:在检查燃油压力调节器电磁阀是否工作时,禁止给电磁阀持续通电,否则电磁阀会损坏,应利用故障诊断仪器的执行元件自诊断功能对电磁阀进行检查。

4.检测喷油阀(喷嘴)

点火开关 OFF,拔下喷油阀插接器,用万用表检测喷油阀的电阻,应符合规定值。测量喷油阀与电控单元相连的搭铁线的电阻,应小于 0.5Ω。

利用诊断仪执行元件功能测试,选择喷油阀,应能听见喷油阀"嗒嗒"的声音,同时用手触摸该阀有振动。

5.检测油压

正常怠速时油压应为 4MPa。

检测低压油泵油压:额定值应为 $0.6\sim0.8$MPa。

检查保持压力:检测 10min 后的油压应至少为 0.375MPa。

任务小结

(1)掌握直喷发动机燃油系统包括低压燃油系统和高压燃油系统各部件的安装位置、功用及所有检测项目。

(2)能对直喷发动机燃油系统包括低压燃油系统和高压燃油系统的相关故障进行分析和诊断。

(3)能按照维修手册进行直喷发动机燃油系统包括低压燃油系统和高压燃油系统各部件的更换。

学习任务十三　发动机怠速控制系统故障诊断与修复

任务描述

车主刘先生的一辆轿车发动机怠速时,发动机转速忽高忽低,维修人员检查更换了喷油器、火花塞后,故障现象依旧。

引起此故障的可能原因是:怠速系统零部件工作不良;点火系统零部件故障;燃油系统零部件故障;进气不畅等。现在需要对怠速系统进一步检测。

学习目标

(1)认识发动机怠速系统的组成、结构与功用;

(2)了解怠速系统工作原理;

(3)能运用检测和诊断设备获取发动机信息,判断发动机怠速系统故障;

(4)能确定合适的发动机怠速控制系统故障的诊断程序;

(5)能诊断发动机怠速控制系统故障,并分析故障原因;

(6)能参阅维修手册进行发动机怠速控制系统部件的维修与更换,能运用检测设备进行润滑系统主要零部件的检修;

(7)具备信息查询和手册使用的基本能力;

(8)能够按照企业5S要求和安全生产规范进行操作;

(9)能与同学密切合作,规范安全地完成学习活动;

(10)养成自主学习的习惯,培养规范操作的工作作风及环保意识。

建议学时:4学时。

知识准备

怠速工况是发动机在对外不做功的情况下,以最低稳定的转速运行的状态。此时发动机与传动系统完全脱离,其目的就是维持发动机的在较低的转速下连续、平稳运转和提供其他各辅助装置的工作动力,比如空调、动力转向装置等突然开启或关闭时,使发动机转速稳定运行在某一速度范围。怠速工况是发动机工作的重要工况之一。

一、怠速控制阀的分类

怠速执行器的功能就是改变怠速时的进气量,改变的方式有:直接操纵节气门的方式(即节气门直动式)和改变旁通进气量的方式。按照执行器驱动方式的不同,旁通进气量调节方式的怠速执行器又分为旋转电磁阀型、步进电动机型、占空比控制型真空开关阀和开关控制型真空开关阀。控制原理如图 13-1 所示。别克世纪型轿车、桑塔纳 200GLi 和切诺基吉普车采用旁通空气式,桑塔纳 200GSi、3000 型、捷达 AT、GTX 型轿车采用节气门直动式。

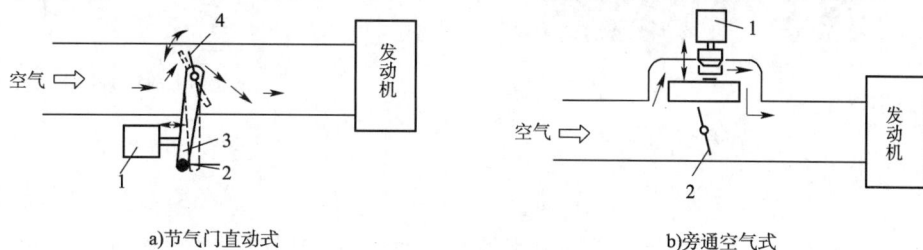

a)节气门直动式　　　　　　　　　　b)旁通空气式

图 13-1　怠速的两种控制方式
1-执行元件;2-加速踏板金属丝;3-节气门操作臂;4-节气门

二、怠速控制阀的原理

当发动机怠速运行时,节气门处于全关位置,即进入发动机的空气量不再由节气门进行调节。怠速控制的实质就是通过怠速执行器调节进气量,同时配合点火提前角及喷油量的控制,改变怠速工况燃料消耗所发出的功率,以稳定或改变怠速转速。

1.节气门直动式控制系统

节气门直动式怠速控制系统取消了旁通通道,而是通过控制节气门的开启角度,调节空气通路的截面来控制充气量,实现对怠速的控制,现在桑塔纳、帕萨特、宝来以及奥迪A61.8L都用这种怠速系统。

以下为大众系列轿车节气门直动式怠速控制系统的工作原理。

节气门直动式怠速控制系统主要由节气位置传感器、怠速开关和执行器(怠速直流电动机)、怠速节气门位置传感器以及一套齿轮驱动机构组成,图 13-2a)所示(已拆去节气门体上的塑料盖板)为其结构图,图 13-2b)所示为其内部线路图。节气门位置传感器和怠速节气门位置传感器都是由一个双轨形碳膜电阻和在其上滑动的触点组成。另外在节气门体上有一个双齿轮,它是由同轴的一个大齿轮和一个小齿轮组成。与怠速直流电动机同轴的小齿轮与双齿轮中的大齿轮啮合,扇形齿轮与节气门同轴并与双齿轮中的大齿轮啮合。当驾驶人踩加速踏板时,怠速开关断开,发动机控制模块根据节气门位置传感器的输入信号判断发动机的运行工况,并进行点火控制和喷油控制。驾驶人不踩加速踏板时,节气门在复位弹簧的作用下关闭,怠速开关闭合。发动机控制模块收到怠速开关闭合的信号,得知发动机处于怠速运行状态,并根据曲轴位置传感器的信号和怠速节气门位置传感器的信号来控制怠速直流电动机的动作,经过小齿轮、双齿轮和扇形齿轮将电动机的转动传递到节气门,使其打开相应的角度,使怠速转速达到最佳值。

a)节气门体结构图　　　　　　　　　　b)节气门体电路图

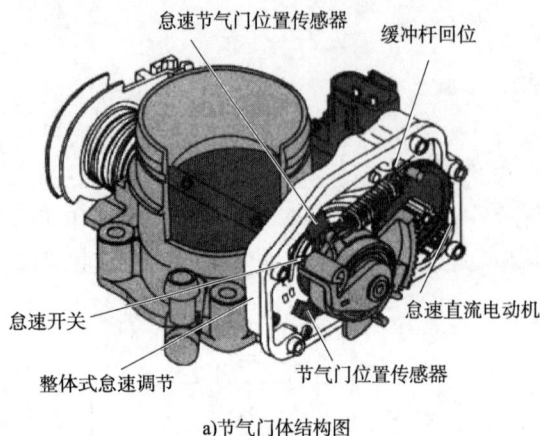

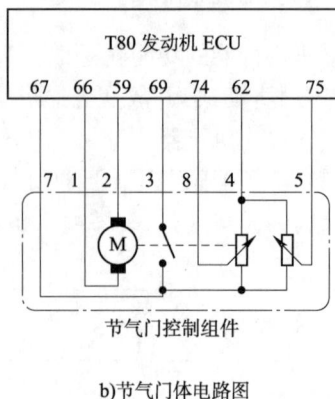

图 13-2　节气门体

目前,大多数汽车都采用步进电动机来控制发动机的怠速转速,如奥迪 200、赛欧、奇瑞、通用、切诺基及雷克萨斯 LS400 等。图 13-3 所示为步进电动机怠速空气控制阀(IACV)的结构图,步进电动机式怠速空气控制阀安装在发动机进气总管内,发动机控制模块根据各种传感器的信号在怠速空气控制阀接头各端子上加电压(端子见图 13-4),它利用系统供给的步进信号进行转换控制,使转子可以正转,也可以反转,从而使阀芯(丝杆)进行伸缩运动以达到调节旁通空气道截面的目的,从而稳定怠速,并达到理想的怠速转速。

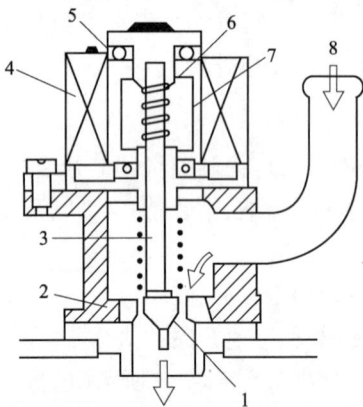

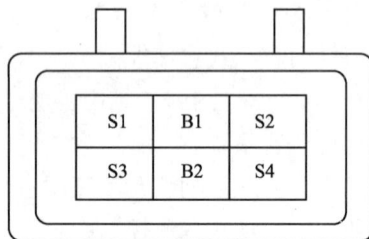

图 13-3　步进电动机式怠速空气控制阀的结构
1-阀芯;2-阀座;3-阀轴;4-电磁线圈;5-轴承;6-进给丝杠;
7-转子;8-空气

图 13-4　怠速空气控制阀端子分布图

发动机控制模块(ECU)对发动机怠速进行控制时,一般控制程序如图 13-5 所示。首先,发动机控制模块根据车速信号和节气门位置传感器(TPS)的信号,来判断发动机是否处于怠速运行状态,然后根据发动机冷却液温度传感器(ECT)、动力转向开关(PS)、空调开关(A/C)以及空挡起动开关等信号,按照存储器内存储的参考数据,确定相应的目标转速。一般情况下,怠速控制常采用发动机转速信号作为反馈信号,实现怠速转速的闭环控制,即发动机的实际转速与目标转速进行比较,根据比较得出的差值,确定相应目标转速控制量,去驱动步进电动机,使实际转速趋近于目标转速。

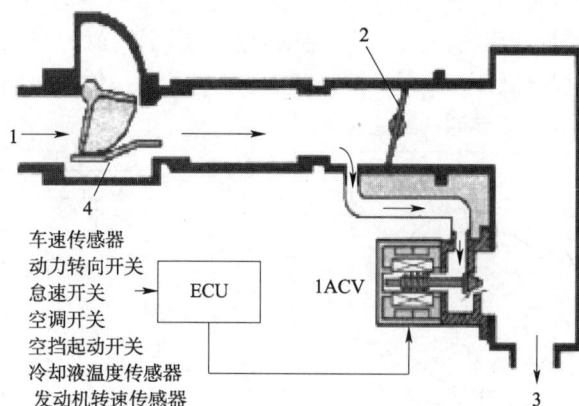

图 13-5　步进电动机式怠速控制系统的组成
1-空气;2-节气门;3-至汽缸;4-空气流量传感器

步进电动机的控制,发动机控制模块依一定顺序,使功率管 VT_1-VT_2-VT_3-VT_4 适时导通,分别给步进电动机定子线圈供电,驱动步进电动机转子旋转,使前端的阀门移动,改变阀门与阀座之间的距离,调节旁通空气道的空气流量,使发动机怠速转速达到所要求的目标转速。

2. 旋转电磁阀式怠速控制阀

旋转电磁滑阀式怠速控制系统的构造如图 13-6 所示。图 13-7 所示为广州本田奥德赛的怠速阀实物图,此外,夏利 2000、桑塔纳 2000、富康 1.6A 以及丰田佳美等轿车都用这种怠速控制阀。

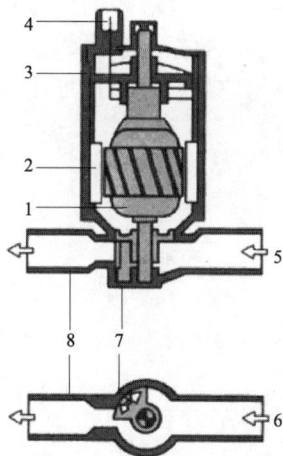

图 13-6　旋转滑阀式怠速空气控制阀结构图
1-电枢;2-永久磁铁;3-外壳;4-电接头;5、6-空气;7-旋转滑阀;8-空气旁通道

图 13-7　广州本田奥德赛的旋转滑阀式怠速阀
1-空气进口;2-空气出口;3-密封圈;4-冷却液管

旋转滑阀式怠速控制系统主要由永久磁铁、旋转滑阀、空气旁通道和复位弹簧等组成。其中旋转滑阀装在电枢轴上,与电枢轴一起转动,用以控制通过旁通空气道的空气量;永久磁铁固装在外壳上,形成永磁磁场;复位弹簧的作用是在发动机熄火后使怠速阀旁通道完全

打开;电枢铁芯上绕有两组绕向相反的电磁线圈 L_1 和 L_2（图 13-8），当给线圈通电时，就会产生磁场从而使电枢轴带动旋转滑阀转动，控制通过旁通空气道的空气。电磁线圈 L_1 和 L_2 由发动机控制模块通过晶体管 V_1 和 V_2 控制，V_1 和 V_2 由同一信号进行反向控制，即：V_2 导通时，V_1 截止；V_2 截止时，V_1 导通。

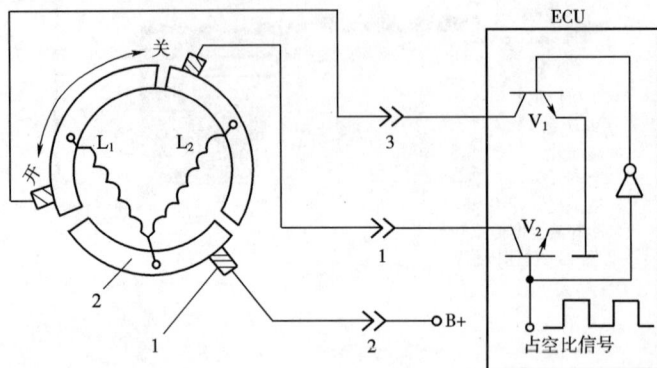

图 13-8　旋转滑阀式怠速空气控制阀的电路连接图

1-电刷;2-滑片

由这两组线圈的导通时间的比例关系来决定电枢所受的转矩和偏转角度。电枢受到的转矩有 3 个：

T_1——线圈 L_1 产生的转矩，逆时针方向，大小与电流有关。

T_2——线圈 L_2 产生的转矩，顺时针方向，大小与电流有关。

T_3——复位弹簧产生的转矩，逆时针方向，大小与转角有关。

工作时，发动机控制模块根据节气门位置传感器（TPS）等输入的信号和发动机冷却液温度传感器（ECT）的信号，确定发动机所处怠速工况的混合气浓度，并输出占空比信号控制 L_1 或 L_2 的通电时间。占空比是指发动机控制模块控制信号在一个周期内通电时间与通电周期之比，如图 13-9 所示。

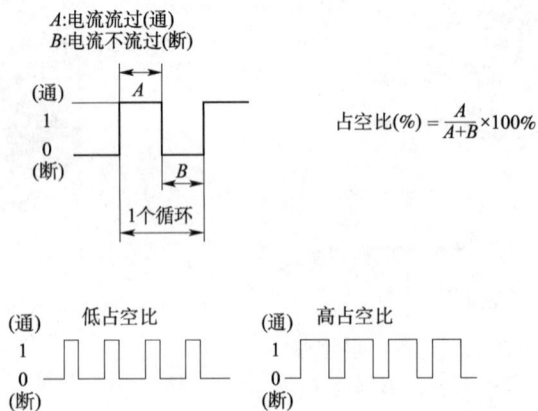

$$占空比(\%) = \frac{A}{A+B} \times 100\%$$

图 13-9　信号的占空比

若不计复位弹簧的扭矩，则：

当占空比为 50% 时，L_1 和 L_2 平均通电时间相等，$T_1 = T_2$，电枢停止转动。

当占空比大于50%时,线圈L_2的平均通电时间长,$T_2 > T_1$,电枢带动旋转滑阀顺时针偏转,空气旁通道截面减小,怠速降低。

当占空比小于50%时,线圈L_1的平均通电时间长,$T_1 > T_2$,电枢带动旋转滑阀逆时针偏转,空气旁通道截面减小,怠速降低。

旋转滑阀根据控制脉冲信号的占空比偏转,占空比的范围为18%(旋转滑阀关闭)~82%(旋转滑阀打开)之间。滑阀的偏转角度限定在90°内。

三、发动机怠速控制过程

怠速控制就是怠速转速的控制。配置怠速控制系统后,发动机的怠速转速在汽车使用期内,不会因发动机老化、汽缸积炭、火花塞间隙等变化而发生变化。

1.怠速控制系统的组成

设有旁通空气道的怠速控制系统如图13-10所示,其由各种传感器、信号控制开关、怠速控制阀、电子控制单元(ECU)和节气门旁通空气道等组成。桑塔纳2000GSi、3000型、捷达AT和红旗CA7220E型轿车采用节气门直接控制方式,不需要设置旁通空气道。

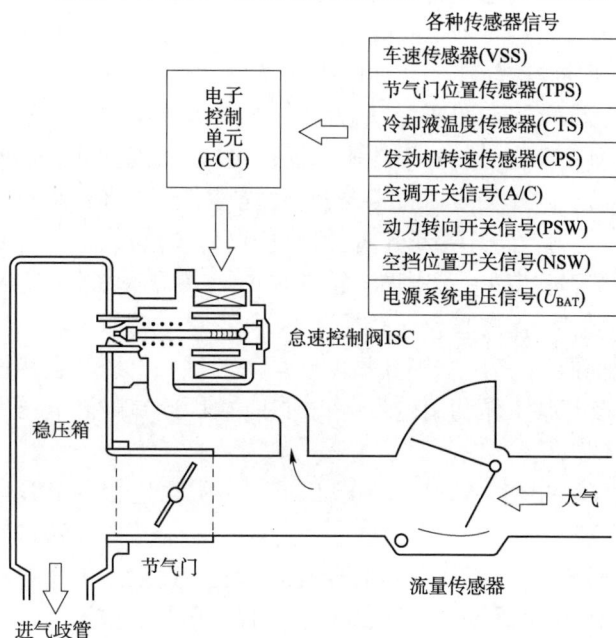

图13-10　旁通空气式怠速控制系统组成

车速传感器提供车速信号,节气门位置传感器提供怠速触点开闭信号,这两个信号用来判定发动机是否处于怠速状态。发动机怠速时,节气门关闭,节气门位置传感器的怠速触点IDL闭合,传感器输出端子IDL输出低电平信号。因此,当IDL端子输出低电平信号时,如果车速为零,就说明发动机处于怠速状态;如果车速不为零,则说明发动机处于减速状态。

冷却液温度信号用于修正怠速转速。在ECU内部存储有不同冷却液温度对应的最佳怠速转速,如图13-11所示。在冷车起动后的暖机过程中,ECU根据发动机温度信号,通过控制怠速控制阀的开度来控制相应的快怠速转速,并随发动机温度升高逐渐降低怠速转速。

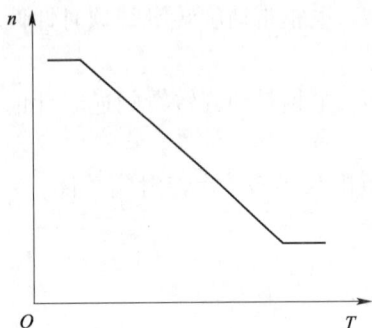

图 13-11 不同温度下的怠速转速

当冷却液温度达到正常工作温度时,怠速转速恢复正常怠速转速。

动力转向开关、空调开关、空挡起动开关信号和电源电压信号等向 ECU 提供发动机负荷变化的状态信息。在 ECU 内部,存储有不同负荷状况下对应的最佳怠速转速。

各型汽车采用的怠速控制阀不尽相同,切诺基吉普车采用步进电动机式怠速控制阀来控制怠速转速,桑塔纳 2000GSi、3000 型、GXT 型轿车采用节气门控制组件来自动调整怠速转速。

2.怠速转速控制过程

怠速控制的实质就是控制发动机怠速时的进气量。怠速时的喷油量则由 ECU 根据预先试验设定的怠速空燃比和实际进气量计算确定。

怠速控制内容主要是发动机负荷变化控制和电器负荷变化控制。怠速控制系统控制怠速转速的方法如下:当发动机怠速负荷增大时,ECU 控制怠速控制阀使进气量增大,从而使怠速转速提高,防止发动机运转不稳或熄火,当发动机怠速负荷减小时,ECU 控制怠速控制阀使进气量减少,从而使怠速转速降低,以免怠速转速过高。

在发动机怠速状态下,当空调开关、动力转向开关等接通或空挡起动开关断开时,发动机负荷就会增大,转速就会降低。如果转速降低过多,发动机就可能熄火,会给车辆使用带来不便。因此,在接通空调开关或动力转向开关之前,需要先将怠速转速提高,防止发动机熄火。当空调开关或动力转向开关断开时,发动机负荷又会减小,转速就会升高,不仅油耗会增大,而且会给汽车驾驶带来一定困难(起步前冲,容易导致汽车追尾)。因此在断开空调开关或动力转向开关之后,需要将怠速转速降低,防止怠速转速过高。另外,当电气负荷增大(如夜间行车接通前照灯、按喇叭等)时,电气系统的供电电压就会降低,如果电源电压过低,就会影响电控系统正常工作和用电设备正常用电,因此在电源电压降低时,需要提高怠速转速,以便提高电源电压。

怠速转速控制过程如图 13-12 所示。ECU 首先根据怠速触点 IDL 信号和车速信号,判断发动机是否处于怠速状态。当判定为怠速工况时,再根据发动机冷却液温度传感器信号、空调开关、动力转向开关等信号,从存储器存储的怠速转速数据中查找相应的目标转速,然后将目标转速与曲轴位置传感器检测的发动机实际转速进行比较。

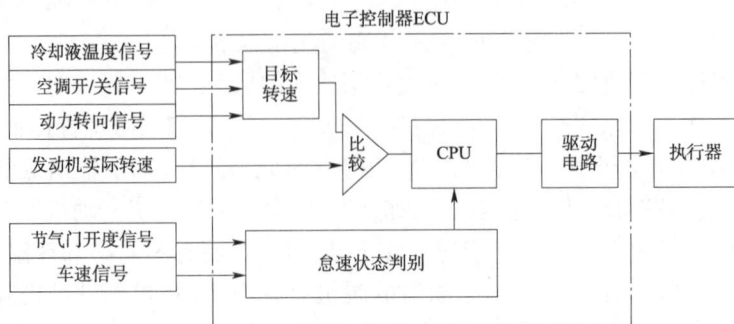

图 13-12 怠速转速控制过程

当发动机负荷增大,需要发动机快怠速运转,目标转速高于实际转速时,ECU 将控制怠速控制阀增大旁通进气量来实现快怠速;反之,当发动机负荷减小,目标转速低于实际转速时,ECU 将控制怠速控制阀减小旁通进气量来调节怠速转速。

例如,当接通空调(发动机负荷增大)时,需要发动机快怠速运转(目标转速 = 快怠速转速),ECU 就使怠速控制阀的阀门开大,增大旁通进气量。当旁通进气量增大时,因为怠速空燃比已由试验确定为一定值(一般为 12:1),所以 ECU 将控制喷油器增大喷油量,发动机转速随之增高到快怠速转速运转。国产汽车电控发动机的怠速转速见表 13-1。当接通空调或动力转向泵时,其快怠速转速为 1000r/min ± 50r/min。快怠速时,转速升高 200r/min 左右。同理,当断开空调(发动机负荷减小),需要降低发动机转速,即目标转速低于实际转速时,ECU 将使怠速控制阀的阀门关小,减小旁通进气量进行调节。

各型汽车燃油喷射式发动机的怠速转速 表 13-1

车　型	发动机型号	怠速转速(r/min)	备　注
桑塔纳 2000Gli	AFE	800 ± 50	出厂标准
桑塔纳 2000GSi 桑塔纳 3000	AJR	800 ± 30	出厂标准
捷达 AT、GTX	AHP	840 ± 40	出厂标准
红旗 CA7220E	CA488-3	850 ± 30	出厂标准
奥迪 200	V6 型 2.6L	750 ± 70	出厂标准

3.怠速控制系统的控制特性

采用步进电动机式怠速控制阀的怠速控制线路如图 13-13 所示。当发动机怠速负荷变化时,在怠速转速变化之前,ECU 将按照一定顺序,控制驱动电路中的晶体管 VT_1、VT_2、VT_3、VT_4 适时导通,分别接通步进电动机定子绕组电流,使电动机转子旋转,带动控制阀的阀芯移动,从而调节进气量,使发动机怠速转速达到目标转速。

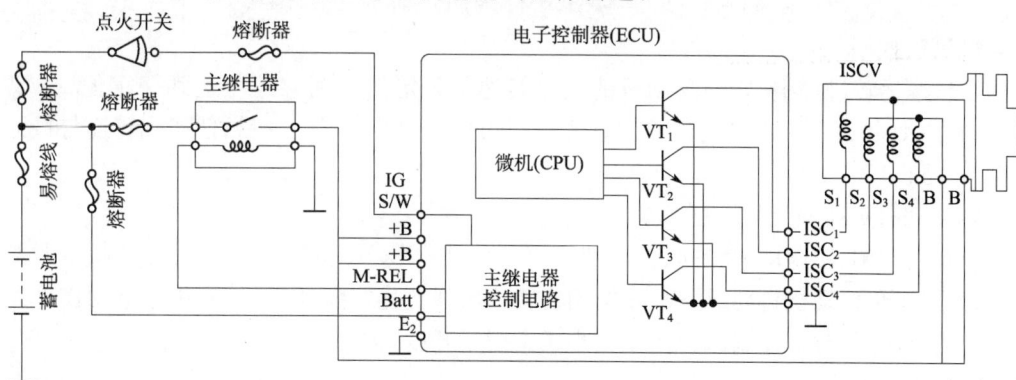

图 13-13　步进电动机式怠速控制阀控制电路

1)初始位置确定

为了改善发动机的再起动性能,点火开关"OFF"后,ECU 控制怠速控制阀处于全开位置(步进电动机处于 125 步),为下次起动做好准备。

为了使怠速控制阀在发动机下次起动时处于完全打开状态,当点火开关断开后必须继续给 ECU 和步进电动机供电(一般为 2s),通过 ECU 内部的主继电器控制电路对主继电器进行控制,主继电器由 ECU 的备用电源 m-rel 端继续供电 2s,保持接通状态,直至步进电动机进入起动初始位置后再断电。

2)起动控制特性

发动机起动时,由于怠速控制阀预先设定在全开位置,在起动期间,流经怠速控制阀的旁通空气量最大,发动机容易起动;若起动后怠速控制阀仍保持在全开位置,将使怠速转速过高,因而在发动机转速达到规定值时,ECU 开始控制步进电动机降低阀门开启高度,减小旁通空气量。如起动时冷却液温度为 200℃,发动机转速达到 500r/min 时,ECU 将控制步进电动机由全开 125 步时的 A 点降到 B 点,如图 13-14a)所示,使阀门关小,防止转速过高。

3)暖机控制特性

在发动机起动后的暖机过程中,ECU 将根据冷却液温度传感器信号确定步进电动机步进的位置。随着转速升高和发动机温度升高,控制阀阀门将逐渐关小,步进电动机步进的步数逐渐减少,如图 13-14b)所示。当冷却液温度达到 70℃时,暖机控制结束,步进电动机及其阀芯位置保持不变。

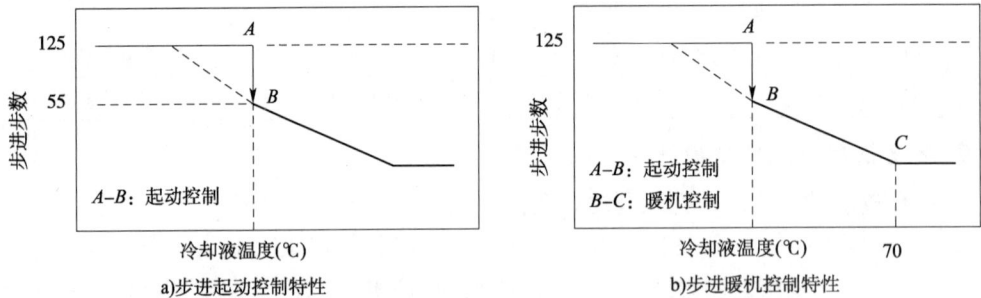

图 13-14 步进电动机式怠速控制阀的起动与暖机控制特性

4)反馈控制

在怠速运转过程中,如果发动机的实际转速与设定的目标转速差达到一定值(如 20r/min)时,ECU 将通过步进电动机控制怠速控制阀相应增减旁通空气量,使实际转速与目标转速保持一致。

5)发动机负荷变化的控制

当开启空调、实施动力转向、自动变速器工作或电气负荷增大时,发动机负荷立即发生变化,为了避免发动机抖动、熄火,在发动机转速出现变化之前,ECU 控制步进电动机预先移动一定的步级,使怠速控制阀开大或关小一个固定开度。

6)学习控制

ECU 通过控制步进电动机的正反转步数来确定怠速控制阀的位置,达到调整怠速转速的目的。而发动机的使用性能和技术状况在运转过程中会发生变化,虽然步进电动机阀门位置未变,但怠速转速可能会发生变化。此时 ECU 通过反馈控制方法使怠速转速与设定值保持一致。与此同时,ECU 还将步进电动机转过的步数存储在存储器中,在以后的怠速控制过程中出现相同情况时可直接调用。

操作指引

1.组织方式

（1）场地设施：举升机一台，工作台一件。

（2）设备设施：速腾/迈腾汽车整车一辆、怠速控制阀一个、节气门控制组件一个。

（3）工量具：常用工具和专用工具各一套、解码仪一台、万用表一块等。

（4）耗材：手套、纱布等。

2.操作要点

（1）穿戴干净整洁的工作服。

（2）遵守场地安全规定，注意用电安全。

（3）正确使用工量具。

（4）正确使用万用表、解码仪等设备。

任务实施

1.怠速控制系统的就车检测

怠速控制系统的就车检测方法有三种，可酌情选用。

1）发动机怠速运转状况的检测

在冷车状态下起动发动机后，暖机过程开始时，发动机的怠速转速应能达到规定的快怠速转速（通常为1500r/min）；在发动机达到正常工作温度后，怠速转速应能恢复正常（通常为750r/min）。如果冷车起动后怠速不能按上述规律变化，则怠速控制系统有故障。

发动机达到正常工作温度后，在开启空调开关时，发动机怠速转速应能上升到900r/min左右。若开启空调开关后发动机转速下降，则怠速控制系统有故障。

在发动机怠速运转中，若对怠速调节螺钉作微量转动，发动机怠速转速应不会发生变化（转动后应使怠速调节螺钉恢复原来的位置）。若在转动中怠速转速发生变化，说明怠速控制系统不工作。

2）ECU控制电压的检测

对于脉冲线性电磁阀式怠速控制阀，应拔下怠速控制阀线束插接器，用万用表电压挡测量其端子电压。如果在发动机运转过程中，怠速控制阀线束插接器端子有脉冲电压输出，ECU和怠速控制系统线路无故障。若无脉冲电压输出，可打开空调开关后再测试。若仍无脉冲电压输出，则怠速控制系统不工作，应检查ECU与怠速控制阀之间的线路（是否有接触不良或断路故障）；如怠速系统的线路无故障，则ECU有故障，应更换ECU。

3）怠速控制阀的工作状况检查

对于脉冲线性电磁阀式怠速控制阀，可在发动机怠速运转中拔下怠速控制阀线束插接器，观察发动机的转速是否有变化。如此时发动机转速有变化，则怠速控制阀工作正常。对于步进电动机式怠速控制阀，可在发动机熄火后的一瞬间倾听怠速控制阀是否有"嗡嗡"的工作声音（此时步进电动机应工作，直到怠速控制阀完全开启，以利发动机再起动）。如怠速控制阀发出"嗡嗡"声,则怠速控制阀良好。为了检查步进电动机式怠速控制阀的工作状况,也可以在发动机起动前拔下怠速控制阀线束插接器,待发动机起动后再插上,观察发动机转速是否有变化。如果此时发动机转速发生变化,则怠速控制阀工作正常;否则,怠速控制阀或控制电路有故障。

2.步进电动机式怠速控制阀的检测

对于步进电动机式怠速控制阀,将点火开关置于"ON"位置,然后测量ECU的端子ICS1、ICS2、ICS3、ICS4与端子E1间的电压值应为9~14V,如无电压则说明ECU有故障。

1)怠速控制阀线圈电阻的检测

将怠速控制阀拆下,用万用表欧姆挡测量怠速控制阀线圈的电阻值。脉冲线性电磁阀式怠速控制阀只有一组线圈,其电阻值应为10~15Ω。步进电动机式怠速控制阀通常有2~4组线圈,各组线圈的电阻值为10~30Ω。如线圈电阻值不在上述范围内,需要更换怠速控制阀。

2)步进电动机的动作检查

将蓄电池电源以一定顺序输送给步进电动机各线圈,就可使步进电动机转动。如图13-15所示。各种步进电动机的接线端的布置形式和线圈形式都不同。这里以皇冠3.0轿车2JZ-GE发动机怠速控制阀步进电动机为例说明其检查方法。首先,将步进电动机插接器端子B1和B2与蓄电池正极相连,然后将端子S1、S2、S3、S4依次(S1→S2→S3→S4)与蓄电池负极相接,此时步进电动机应转动,阀芯向外伸出,若将端子S1、S2、S3、S4按相反的顺序(S4→S3→S2→S1)与蓄电池负极相接,步进电动机应朝相反方向转动,阀芯向内缩入。

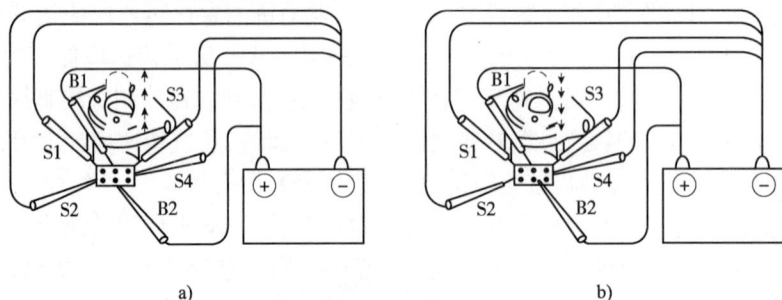

a)　　　　　　　　　　　　　b)

图13-15　测试怠速空气控制阀

3.节气门直动式怠速控制阀系统测试

1)机械检查

节气门体经长时间使用后,在进气通道和节气门之间有可能形成积炭,而造成节气门卡滞,造成怠速不稳等现象。此外节气门体在经受长期剧烈的振动后,有可能出现如怠速直流电动机轴承磨损、塑料齿轮断齿、阀门驱动机构卡滞、驱动机构盖板破裂等,出现这类故障时都无法修复,只能更换新的节气门体总成。所以在对节气门体检查时,可先采用目测有无以上故障发生的方式进行。

2)部件测试

(1)电阻测试。如直动式节气门(桑塔纳AJR发动机)怠速控制阀插头与插座上接线端子的位置如图13-16所示。

检修时,用万用表电阻挡检测相关端子的电阻。检测时要断开点火开关,拔下传感器线束插头,检测结果应当符合规定。

当用万用表电阻 OHM×200Ω 或 R×1Ω 挡检测线束电阻时,断开点火开关,拔下控制器线束插头和怠速控制阀线束插头,检测两插头上各端子之间导线电阻应当符合规定。如阻值过大或为无穷大,说明线束与端子接触不良或断路,应予修理。

拔下节气门控制组件插头,打开点火开关,测量相关线束端子之间电压至少应符合标准。

图 13-16　桑塔纳 AJR 发动机怠速控制阀端子位置

(2)节气门体供电检测。如图 13-17a)所示,拔下节气门体插头,有 8 只端子,其中端子 6 是空的(没有接线),端子 1、2、3、4、5、7、8 分别与 ECU 的端子 T80/66、T80/59、T80/69、T80/62、T80/75、T80/67、T80/75 相接。1、2 端子直接接直流电动机,5、8 端子分别接节气门位置传感器和怠速节气门位置传感器的滑动触点,它们的输出信号都不超过 5V,并且信号电压与节气门开度成反比。端子 3 输出怠速开关信号,端子 4、7 向节气门体提供 5V 电压,其中端子 7 通过发动机控制模块搭铁,具体参见表 13-2。

节气门体接头各端子功能　　　　　　　　　　　　　　　　　　　　表 13-2

端　子　号	连　接　点	功　　能
1	T80/66(ECU)	怠速提高控制
2	T80/59(ECU)	怠速降低控制
3	T80/69(ECU)	怠速开关
4	T80/62(ECU)	传感器供电(5V)
5	T80/75(ECU)	节气门位置传感器信号
6	空	
7	T80/67(ECU)	传感器搭铁
8	T80/75(ECU)	怠速节气门位置传感器信号

将点火开关置于"ON"(接通而不起动)位置,按图 13-17 所示方法用万用表进行测量:测量端子 4 与端子 7 之间的电压应为 5.0V±0.5V。若测量值与上述要求不符,将点火开关置于"OFF"挡,拔下 ECU 接头用万用表进行线路检测,节气门体电路图如图 13-2b)所示。端子 4 与 ECU 接头端子 T80/62、端子 7 与 ECU 接头端子 T80/67 之间的导线阻值应小于 1.5Ω,端子 4 与端子 7 间的电阻应为无穷大。若测得结果与上述要求不符,按电路图查找故障并排除。

3)怠速控制装置检测

(1)怠速节气门位置传感器性能检测。如图 13-18 所示。将探针插入节气门体接头端子 8 引线内,起动发动机,进入怠速运行。在冷却液温度达到 80℃以上时,按图示方法用万用表测量探针检测点与蓄电池负极之间电压应为 2.8~3.6V。

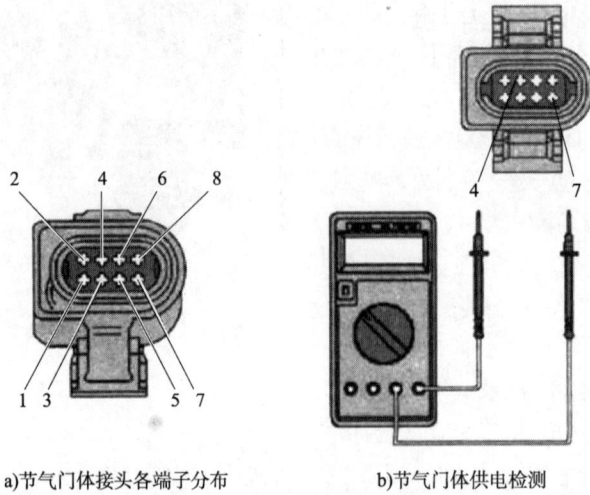

a)节气门体接头各端子分布   b)节气门体供电检测

图 13-17 节气门体接头端子的分布和供电检测

1-接 T80/66（ECU）；2-接 T80/59（ECU）；3-接 T80/69（ECU）；4-接 T80/62（ECU）；5-接 T80/75（ECU）；6-空；7-接 T80/67（ECU）；8-接 T80/75（ECU）

（2）怠速节气门位置传感器检测。把点火开关置于"OFF"挡，按照"电动机驱动器"操作说明和接线图将其安装在节气门体上，如图 13-19 所示。具体操作见表 13-3。

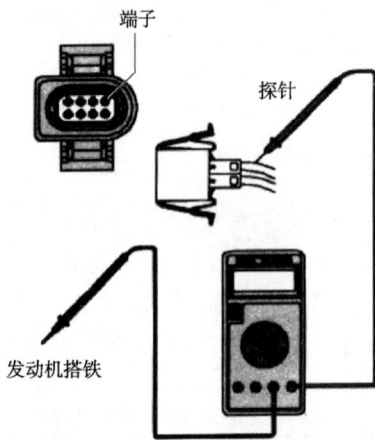

图 13-18 怠速节气门开度传感器性能检测

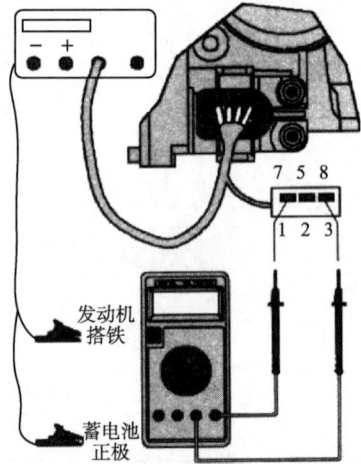

图 13-19 怠速节气门位置传感器及直流电动机检测

操 作 步 骤   表 13-3

操 作 步 骤	操 作
1	打开电动机驱动器电源开关，节气门转臂转到初始位置
2	按"－"按钮，节气门转臂从初始位置向怠速最小位置限位块方向移动，每按一次"－"按钮，转臂移动一次，直到该臂靠到怠速最小位置限位块为止
3	按"＋"按钮，节气门转臂从当前位置向怠速最大位置限位块移动。同样，每按一次"＋"按钮，转臂移动一次，直到转臂靠到怠速最大位置限位块为止
4	在上述操作中，用万用表测量节气门体接头端子 8 与端子 7 之间的电压值，电压应不超过 5V
5	关掉电源开关，节气门转臂又自动返回到初始位置

（3）直流电动机检测。把点火开关置于"OFF"位置，拔下节气门体接头，用万用表测量：节气门体接头端子 1 与端子 2 之间的阻值应为 $30 \sim 200\Omega$。若不符合要求，更换节气门体总成。

若测得结果与上述要求不符，应更换节气门体总成。图 13-20 为节气门转臂的位置。否则用万用表检测节气门体接头端子与 ECU 端子之间的电阻，见表 13-4。

节气门体接头端子与 ECU 端子之间的电阻　　　　　表 13-4

序　号	节气门体接头端子	ECU 端子	测量结果
1	8	T80/75	阻值小于 1.5Ω
2	2	T80/59	阻值小于 1.5Ω
3	1	T80/66	阻值小于 1.5Ω
4	7	T80/67	阻值小于 1.5Ω
5	1	T80/59	阻值应为无穷大
6	1	T80/75	阻值应为无穷大
7	1	T80/67	阻值应为无穷大
8	2	T80/66	阻值应为无穷大
9	7	T80/66	阻值应为无穷大

若以上节气门体的各项检查结果全都满足，但怠速控制装置仍不工作，则更换发动机控制模块。

（4）节气门位置传感器检测。打开点火开关，如图 13-21 所示。将万用表表笔插入节气门体插座第 5 端子引线内，缓慢踩下加速踏板从关闭到全开，万用表电压读数应随着节气门开度的增大而缓慢下降。反之，随节气门的逐渐关闭，万用表电压读数应逐渐上升，否则应进行供电和线路检查。

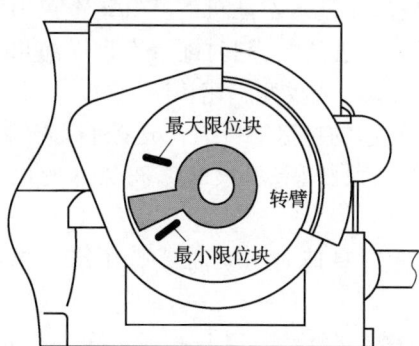

图 13-20　节气门转臂的位置

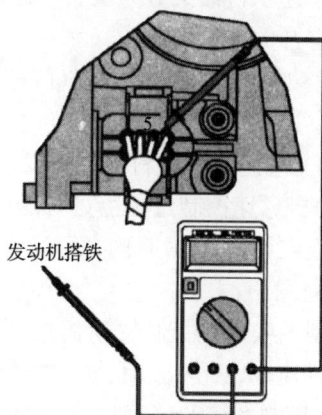

图 13-21　节气门位置传感器的检测

①供电检测。关闭点火开关，拔下节气门体插座，再打开点火开关，检查节气门体接头端子 4 和端子 7 间的电压应为 $5.0V \pm 0.5V$。

②线路检查，见表 13-5。

线路检查 表 13-5

序 号	节气门体接头端子	ECU 端子	测量结果
1	5	T80/75	阻值小于 1.5Ω
2	4	T80/62	阻值小于 1.5Ω
3	7	T80/67	阻值小于 1.5Ω
4	4	T80/75	阻值应为无穷大
5	7	T80/75	阻值应为无穷大
6	4	节气门 7	阻值应为无穷大

若供电和线路均无故障则更换节气门体总成。

(5)怠速开关检测。将点火开关置于"OFF"挡,拆下节气门体接头。用万用表检测节气门全闭时端子 3 与端子 7 之间的电阻应小于 1Ω。缓慢踩下加速踏板,端子 3 与端子 7 间阻值应为无穷大。否则更换节气门体。

4)注意事项

(1)怠速控制阀要轻拿轻放,避免怠速控制阀掉到地上摔坏。

(2)在实物台架上,测试端口与电控单元直接相连,不要将任何电压加在发动机实验台的测试端口上,以免损坏电控单元。

(3)上实验台测试电压信号时,注意操作流程和相对应的测试端口。原则上只做本次实验相关的测试。

(4)严禁未经许可,擅自扳动教具、设备的电开关、点火开关和起动开关。

任务小结

(1)怠速执行器的功能就是改变怠速时的进气量,改变的方式有:直接操纵节气门的方式(即节气门直动式)和改变旁通进气量的方式。按照执行器驱动方式的不同,旁通进气量调节方式的怠速执行器又分为旋转电磁阀型、步进电动机型、占空比控制型真空开关阀和开关控制型真空开关阀。

(2)当发动机怠速运行时,节气门处于全关位置,即进入发动机的空气量不再由节气门进行调节。怠速控制的实质就是通过怠速执行器调节进气量,同时配合点火提前角及喷油量的控制,改变怠速工况燃料消耗所发出的功率,以稳定或改变怠速转速。

(3)发动机怠速控制过程:怠速控制就是怠速转速的控制。配置怠速控制系统后,发动机的怠速转速在汽车使用期内,不会因发动机老化、汽缸积炭、火花塞间隙等变化而发生变化。

怠速控制的实质是控制发动机怠速时的进气量。怠速时的喷油量则由 ECU 根据预先试验设定的怠速空燃比和实际进气量计算确定。

(4)怠速控制系统的就车检测:发动机怠速运转状况检测;ECU 控制电压的检测;怠速控制阀的工作状况检查。

(5)步进电动机式怠速控制阀的检测:怠速控制阀线圈电阻的检测;步进电动机的动作检查;

(6)节气门直动式怠速控制阀系统测试:机械检查;部件测试。

学习任务十四 发动机进气控制系统故障诊断与修复

任务描述

车主赵先生反映他的宝来车最近出现发动机在冷车起动时发动机出现异常响声,发动机运转一段时间后响声消失。

可变进气系统包括可变气门正时、可变进气管长度等。这些技术的作用是发动机在低转速时提供转矩,在高转速时提高发动机的输出功率。若该系统出现故障,发动机会出现动力不足,导致汽车加速无力,同时油耗增大。

学习目标

(1)认识可变进气系统的组成、结构与功用;

(2)了解可变进气系统各部件的安装位置、功用;

(3)能运用检测和诊断设备进行可变进气系统的检测与诊断;

(4)能参阅维修手册进行可变进气系统各部件的更换;

(5)具备信息查询和手册使用的基本能力;

(6)能够按照企业 5S 要求和安全生产规范进行操作;

(7)能与同学密切合作,规范安全地完成学习活动;

(8)养成自主学习的习惯,培养规范操作的工作作风及环保意识。

建议学时:6 学时。

知识准备

一、可变气门正时系统

1.可变气门正时系统的作用

可变气门正时系统可根据发动机的状态控制进气凸轮轴,通过调整凸轮轴转角对配气时机进行优化,以获得最佳的配气正时,从而在所有转速范围内提高转矩,并能大大改善燃油经济性,有效提高汽车的功率与性能,减少油耗和废气排放。

2. 可变气门正时系统的结构

可变气门正时系统由传感器、发动机电控单元、凸轮轴正时控制阀和执行器等组成,如图 14-1 所示。

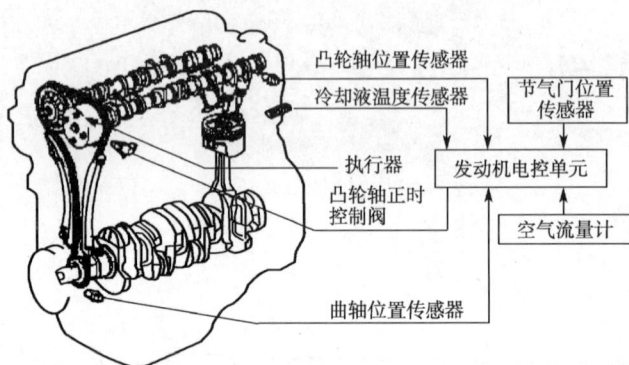

图 14-1 可变气门正时系统的组成

(1)传感器包括凸轮轴位置传感器、曲轴位置传感器、节气门位置传感器等。

(2)凸轮轴正时控制阀是一个电磁阀,如图 14-2 所示。当发动机在怠速或低速低负荷时,凸轮轴正时控制阀使进气凸轮正时处于延迟位置,以保证发动机稳定的工作状态;当发动机在中低速高负荷时,进气凸轮处于提前位置,以增加转矩输出;当发动机在高速低负荷时,进气凸轮正时处于延迟位置,以利于高速运转;当发动机温度较低时,进气凸轮正时处于延迟位置,以稳定怠速,降低油耗。

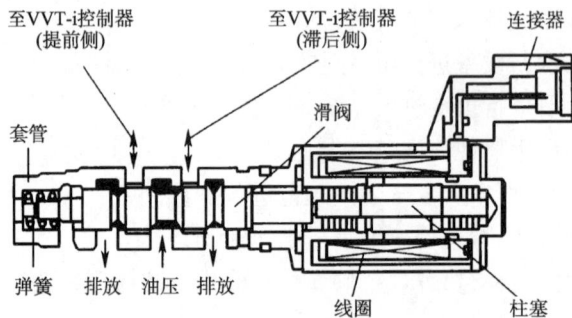

图 14-2 凸轮轴正时控制阀

(3)执行器装在进气凸轮轴前端,其结构如图 14-3 所示。叶片与进气凸轮轴固定在一起。外壳内,因油压的作用,叶片可在一定角度内前后位移,带动进气凸轮轴一起旋转,达到进气门正时的连续变化;另外,锁定销右侧有油压送入时,柱塞克服弹簧力向左移,与链轮盘分离,故叶片可在执行器内左右移动;但无油压进入时,柱塞弹出,叶片与链轮盘及外壳等连接成一体转动。

(4)电控单元接收各传感器的信号,确立气门正时目标值,并修正气门正时实际值的回馈,以占空比的方式控制凸轮轴正时控制阀,改变油压方向或油比的进出,达到使进气门正时提前、延后或固定的目的。

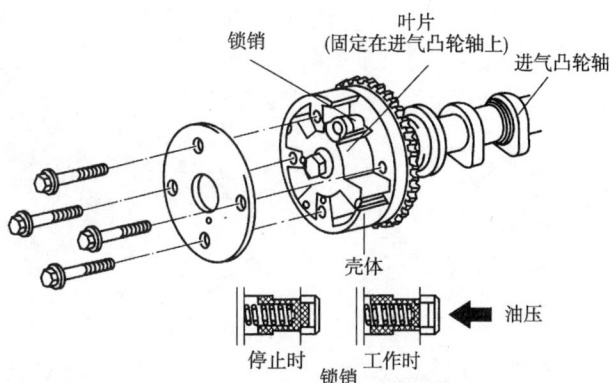

图 14-3　可变气门正时系统执行器

3. 可变气门正时系统的工作过程

1）进气门正时提前时

ECU 送出"ON"时间较长的占空比信号给凸轮轴正时电磁阀,柱塞阀移至最左侧,此时左油道与机油压力相通,右油道为回油道,故机油压力将叶片向凸轮轴旋转方向推动,使进气凸轮轴向前转一个角度,进气门提前开启,进、排气门重叠开启角度最大。

2）进气门正时固定时

ECU 送出"ON"时间一定的占空比信号给凸轮轴正时油压电磁阀,柱塞阀保持在中间,堵住左、右油道,此时不进油也不回油,叶片保持在活动范围的中间。

3）进气门正时延迟时

ECU 送出"ON"时间较短的占空比信号给凸轮轴正时电磁阀,柱塞阀移至最右侧,此时左油道回油,右油道与机油压力相通,故机油压力将叶片逆凸轮轴旋转方向推动,故进气门开启提前角最小。

二、可变进气管长度控制系统

1. 可变进气管长度控制的功用

发动机在低转速时,用细长的进气歧管,可以增加进气的气流速度和气压强度,使燃油雾化得更好,燃烧得更好,提高转矩。发动机在高转速时需要大量进气,此时进气歧管变粗变短,发动机可以有更多的进气,提高输出功率。可变进气歧管在发动机低速和高速时都能提供最佳配气。

2. 可变进气管长度系统结构与原理

可变进气管长度系统（例:宝来 A41.8L 发动机,图 14-4 ~ 图 14-6）主要包括真空控制罐（图 14-7）、进气管转换电磁阀（图 14-8）、进气管/主进气管等。

进气管转换借助真空以气动方式进行。气动操纵由发动机控制单元通过进气管转换电磁阀进行控制。

进气管在主进气管处接受真空。在真空箱内形成真空,一个止回阀用于防止真空泄漏。发动机关闭时以及怠速运转时控制鼓位于功率调节位置,即进气行程较短。控制鼓由真空控制罐内的压力弹簧支撑在这个位置。进气管转换电磁阀阻断至真空控制罐的真空。对进气管转换电磁阀进行控制时,至真空控制罐的真空导通,系统克服压力弹簧的张力,膜片与拉杆一起被拉下,控制鼓转动90°进气管转换到转矩调节位置。

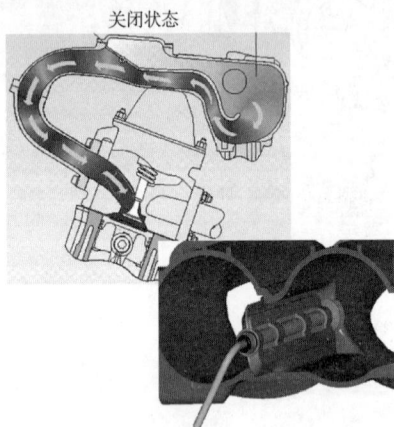

图 14-4 可变进气管长进气道开启

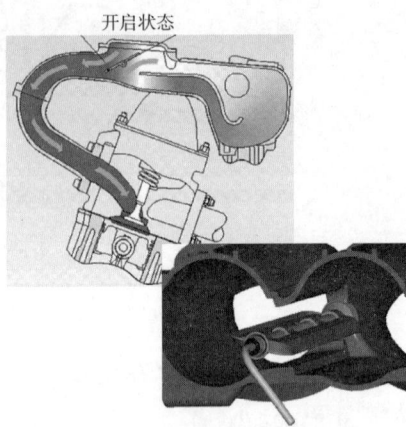

图 14-5 可变进气管短进气道开启

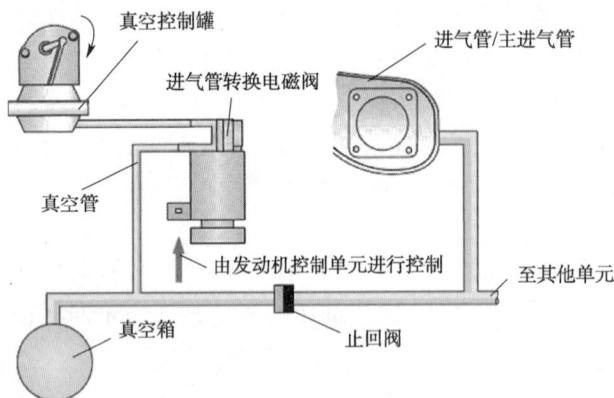

图 14-6 气动控制管路

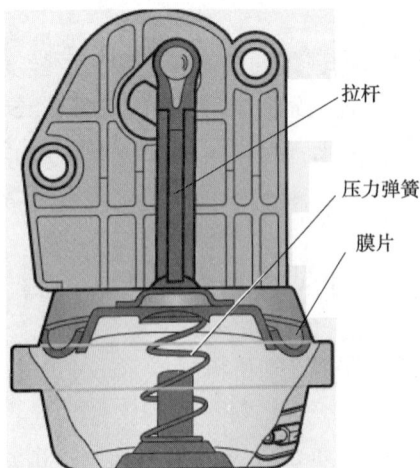

图 14-7 真空控制罐

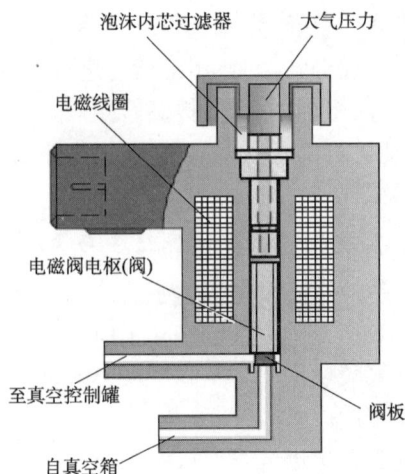

图 14-8 进气管转换电磁阀

操作指引

1. 组织方式

（1）场地设施：举升机一台，装有废气抽排系统和消防设施的场地。

（2）设备设施：发动机台架或整车。

（3）工量具：常用工具一套、车辆故障诊断仪、示波器、万用表等。

（4）耗材：熔断丝、线束等。

2. 操作要点

（1）穿戴干净整洁的工作服。

（2）遵守场地安全规定，注意用电安全。

（3）正确使用万用表、诊断仪等工量具。

（4）在检测可变进气系统时，严禁用力拉扯线束。

任务实施

1. 可变气门正时系统检测

1）功能检测

在发动机暖机后，使用汽车诊断仪的动态测试功能操作凸轮轴正时控制阀，当凸轮轴正时控制阀为"OFF"时，发动机转速应正常；当凸轮轴正时控制阀为"ON"时，发动机怠速应不稳定甚至熄火。

2）凸轮轴正时控制阀检测

（1）检测电阻值。拔下电磁阀线束插头，用万用表测量阀两端子之间的电阻，应符合规定值，如新宝来轿车为 7.8Ω。

（2）电路检测。断开电磁阀阀线束插接器，点火开关 ON，用万用表测量其电源端子与搭铁间电压应为电源电压。测量电磁阀搭铁端子与发动机 ECU 端子之间的阻值应小于 1Ω。

2. 可变进气管长度控制系统检测

1）功能检测

发动机关闭时以及怠速时控制鼓位于短进气行程位置，增大发动机转速到一定值则转换到长进气行程位置。

用手拉动拉杆，检查转换机构是否运转自如。

检查真空管连接是否完好。

检查真空系统及进气歧管真空罐的密封性。

2）检测进气管转换电磁阀

（1）功能检查。从电磁阀上拆下真空输入端软管，用手动真空泵给阀施加一定的真空度应能保持住真空，电磁阀通电应无真空度。

（2）检测电阻值。拔下电磁阀线束插头，用万用表测量阀两端子之间的电阻，应符合规定值，如宝来 1.8L 轿车电阻为 $25\sim35\Omega$。

（3）电路检测。断开电磁阀线束插接器（宝来 1.8L 轿车电磁阀线路，如图 14-9 所示），起动发动机，用万用表测量其电源端子与搭铁间电压应为 12V 电源电压。测量电磁阀搭铁端子与发动机 ECU 端子之间的阻值应小于 1Ω。

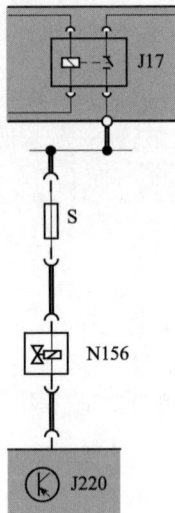

图 14-9　进气管转换电磁阀电路

N156-进气管转换电磁阀；J17-燃油泵继电器；J220-发动机控制单元

任务小结

（1）掌握可变进气系统各部件的安装位置、功用及所有检测项目。

（2）能够对可变进气系统相关故障进行分析和诊断。

（3）能按照维修手册进行可变进气系统各部件的更换。

学习任务十五 发动机排放控制系统故障诊断与修复

子任务 1　燃油蒸气排放控制系统故障诊断与修复

任务描述

车主赵先生反映他的宝来车最近出现发动机在冷车起动时发动机出现异常响声,发动机运转一段时间后响声消失。

燃油蒸气排放控制系统由燃油箱、活性炭罐、炭罐控制电磁阀和发动机控制单元等组成。该系统的作用是发动机控制单元适时地控制炭罐电磁阀开闭,从而控制油箱中的燃油蒸气适时地进入进气系统并最终参与燃烧。若该系统出现故障,发动机可能会出现空燃比失调,甚至可能出现动力不足、怠速不稳等。

学习目标

(1)认识燃油蒸气排放控制系统的组成、结构与功用;
(2)了解燃油蒸气排放控制系统各部件的安装位置、功用;
(3)能运用检测和诊断设备进行燃油蒸气排放控制系统的检测与诊断;
(4)能参阅维修手册进行燃油蒸气排放控制系统各部件的更换;
(5)具备信息查询和手册使用的基本能力;
(6)能够按照企业 5S 要求和安全生产规范进行操作;
(7)能与同学密切合作,规范安全地完成学习活动;
(8)养成自主学习的习惯,培养规范操作的工作作风及环保意识。
建议学时:3 学时。

知识准备

一、燃油蒸气排放(EVAP)控制系统的功能

EVAP 控制系统是为防止燃油箱内的燃油蒸气排入大气产生污染而设的,其功能是收集

燃油箱内蒸发的燃油蒸气,并将燃油蒸气导入汽缸参加燃烧,从而防止燃油蒸气直接排入大气而造成污染。同时,还必须根据发动机工况,控制导入汽缸参加燃烧的燃油蒸气量。

二、燃油蒸气排放控制系统的组成与工作原理

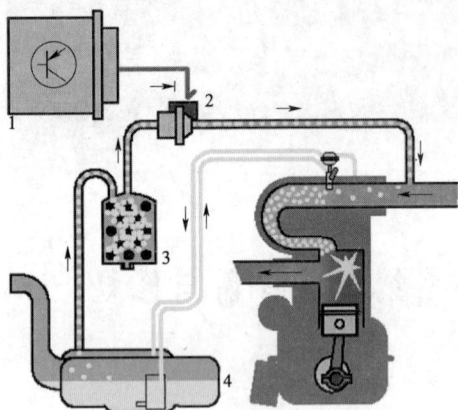

图15-1　燃油蒸气排放控制系统

1-发动机控制单元;2-炭罐电磁阀;3-活性炭罐;4-燃油箱

燃油蒸气排放控制系统如图15-1所示。它主要由燃油箱、活性炭罐、炭罐控制电磁阀和发动机控制单元等组成。

活性炭罐是燃油蒸气排放控制系统中收集和储存燃油蒸气的部件,活性炭罐的下部与大气相通,上部有接头与油箱和进气歧管相连,其内部充满活性炭颗粒,它具有极强的吸附燃油分子的作用。炭罐电磁阀控制活性炭罐到发动机进气管之间的气路,电磁阀(图15-2、图15-3)主要部件是电磁线圈,电磁线圈通电产生磁力吸引衔铁,衔铁带动针阀使电磁阀开启,该电磁阀受电控单元控制。

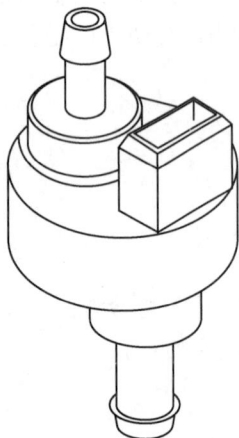

图15-2　炭罐电磁阀

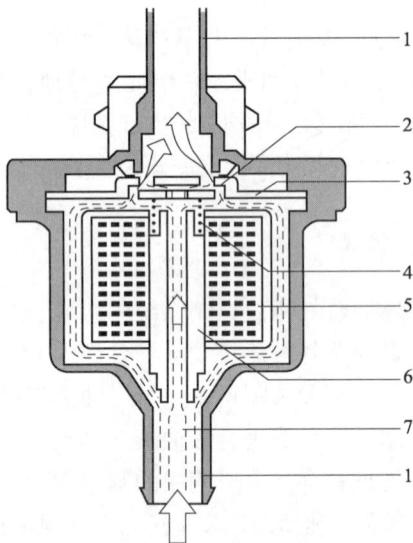

图15-3　炭罐电磁阀结构图

1-管接头;2-密封元件;3-衔铁;4-弹簧片;5-电磁线圈;6-密封座;7-蒸气管道

　　燃油箱内的燃油蒸气经连接油箱的管路进入活性炭罐后,蒸气中的燃油分子被吸附在活性炭颗粒表面。活性炭罐有一个出口,经软管与发动机进气歧管相通。软管的中部设一个活性炭罐电磁阀(常闭),以控制管路的通断。当发动机运转时,如果发动机控制单元控制活性炭罐电磁阀开启,则在进气歧管真空吸力的作用下,空气从活性炭罐底部进入,经过活性炭至上方出口,再经软管进入发动机进气管,吸附在活性炭表面的燃油分子又重新脱附,

随新鲜空气一起被吸入发动机汽缸燃烧。这一过程一方面使燃油得到充分利用,另一方面也使活性炭罐内的活性炭保持良好的吸附燃油分子的能力,而不会因用久而失效。当活性炭罐电磁阀关闭时,燃油蒸气储存在活性炭罐中。

三、燃油蒸气排放控制系统的控制方式

为了防止破坏发动机正常工作时的混合气成分,影响发动机正常工作,必须对燃油蒸气进入发动机进气歧管的时机和进入量进行控制,通常是通过发动机控制单元控制炭罐控制电磁阀的占空比来控制其开启和关闭。

发动机控制单元使炭罐控制电磁阀工作通常考虑以下条件:

(1)发动机起动已超过规定的时间。

(2)冷却液温度已高于规定值。

(3)发动机处于非怠速状态。

(4)发动机转速高于规定值。

当满足以上条件时,发动机控制单元(ECU)使电磁阀线圈通电,并控制电磁阀开启程度,储存在活性炭罐内的燃油蒸气经软管被吸入发动机燃烧。此时由于发动机的进气量较大,少量的燃油蒸气进入发动机不会影响混合气的浓度。如果不完全满足上述条件,ECU不会激活炭罐电磁阀,燃油蒸气被储存在炭罐中。

操作指引

1. 组织方式

(1)场地设施:举升机一台,装有废气抽排系统和消防设施的场地。

(2)设备设施:发动机台架或整车。

(3)工量具:常用工具一套、车辆故障诊断仪、示波器、万用表等。

(4)耗材:熔断丝、线束等。

2. 操作要点

(1)穿戴干净整洁的工作服。

(2)遵守场地安全规定,注意用电安全。

(3)正确使用万用表、诊断仪等工量具。

(4)在检测炭罐电磁阀线路时,严禁用力拉扯线束。

任务实施

1. 系统基本检查与维护

检查各连接管路有无破损或漏气,必要时应更换连接软管;检查活性炭罐壳体有无裂纹、底部进气滤芯是否脏污,必要时应更换活性炭罐。

2. 检测炭罐电磁阀

(1)炭罐电磁阀功能检查。从炭罐电磁阀上拆下出气端软管,用手动真空泵给阀施加一

定的真空度应能保持住真空,电磁阀通电应无真空度。

(2)检测炭罐电磁阀的电阻值。拔下二次空气控制阀线束插头,用万用表测量二次空气控制阀两端子之间的电阻,应符合规定值。

(3)炭罐电磁阀电路检测。断开二次空气控制阀线束插接器,接通点火开关,但不起动发动机,用万用表测量其电源端子与搭铁间电压应为12V电源电压。测量喷油器搭铁端子与发动机ECU端子之间的阻值应小于1Ω。

任务小结

(1)掌握燃油蒸气排放控制系统各部件的安装位置、功用及所有检测项目。
(2)能够对燃油蒸气排放控制系统相关故障进行分析和诊断。
(3)能按照维修手册进行燃油蒸气排放控制系统各部件的更换。

子任务2 二次空气喷射系统故障诊断与修复

任务描述

车主赵先生反映他的宝来车最近出现发动机在冷车起动时发动机出现异常响声,发动机运转一段时间后响声消失。

二次空气喷射系统是降低尾气排放的机外净化装置之一,它通过向废气中吹进额外的空气(二次空气),增加其中氧气的含量。这样使废气中未燃烧的有害物质(一氧化碳以及碳氢化合物)在高温环境下再次燃烧。若该系统出现故障,发动机会出现尾气超标,空燃比失调等故障。

学习目标

(1)认识发动机燃油系统的组成、结构与功用;
(2)了解发动机燃油系统各部件的安装位置、功用;
(3)能运用检测和诊断设备进行发动机燃油系统的检测与诊断;
(4)能参阅维修手册进行发动机燃油系统各部件的更换;
(5)具备信息查询和手册使用的基本能力;
(6)能够按照企业5S要求和安全生产规范进行操作;
(7)能与同学密切合作,规范安全地完成学习活动;
(8)养成自主学习的习惯,培养规范操作的工作作风及环保意识。
建议学时:4学时。

知识准备

二次空气喷射系统是降低尾气排放的机外净化装置之一,如图15-4所示,该系统主要包括发动机控制单元、二次空气控制阀、二次空气机械阀、二次空气泵等,该系统通过向废气中吹进额外的空气(二次空气),增加其中氧气的含量。这样使废气中未燃烧的有害物质(一氧化碳以及碳氢化合物)在高温环境下再次燃烧。

　　二次空气控制阀受发动机控制单元控制,发动机控制单元根据工况需要适时的打开与关闭二次空气控制阀。二次空气机械阀接受二次空气控制阀控制,二次空气控制阀工作后,来自进气道的真空吸力打开二次空气机械阀,二次空气机械阀打开后新鲜空气经过该阀进入排气管。

　　发动机冷起动阶段未燃烧的碳氢化合物及一氧化碳等有害物质排放相对较高,并且此

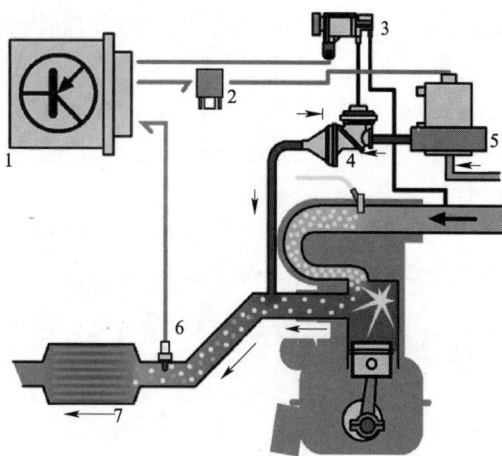

图 15-4　二次空气喷射系统
1-发动机控制单元;2-二次空气继电器;3-二次空气控制阀;4-二次空气机械阀;5-二次空气泵;6-氧传感器;7-三元催化转换器

时,三元催化转换器尚未达到工作温度(300℃以上)。所以在轿车排放标准达到 EU3 或 EU4 要求时,一些车必须装备此机外净化装置——二次空气喷射系统(图 15-5),以降低发动机冷起动阶段有害物质的排放。另一方面,再次燃烧的热量使三元催化转换器很快就达到所需的工作温度。

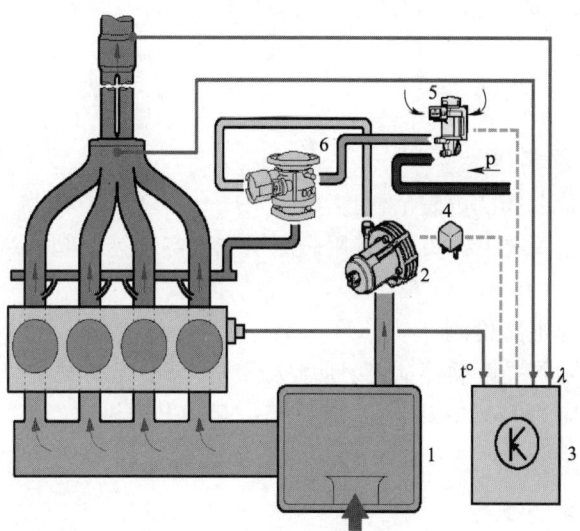

图 15-5　二次空气喷射系统结构
1-空气滤清器;2-二次空气泵;3-发动机控制单元;4-二次空气继电器;5-二次空气控制阀;6-二次空气机械阀

　　发动机起动后,发动机 ECU 激活二次空气喷射系统开始工作,发动机 ECU 控制二次空气控制阀,并通过进气真空吸力打开二次空气机械阀,空气经过滤清器过滤后通过二次空气泵增大压力直接被吹到二次空气机械阀后,最终进入排气管。二次空气泵的电源通过继电

器得到。二次空气泵作用是在很短时间内将空气压进二次空气机械阀后面的废气中。二次空气喷射系统未工作时,热的废气将停止在组合阀门处,阻止进入二次空气泵。在控制过程中,自诊断系统同时进行着检测。由于废气中所含氧气量的增加导致氧传感器电压降低,所以氧传感器必须处于工作状态。二次空气喷射系统正常工作时,氧传感器将检测到极稀的混合气。

二次空气喷射系统只是部分时间内起作用,具体在以下两种工况下工作:冷起动后冷却液温度 +5 ~ 33℃,工作时间100s;热起动后怠速冷却液温度直到最高96℃,工作时间10s。

操作指引

1.组织方式

(1)场地设施:举升机一台,装有废气抽排系统和消防设施的场地。

(2)设备设施:装备非直喷发动机的整车。

(3)工量具:常用工具一套、车辆故障诊断仪、示波器、万用表等。

(4)耗材:熔断丝、线束等。

2.操作要点

(1)穿戴干净整洁的工作服。

(2)遵守场地安全规定,注意用电安全。

(3)正确使用万用表、诊断仪等工量具。

(4)在检测喷油器、油泵等线路时,严禁用力拉扯线束。

任务实施

1.检测二次空气控制阀

1)检测二次空气控制阀的电阻值

拔下二次空气控制阀线束插头,用万用表测量二次空气控制阀两端子之间的电阻,应符合规定值,通常应在 13 ~ 16Ω。

2)二次空气控制阀电路检测

断开二次空气控制阀线束插接器,接通点火开关,但不起动发动机,用万用表测量其电源端子与搭铁间电压应为 12V 电源电压(有些车需起动发动机)。

2.检测二次空气泵

1)检测二次空气泵的线路

断开二次空气泵插头,在二次空气继电器工作时在二次空气泵电源端子可以检测到 12V 电压。测量二次空气泵搭铁端子与车身之间的阻值应小于 1Ω。

2)检测二次空气泵电阻

断开二次空气泵插头,检测二次空气泵电阻应符合规定值。

3)执行功能测试

拆下二次空气泵上的压力软管。利用故障诊断仪启用执行元件自诊断功能启动二次空气继电器,二次空气泵应间歇工作,出风口出风。

3. 检测二次空气控制阀

断开二次空气泵插头,点火开关 ON,检测二次空气控制阀电源端子应为电源电压,测量二次空气控制阀搭铁端子与发动机 ECU 端子之间的阻值应小于1Ω。

断开二次空气控制阀插头,检测二次空气控制阀电阻应符合规定值。

任务小结

(1)掌握二次空气喷射系统各部件的安装位置、功用及所有检测项目。

(2)能够对二次空气喷射系统相关故障进行分析和诊断。

(3)能按照维修手册进行二次空气喷射系统各部件的更换。

子任务3　废气再循环系统故障诊断与修复

任务描述

车主刘先生反映他的捷达车最近出现发动机起动后怠速不稳,发动机动力明显不足。

废气再循环系统主要由 EGR 电磁阀、EGR 阀等组成。该系统的作用是把一部分排气引入进气系统中使其和新鲜混合气一起进入汽缸中参与燃烧,其主要目的是减少氮氧化合物的排放。若该系统出现故障,发动机可能会出现动力不足、怠速不稳,甚至无法起动。

学习目标

(1)认识废气再循环系统的组成、结构与功用;

(2)了解废气再循环系统各部件的安装位置、功用;

(3)能运用检测和诊断设备进行废气再循环系统的检测与诊断;

(4)能参阅维修手册进行废气再循环系统各部件的更换;

(5)具备信息查询和手册使用的基本能力;

(6)能够按照企业 5S 要求和安全生产规范进行操作;

(7)能与同学密切合作,规范安全地完成学习活动;

(8)养成自主学习的习惯,培养规范操作的工作作风及环保意识。

建议学时:3 学时。

知识准备

一、废气再循环的作用及 NO_x 生成机理

废气再循环(Exhaust Gas Recirculation,EGR)系统的作用是把一部分排气引入进气系统

中使其和新鲜混合气一起进入汽缸中参与燃烧,其主要目的是减少氮氧化合物(NO_x)的排放。

氮氧化合物(NO_x)是混合气在高温和富氧条件下燃烧时,含在混合气中的 N_2 和 O_2 发生化学反应产生的。燃烧温度越高,N_2 和 O_2 越容易反应,排出的 NO_x 越多,所以减少 NO_x 的较好方法是降低燃烧室的温度。

EGR 系统工作时,一部分废气进入进气系统,与新鲜的燃油混合气混合,使混合气变稀,从而降低了燃烧速度,燃烧温度和压力随之下降,从而有效地减少 NO_x 的生成。

随着 EGR 率的增加,将使燃烧速度减慢、燃烧稳定性变差,HC 和 CO 排放上升,发动机功率下降、油耗增大,因此 EGR 率(EGR 的控制量用 EGR 率表示,其定义为再循环废气的量占整个进气量的百分比)必须适当控制,总的控制要求是:

(1)NO_x 排放量随负荷增加而增加,EGR 率也应随之增加。

(2)发动机冷却液温度低于 50℃ 时,不应进行废气再循环。

(3)汽油发动机在怠速时,NO_x 排放量不高,不进行废气再循环,中小负荷时将一定量的废气引入燃烧室参与燃烧,全负荷和急加速时,不应进行废气再循环。

(4)柴油发动机——发动机在怠速、中小负荷时将一定量的废气引入燃烧室参与燃烧,但在全负荷时不起作用。

二、EGR 控制系统

1.普通 EGR 控制系统

该系统主要由发动机控制单元、废气再循环电磁阀(EGR 电磁阀)、废气再循环阀(EGR 阀)等组成,图 15-6 所示采用的是废气再循环电磁阀、废气再循环阀分开设计,有的 EGR 系统将废气再循环电磁阀与废气再循环阀合二为一;直接由发动机控制单元控制。

当发动机工作时,发动机控制单元根据曲轴位置传感器(CKP)、节气门位置传感器(TPS)、发动机冷却液温度传感器(ECT)等信号,给废气再循环控制电磁阀提供不同占空比的脉冲电压,使其打开、关闭的平均时间不同,从而得到控制 EGR 阀不同开度所需的各种真空度,获得适合发动机工况的不同的 EGR 率。脉冲电压信号的占空比越大,电磁阀打开时间越长,EGR 率越大;反之,脉冲电压信号的占空比越小,EGR 率越小,当小至某一值时,EGR 控制阀关闭,废气再循环系统停止工作。

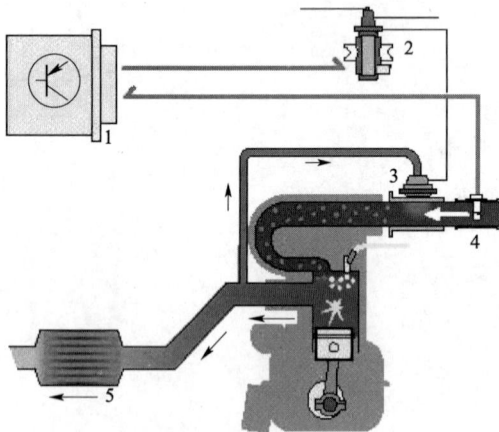

图 15-6 普通 EGR 控制系统
1-发动机控制单元;2-废气再循环电磁阀;3-废气再循环阀;4-空气流量计;5-尾气净化装置

2.带 EGR 位置传感器的废气再循环系统

带 EGR 位置传感器的废气再循环系统如图 15-7 所示,除了有与普通 EGR 控制系统相同功能的废气再循环电磁阀、废气再循环阀以外,在废气再循环阀上还装有一个可以检测

EGR 阀升程的 EGR 位置传感器,该传感器是一个电位计,它向发动机控制单元传送废气再循环阀开度信号,作为控制废气再循环的参考信号,实现 EGR 系统的闭环控制。发动机 ECM/PCM 中存储有多种工况下 EGR 阀的最佳提升高度信号。如果实际提升高度值与发动机 ECM/PCM 存储的最佳值不同,ECM/PCM 便改变 EGR 控制电磁阀上的电压,从而使 EGR 控制电磁阀通过 EGR 真空控制阀提高或降低 EGR 阀上的真空压力,控制进入燃烧室的废气量。

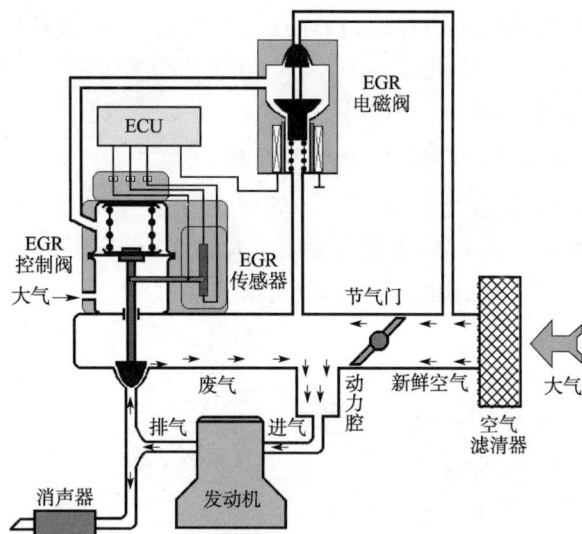

图 15-7　带 EGR 位置传感器的 EGR 控制系统

操作指引

1. 组织方式

(1)场地设施:举升机一台,装有废气抽排系统和消防设施的场地。

(2)设备设施:整车或发动机台架。

(3)工量具:常用工具一套、车辆故障诊断仪、示波器、万用表等。

(4)耗材:熔断丝、线束等。

2. 操作要点

(1)穿戴干净整洁的工作服。

(2)遵守场地安全规定,注意用电安全。

(3)正确使用万用表、诊断仪等工量具。

(4)在检测 EGR 电磁阀、EGR 阀等线路时,严禁用力拉扯线束。

任务实施

1. 检测废气再循环电磁阀

1)废气再循环电磁阀功能检测

真空测试仪与电磁阀一侧相连,检测电磁阀真空度,开始无真空,电磁阀开始工作后将有真空产生。

2)检测废气再循环电磁阀的电阻值

拔下废气再循环电磁阀线束插头,用万用表测量废气再循环电磁阀两端子之间的电阻,应符合规定值,通常应在 14～20Ω。

3)废气再循环电磁阀电路检测

断开废气再循环电磁阀线束插接器,接通点火开关,但不起动发动机,用万用表测量其电源端子与搭铁间电压应为 12V 电源电压(有些车需起动发动机)。测量喷油器搭铁端子与发动机 ECU 端子之间的阻值应小于 1Ω。

2. 检测废气再循环阀(EGR 阀)及位置传感器

用手动真空泵给 EGR 阀膜片上方施加约 15kPa 的真空度时,如图 15-8 所示,EGR 阀应能开启;不施加真空度时,EGR 阀应能完全关闭。若施加约 51kPa 的真空时,应出现怠速不稳或熄火。若不符合上述要求,说明 EGR 阀工作不良。

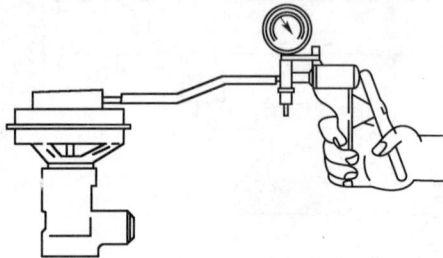

图 15-8　检查 EGR 阀

EGR 位置传感器的电源电压应为 5V,当 EGR 阀位置改变时,传感器信号应在 0～5V 之间相应改变。

任务小结

(1)掌握废气再循环系统各部件的安装位置、功用及所有检测项目。

(2)能够对废气再循环系统相关故障进行分析和诊断。

(3)能按照维修手册进行废气再循环系统各部件的更换。

学习任务十六 发动机废气涡轮增压系统故障诊断与修复

任务描述

　　车主李先生反映,他的迈腾 1.8T 车最近车速最高仅能达到 80km/h,加不起油。经维修人员读取故障码,存有故障码"增压压力限制电磁阀断路/对地短路"。故障可能原因:①线束或线束插接器故障;②增压压力限制电磁阀 N75 故障。无增压可能原因:①进气系统堵塞;②排气系统堵塞;③涡轮增压器失效。将涡轮增压器压力单元的压力软管断开,故障依旧。将空气滤清器、进气歧管、中冷器的连接件拆开检查,未见发现异物堵塞进气道。拆除氧传感器,增加排气量,故障依旧,三元催化器未堵塞。

　　涡轮增压是一种车用内燃机或航空用发动机用来增加进气量的技术。可增加进入发动机的进气量,从而提高其效率。

　　现在需要你对涡轮增压器进行进一步检测。

学习目标

　　(1)能运用检测和诊断设备获取发动机信息,判断涡轮增压系统故障;

　　(2)能确定涡轮增压系统故障的诊断程序;

　　(3)能诊断发动机涡轮增压系统故障,并分析故障原因;

　　(4)能参阅维修手册进行发动机涡轮增压系统部件的维修与更换;

　　(5)具备信息查询和手册使用的基本能力;

　　(6)能够按照企业 5S 要求和安全生产规范进行操作;

　　(7)能与同学密切合作,规范安全地完成学习活动;

　　(8)养成自主学习的习惯,培养规范操作的工作作风及环保意识。

　　建议学时:8 学时。

知识准备

一、废气涡轮增压系统的功用

所谓增压是将进入汽缸前的新鲜空气预先进行压缩,然后再以高密度送入汽缸。增压器的结构形式有多种,但目前在轿车上应用最普遍、最有效的是废气涡轮增压系统,它是根据发动机的负荷来控制排气的流动路线,并通过涡轮增压器提高进气压力,增加进气量,从而大大改善发动机的动力性。国内常见的奥迪 A61.8T、帕萨特 B51.8T、宝来以及日本的三菱、马自达、日产等轿车的汽油发动机都曾先后采用废气涡轮增压系统。

图 16-1 所示为奥迪轿车采用废气涡轮增压的原理图。废气涡轮增压是利用发动机排出的具有一定能量(高压、高温)的废气,驱动涡轮增压器中的动力涡轮,再带动与动力涡轮同轴的增压涡轮(工作叶轮)一起转动。增压涡轮一般位于空气流量传感器(MAF)与进气门之间的进气管道中。增压涡轮转动时,对从空气滤清器进入的新鲜空气进行压缩,然后再送入汽缸。

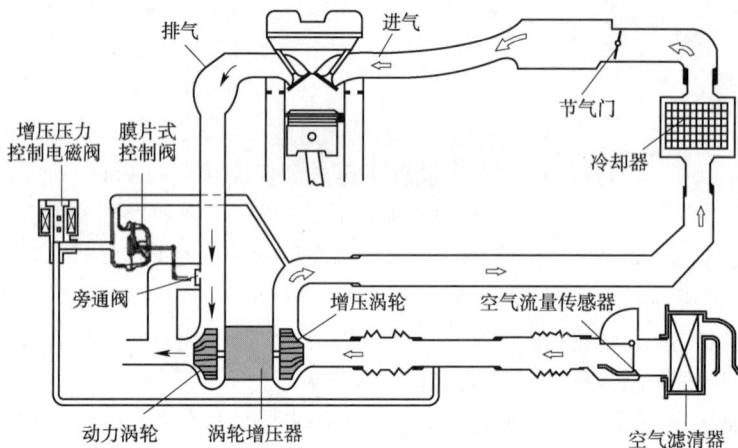

图 16-1　废气涡轮增压原理图

二、废气涡轮增压系统的优点

(1)相对气动增压方式其运行性能更加稳定。气动增压很容易因为汽车或者发动机运行方式的骤然改变而影响其工作效率,电动机增压不存在以上问题。

(2)相对气动增压/机械增压方式其原理及构造更加简单,改装方便。电动机增压因为其简单的安装方式,更加便捷的被采用(接车载电源,安装完毕即可使用)。

(3)经济性价比高。电动机增压的安装相对气动增压/机械增压价格低,不需要太过复杂的安装工艺,厂家/买家从安装这一方面可以节省很大的成本。

三、涡轮增压系统压力的控制

采用涡轮增压技术后,由于平均有效压力增加,发动机爆震倾向增大。热负荷偏高。为了保证发动机在不同转速及工况下都得到最佳增压值,并防止发动机爆震和限制热负荷,对涡轮增加系统增压压力必须进行控制。

目前多是采用旁通的方法,即调节进入动力涡轮室的废气量从而对增压压力进行控制。当需要增加进气压力时,排气歧管排出的废气进入涡轮增压器,经动力涡轮排出;随着节气门开度的增加和发动机转速的升高,动力涡轮的转速加快,与其同轴的增压涡轮的转速也加快,致使进气增压压力增大。如果此时旁通阀打开,通过动力涡轮的废气量和气压就会减小,动力涡轮和增压涡轮转速降低,进气增压压力就会减小。由此可见,通过控制旁通阀,就可改变通过动力涡轮的废气量,从而实现对增压压力的控制。通常,旁通阀由膜片式控制阀控制,而膜片式控制阀则由发动机 ECU 通过增压压力控制电磁阀进行控制。

图 16-2 所示为带有废气涡轮增压的发动机电子控制系统。在发动机 ECU 的存储器中,存储着发动机增压压力特性图的有关数据,理论增压压力值随发动机转速变化。在发动机工作时,发动机 ECU 根据增压压力等传感器输入的信息,确定当时的实际进气增压压力,然后将实际进气压力与理论压力值进行比较。若实际增压压力值与理论压力值不相符合,发动机 ECU 就输出控制信号,通过对增压压力电磁阀进行控制,改变膜片式控制阀上的压力,使旁通阀动作,改变实际增压压力。即当实际进气压力低于理论值时,旁通阀关闭;当进气压力高于理论值时,旁通阀打开。

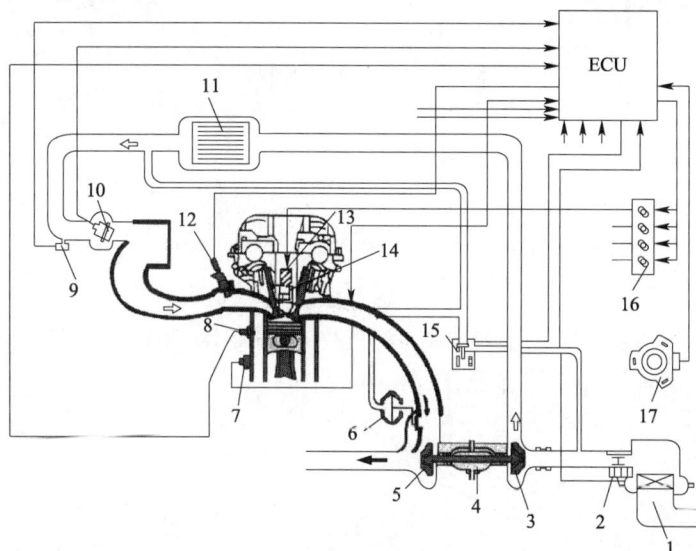

图 16-2　带有涡轮增压的发动机电子控制系统

1-空气滤清器;2-空气流量传感器;3-增压涡轮;4-涡轮增压器;5-动力涡轮;6-膜片式控制阀;7-爆震传感器;8-冷却液温度传感器;9-增压压力传感器;10-节气门位置传感器;11-冷却器;12-喷油器;13-点火线圈;14-火花塞;15-增压压力控制电磁阀;16-点火控制模块;17-曲轴位置传感器

在实际中,一般都是采用调节点火正时和调节增压压力相结合的办法来获得更好的控制效果。因为单一地通过降低增压压力的办法,会引起发动机运行性能降低;而采用涡轮增压后,发动机排气温度较高,所以也不宜只通过调节点火正时的办法来控制爆震,否则由于温度增高,对高温排气驱动的涡轮有不利影响。因此,两种方法并用是最好的方法。实际应用中,通常是当发动机 ECU 根据传感器输入的信号鉴别出发动机爆震时,即刻使点火提前角推迟,同时平行地降低增压压力。在这两方面调节生效(爆震消失)时,仍将增压压力慢慢降低,通过点火正时调节装置再将点火提前角调节至最佳值,以便可能保持发动机获得最大转矩。当点火提前角达到最佳值时,再慢慢地增加充气增压压力。

四、废气涡轮增压系统的组成

废气涡轮增压系统的主要部件有涡轮增压器、增压压力电磁阀、膜片式控制阀和冷却器。

1. 涡轮增压器

涡轮增压器内有动力涡轮和增压涡轮,它们安装在同一根轴上,当废气从排气歧管流至动力涡轮机叶轮处,其压力就使动力涡轮叶轮转动,同时增压涡轮也转动,迫使空气进入汽缸。图 16-3 所示为奥迪 A6 1.8T 的涡轮增压器。

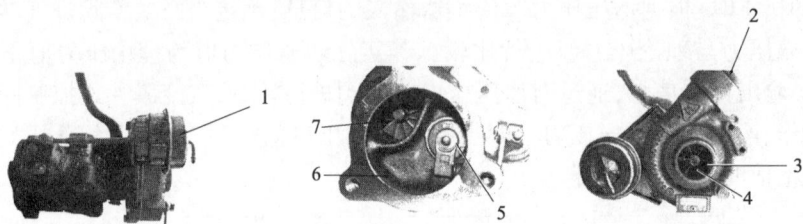

图 16-3　奥迪 1.8T 涡轮增压器

1-膜片式控制阀;2-增压后的空气流出;3-增压涡轮;4-增压前的空气流入;5-旁通阀;6-排气入口;7-动力涡轮

2. 增压压力电磁阀和膜片式控制阀

发动机 ECU 通过控制增压压力电磁阀,进一步控制膜片式控制阀使旁通阀门动作,从而改变实际涡轮增压压力。阀门打开,增压压力下降;阀门关闭,增压压力上升。

3. 冷却器

在废气涡轮增压系统中,一般都带有冷却器(也称为中冷器),它可降低进气温度,对消除发动机爆震、提高进气效率等都十分有利的。

操作指引

1. 组织方式

(1)场地设施:举升机一台,装有废气抽排系统和消防设施的场地。

(2)设备设施:1.8T 迈腾轿车。

(3)工量具:常用工具一套、IT-Ⅱ诊断仪、万用表等。

(4)耗材:熔断丝、线束等。

2. 操作要点

(1)穿戴干净整洁的工作服。

(2)遵守场地安全规定,注意用电安全。

(3)正确使用万用表、诊断仪等工量具。

任务实施

1. 在车上进行故障检查

1)检查发动机点火系统、燃油供给系统

首先检查发动机基本工作条件、压缩和泄漏,及点火系统和燃油供给系统。如果供油量和压力都正常,则再检查点火系统的穿透电压是否足以点燃由涡轮增压产生的高度压缩的混合气,点火时刻是否正确。

2)目测软管、垫片和管道

目测全部软管、垫片和管道,看装配是否正确,有无损伤、磨蚀。如破损或变质,将使涡轮装置不能正常工作,导致增压过高或过低。

3)检查进气负压或空气滤清器

检查进气负压或空气滤清器的真空泄漏情况。检查时可向进气系统注入丙烷,观察发动机转速和真空度,同时检测 HC 水平。丙烷通过漏气处,真空度和发动机转速会增加,HC 水平会下降。

4)检查涡轮增压器

(1)如果以上各项检查合格,下一步检查涡轮增压器。如果必须从车上拆下涡轮增压器,则在检修时务必保持清洁,任何脏物或污染都会导致严重后果。在拆卸涡轮机前,应将壳体和零件的相对位置加上标志,以保证重新装配时正确无误。拆开涡轮装好,仔细观察增压涡轮和动力涡轮,检查是否存在弯曲、破裂或过度磨损现象。

(2)检查涡轮壳体内部是否存在由于轴的摆动范围过量、进入脏污或润滑不当而造成的磨损或冲击损伤。用手旋转涡轮,手感阻力应是均匀的,不应过大,转动应无黏滞感,即应无擦伤或任何接触。

(3)由于对轴承间隙有严格要求,应按生产厂规定的程序检查轴向间隙和径向间隙,以丰田汽车的涡轮增压器为例。可将百分表插入涡轮机壳的孔中,使其接触轴端,沿轴向移动涡轮机轴,测量轴的轴向间隙不应大于 0.13mm,如图 16-4a)所示。将百分表从机油排出孔插过轴承隔圈的孔,使其接触涡轮机轴的中心,上下移动涡轮机轴,测量轴的径向间隙不应大于 0.18mm,如图 16-4b)所示。若轴向间隙或径向间隙不符合要求,则更换涡轮增压器。

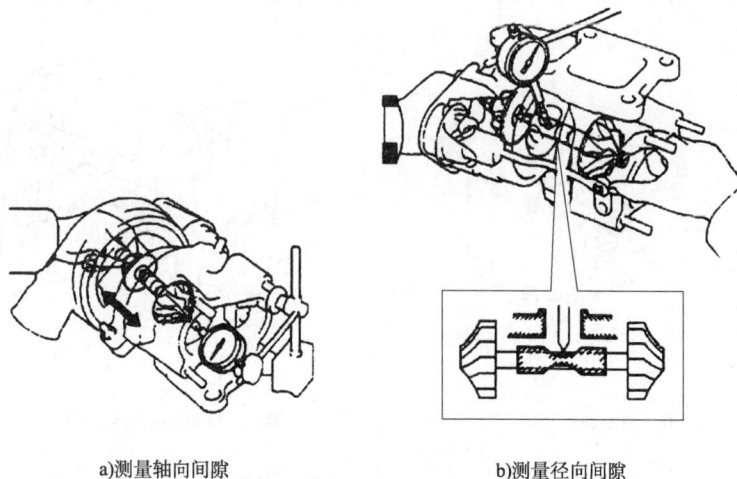

a)测量轴向间隙　　　　　　　　　b)测量径向间隙

图 16-4　涡轮增压器轴向和径向间隙的检查

2. 增压压力控制电磁阀和膜片式控制阀的测试

1)增压控制电磁阀的检测

下面以一汽大众奥迪 2001.8T 为例介绍增压控制电磁阀的检测。

(1)连接故障诊断仪 VAG1551,选择读取测量数据块(功能08)。

（2）从增压控制电磁阀（N75）上拆下软管。接上辅助软管。起动执行元件诊断,并触发增压控制电磁阀（N75）。

（3）显示屏显示如图16-5所示（图下部为翻译后的内容）。

Final control diagnosis	→
Booat pressure control solenoid valve-N75	
执行元件诊断	→
增压压力控制电磁阀-N75	

图16-5　检测增压控制电磁阀（N75）的显示内容

（4）电磁阀将发出"咔嚓"声响并打开和关闭（通过向辅助软管吹气来检查）。

（5）如果电磁阀无"咔嚓"声,对增压压力控制电磁阀进行电气检查,见"增压控制电磁阀（N75）的电气检测"。

（6）当没有电信号时,电磁阀常闭。

（7）如电磁阀有"咔嚓"声但不正常地打开和关闭,更换增压控制电磁阀（N75）。

2）增压控制电磁阀（N75）的电气检测

（1）拔下电磁阀的供电插头,如图16-6所示。用万用表测量其电阻值应该是 $25 \sim 35\Omega$。

（2）如果没有达到规定值,更换增压压力控制电磁阀（N75）。

（3）如果达到了规定值,检查增压压力控制电磁阀的供电,见下面所述"增压压力控制电磁阀（N75）的供电"。

3）增压压力控制电磁阀（N75）的供电检测

（1）使起动机短时工作（允许起动机短时起动）,用万用表（电压测量挡）测量端子1、2处的电压应该是蓄电池电压,如图16-7所示。

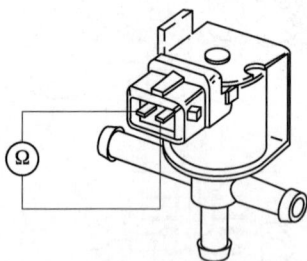

图16-6　测量触点间的电阻

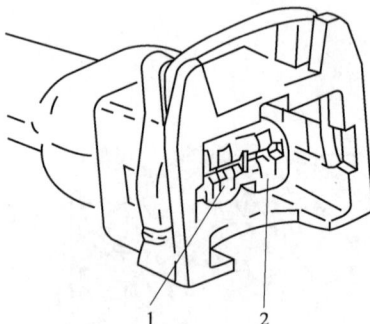

图16-7　电磁阀的供电插头
1、2-端子

（2）如果没有达到规定值,检测增压控制电磁阀的触发情况,见下面所述"检测增压控制电磁阀（N75）的触发情况"。

4）检查增压控制电磁阀（N75）的触发情况

（1）拔下电磁阀（N75）的供电插头并把二极管检测灯串接在线束侧端子1和2之间。

（2）起动执行元件诊断并触发增压控制电磁阀,二极管检测灯应闪亮。

（3）如果二极管检测灯不闪亮或常亮,检测线束的插接。

（4）把检测盒 VAG1598/22 接到发动机电控装置的线束上，检测端子 2 与检测盒 VAG1598/22 触点 64 间的导线是否断路或对正极、对负极短路。

3. 涡轮增压器性能下降的故障原因与排除方法

涡轮增压器性能的变化或发动机供油系统及配气系统的故障，会直接影响增压发动机的功率、油耗和排气温度等性能指标。

常见故障现象如下。

1）增压发动机功率下降

涡轮增压器本身及进气管路系统的故障会使增压压力降低，从而导致增压发动机功率下降。其故障原因及排除方法如下：

（1）旁通阀门关闭不严。一般是旁通阀处有积炭，过脏或增压压力控制电磁阀或膜片控制电磁阀损坏造成。

（2）空气进口阻力损失过大。应检查清洁空气滤清器及管道，减少阻力损失。

（3）增压器叶轮、壳体和流道脏污。应拆下增压器进行清洁。

（4）动力涡轮壳流道和叶轮上严重积炭。排除积炭的方法有：更换密封环、排除漏油故障；改变发动机的使用工况，如避免低负荷长时间运转、减少频繁的冷起动等；检查发动机供油系统和机油消耗情况，拆开涡轮增压器，清除动力涡轮端的积炭。

（5）增压涡轮出口管路漏气。产生这一故障的原因大多是软管接头松动脱开、管子焊接处损坏、锁紧机构松动失效等。根据需要采取相应的措施加以排除。

（6）发动机排气管连接处漏气。这种情况比较常见，主要是由于发动机的排气歧管、排气管垫片或排气管与涡轮壳之间连接不紧、螺栓松动或垫片损坏，还可能是涡轮壳产生了裂纹引起的漏气。一般要针对故障原因，采取相应措施。但如若涡轮壳产生裂纹引起漏气，必须更换新的涡轮壳。

2）增压发动机进气压力上升

通常是涡轮增压器及发动机供油系统、配气系统的故障，使增压发动机进气压力上升。但这种故障较前面所述的进气压力下降的故障要少得多。由涡轮增压器直接造成增压压力上升的原因一般是增压压力控制电磁阀或膜片控制电磁阀损坏，使旁通阀门不能适时打开。

4. 涡轮增压器机械故障原因与排除方法

涡轮增压器常见机械故障现象是异常振动和异常噪声。

1）涡轮增压器的异常振动

涡轮增压器异常振动大部分是由于转子部件不平衡所引起的。虽然转子部件经过严格检测盒精确平衡后才允许在涡轮增压器上使用，但在安装和使用中也有各种因素会破坏转子的平衡精度，从而引起增压器异常振动。比较常见的有：

（1）涡轮增压器转子部件不平衡引起的振动。转子部件上的各零件清洗不干净，或零件内孔与轴的配合不好，组装时产生的偏心等都会使转子轴弯曲，导致其平衡被破坏。因此，在转子部件组装前，必须认真地检查清洗转子部件上的所有零件。

（2）涡轮增压器工作时，异物进入涡轮的流道损坏了叶轮，使转子部件失去平衡。

在安装涡轮增压器工作时，必须先将涡轮增压器的各进出口用封口罩盖好，待管路调整对好后,再将封口罩取掉,然后,连接好各管路。

(3)增压器叶轮叶片的疲劳断裂。如果出现叶片断裂故障,一律更换新的涡轮增压器。

(4)增压器叶轮叶片被严重脏污后,转子部件的平衡被破坏而产生异常振动。如果发动机长时间使用低质燃油,因其燃烧后的产物中含有五氧化二钒和硫化钠等物质,在一定的温度下,这些物质会粘在涡轮叶片上,形成污垢。排除这种故障时,必须拆开涡轮增压器,取出涡轮叶轮,轻轻地除掉五氧化二钒,但要小心不能碰坏叶片,并用水清除硫化钠和其他污垢。

2)涡轮增压器的异常噪声

增压发动机正常工作时,具有一定的噪声级,有经验的驾驶人很容易就可分辨出来。如果噪声级发生变化或出现异常噪声,则说明有故障发生。

产生异常噪声的原因与排除的方法如下。

(1)涡轮增压器的动力涡轮或增压涡轮的叶片损坏,导致平衡破坏,引起噪声。其原因与排除方法如前所述。

(2)涡轮增压器转子部件和固定件能够碰撞产生噪声。主要原因是安装涡轮壳和压气机壳时,装配不正。可拆开增压器,检查内部是否有损伤、有脏污、转子转动是否平顺、转动时是否有响声等,确认有问题后进行适当的修复或更换。

5. 涡轮增压器漏油的原因及排除方法

涡轮增压器如有轻微的渗油,虽可继续工作但也应及时到维修站检查或维修,而严重的漏油必须立即加以排除。因为增压涡轮端严重漏油会使机油经增压涡轮进到进气管,最终进入发动机汽缸内,造成发动机性能恶化、机油消耗量增大,并使发动机活塞顶部、喷油器、活塞环等零件严重积炭、胶结。

1)涡轮增压器外部漏油

外部漏油大多是机油进油管和回油管连接不牢固造成的。检查漏油部位之前,先擦干净涡轮增压器外部的油泥,然后再重新起动发动机,认真观察漏油部位。经常出现漏油的原因有:进、回油管接头松动,油管接头外垫片损坏及油管接头出现裂纹或损坏等。

螺纹连接的锥形接头密封不好可修理接头或更换新的油管;如果垫片损坏,应更换新的垫片。

2)涡轮增压器内部漏油

涡轮增压器内部漏油是比较常见的故障,产生原因主要有以下几种。

(1)涡轮增压器密封装置(密封环)损坏引起漏油。

(2)发动机曲轴箱内的压力过高,使涡轮增压器回油不畅引起漏油。

(3)涡轮增压器回油管截面积小或过多的弯曲,使回油不畅引起漏油。

(4)发动机长时间空载运转,涡轮增压器容易漏油。

排除故障时,根据漏油部位,进行维修。

6. 注意事项

(1)在 EVAP 系统元件附近不要吸烟,也不要让其他火源接近。

(2)如果在汽车内或汽车附近有汽油味,应立即检查 EVAP 是否有漏油处。

(3)如果发动机已持续运转一段时间,EGR 会很热,在诊断或维修时要戴上防护手套。

（4）实验中,传感器要轻拿轻放,以免氧传感器掉到地上摔坏内部电路。

（5）在诊断 EGR 系统之前,发动机必须处于正常工作温度。

任务小结

（1）废气涡轮增压系统是根据发动机的负荷来控制排气的流动路线,并通过涡轮增压器提高进气压力,增加进气量,从而大大改善发动机的动力性。

（2）涡轮增压系统压力的控制多是采用旁通的方法,即调节进入动力涡轮室的废气量从而对增压压力进行控制。

（3）废气涡轮增压系统的主要部件有涡轮增压器、增压压力电磁阀、膜片式控制阀和冷却器。

（4）废气涡轮增压系统检查项目有:

①涡轮增压系统检查。检查发动机点火系统、燃油供给系统;目测软管、垫片和管道;检查进气负压或空气滤清器;检查涡轮增压器。

②增压压力控制电磁阀和膜片式控制阀的测试。控制电磁阀的检测;增压控制电磁阀（N75）的电气检测;增压压力控制电磁阀（N75）的供电检测;检查增压控制电磁阀（N75）的触发情况。

③涡轮增压器性能下降的故障原因与排除方法。涡轮增压器性能的变化或发动机供油系统及配气系统的故障,会直接影响增压发动机的功率、油耗和排气温度等性能指标。

④涡轮增压器机械故障原因与排除方法。涡轮增压器异常振动检查和异常噪声检查。

⑤涡轮增压器漏油的原因及排除方法。涡轮增压器外部漏油检查;涡轮增压器内部漏油检查。

学习任务十七 发动机综合故障诊断与修复

子任务1 发动机不能起动故障诊断与修复

📖 任务描述

车主韩先生反映他的高尔夫车无法起动,发生故障前汽车有动力不足的症状,车辆按时维护,无事故发生。

车辆无法起动涉及多方面的原因,比如起动系统、点火系统、燃油系统等,遇到此类故障应该了解故障发生的条件、车辆的使用与维护情况,然后借助检测和诊断工具进行故障排除。

🏆 学习目标

(1)了解发动机起动需要的基本条件;
(2)了解发动机不能起动的可能原因;
(3)能进行发动机各系统的故障检测与分析;
(4)能制定发动机无法起动的故障诊断流程;
(5)具备信息查询和手册使用的基本能力;
(6)能够按照企业5S要求和安全生产规范进行操作;
(7)能与同学密切合作,规范安全地完成学习活动;
(8)养成自主学习的习惯,培养规范操作的工作作风及环保意识。
建议学时:4学时。

📕 知识准备

1.燃油量不足

发动机燃油量不足,导致油路无法建立正常的油压。

2. 发动机起动系统故障

(1)蓄电池电量不足导致起动机运转无力。

(2)蓄电池接线柱接触不良、起动机接线柱接触不良或断路。

(3)起动继电器、起动熔断器、点火开关起动机故障,或者它们之间的线路断路或接触不良。

特别注意:如果是自动挡车辆出现起动时起动机不转动,需要查看变速杆是否在 P 位或者 N 位(可观察仪表台的挡位指示灯)。

3. 防盗系统故障

(1)点火钥匙失效。

(2)防盗电控单元或防盗模块故障。

(3)识读线圈故障(不同车名称可能不同)。

(4)防盗系统线路故障。

4. 点火系统故障

(1)火花塞故障,导致火花塞不能点火或火弱,使发动机混合气无法正常燃烧。

(2)高压线故障,导致火花塞跳火电压过低或无电压。

(3)点火线圈故障,导致不能产生高压电。

(4)分电器故障,导致高压电不能分配到各缸火花塞。

(5)电控单元或点火模块及其线路故障,导致点火系统不能工作。

5. 油路系统故障

(1)喷油器故障。喷油器堵塞、喷油器线路故障、喷油器损坏,导致喷油量过小或不能喷油。

(2)油泵故障。油泵工作不良或损坏、油泵线路故障,导致油路油压低或无油压。

(3)油路油压过低。油泵进油滤网堵塞、油泵工作不良、油泵线路接触不良、汽油滤清器堵塞,导致油路油压过低。

(4)油路油压过高。油压调节器故障,导致油压过高、混合气过浓,发动机无法正常燃烧。

6. 点火正时错误

由于正时皮带过松、正时标记未对正等导致发动机正时偏差过大。

7. 曲轴位置传感器故障

曲轴位置传感器故障、线路故障,信号齿损坏或信号齿与传感器的距离变大,导致信号过弱。

8. 怠速控制系统故障

怠速控制阀卡滞不能打开、节气门体处过脏,导致进气量严重不足。

9. 发动机机械系统故障

汽缸磨损过大、进排气门关闭不严,导致汽缸压力严重不足。

10. 电控单元或线路故障

电控单元内部故障、电控单元供电线路或搭铁线路存在故障。

11. 燃油品质变差

燃油品质变差导致发动机不能正常燃烧。

12. 传感器故障

发动机曲轴位置传感器故障,或出现其他多个传感器不能工作或工作不良,导致发动机无法正常工作。

操作指引

1. 组织方式

(1)场地设施:举升机一台,装有废气抽排系统和消防设施的场地。
(2)设备设施:整车。
(3)工量具:常用工具一套、车辆故障诊断仪、示波器、万用表等。
(4)耗材:熔断丝、线束等。

2. 操作要点

(1)穿戴干净整洁的工作服。
(2)遵守场地安全规定,注意用电安全。
(3)正确使用万用表、诊断仪等工量具。
(4)在检测电气与电子元件等线路时,严禁用力拉扯线束。

任务实施

1. 首先通过观察仪表排除相关故障

(1)若显示油量不足,则应先添加油量。
(2)若防盗报警灯几秒不熄灭,而是闪烁或常亮,则初步判断防盗系统可能存在故障。

特别提示:有些车型,如桑塔纳2000,在防盗系统发生故障时,发动机能正常起动,只是起动后几秒会自动熄火。

(3)若发动机故障报警灯几秒后不熄灭,而是常亮,说明发动机 ECU 中已存有故障信息。

(4)若发动机故障报警灯不亮,则很可能发动机电控单元的供电、搭铁线路存在故障,也有可能是电控单元故障。

2. 打起动机,观察起动机运转情况

(1)若起动机运转无力,则检测起动系统,蓄电池可能亏电、起动线路可能存在故障、起动机可能存在故障。
(2)若起动机运转正常,则进行下面的检测。

特别注意:在打起动机时,要注意观察发动机转速表是否摆动。若发动机转速表表针不动,则很可能是发动机转速传感器发生故障。遇此情况,应重点检测发动机转速传感器(曲轴位置传感器)。

3.利用故障诊断仪读取故障码,查看数据流

注意:若故障诊断仪无法与发动机电控单元进行通信,而能够进入其他电控系统,比如ABS、安全气囊系统,则应该检查发动机电控单元的供电线路和搭铁线路,这些地方很可能存在故障。

(1)若发动机电控单元中存在故障码,则应该对故障码进行分析,按照故障码进行故障查找。然后要看一下与起动有关的数据流,比如冷却液温度传感器、节气门位置传感器等的信息。

(2)若发动机电控单元中不存在故障码,则应进行下面的检测。

4.检测点火是否正常,喷油器是否正常工作,油泵是否工作

首先打起动机(有些车打开点火开关,油泵会工作几秒),查看油泵是否在工作。

(1)若发动机能点火、喷油器也工作,但油泵不工作,则应检查油泵及其相应的线路是否存在故障。

(2)若火弱,则应查找点火系统相关部件,如检查火花塞是否存在故障、高压线是否电阻过大等。

(3)若无火,喷油器工作,则应查找点火模块及线路。

(4)若无火,喷油器也不工作,则应查找曲轴位置传感器,必要时还要查看正时是否严重错误,电控单元及线路是否有故障。

(5)若火正常,喷油器不工作,则喷油器线路可能存在故障。

(6)若火正常,喷油器工作正常,则应检查油路油压是否存在异常。若油压正常,则应检查怠速控制阀是否存在故障,另外查看发动机正时是否存在问题,发动机汽缸压力是否存在不足。

特别提示:发动机无法起动时,别忘了检查是否存在燃油变质的问题。

任务小结

(1)能对发动机不能起动故障进行基本的分析。
(2)能对发动机不能起动故障制定基本的故障诊断流程。
(3)能对发动机不能起动故障进行检测与诊断。
(4)能对发动机不能起动故障提出合理的解决方案。

子任务2　发动机怠速不稳故障诊断与修复

任务描述

车主贾先生反映他的速腾车最近出现发动机起动后怠速不稳,发动机动力明显不足。

发动机怠速不稳涉及多方面的原因,比如点火系统、燃油系统、进气系统等,遇到此类故障应该了解故障发生的条件、车辆的使用与维护情况,然后借助检测和诊断工具进行故障排除。

学习目标

(1)了解发动机怠速不稳的可能原因;

(2)能进行发动机怠速不稳的故障检测与分析;

(3)能制定发动机怠速不稳的故障诊断流程;

(4)具备信息查询和手册使用的基本能力;

(5)能够按照企业5S要求和安全生产规范进行操作;

(6)能与同学密切合作,规范安全地完成学习活动;

(7)养成自主学习的习惯,培养规范操作的工作作风及环保意识。

建议学时:4学时。

知识准备

一、进气道或与其相连的气体管路及阀体泄漏

多余的空气进入进气道或进气歧管会使发动机混合气偏稀,导致发动机怠速不稳。同样,发动机怠速时,若废气再循环系统故障,使废气进入发动机,也会导致发动机怠速不稳。常见故障原因有:进气总管卡子松动或胶管破裂;进气歧管衬垫漏气;喷油器密封圈漏气;真空管插头脱落、破裂;曲轴箱强制通风(PCV)阀开度大;活性炭罐电磁阀关闭不严或者常开;废气再循环(EGR)阀关闭不严等。

二、节气门或进气道积垢过多

节气门或周围进气道的积炭、污垢过多,空气通道截面积发生变化,使得电控单元无法精确控制怠速进气量,造成怠速不稳。

三、怠速空气控制元件故障

怠速空气控制元件指的是控制发动机怠速的怠速电磁阀或怠速电动机。若这些怠速空气控制元件发生故障不工作、工作不良,或者阀体上有油污和积炭都会导致怠速空气控制不准确,使发动机怠速不稳。

四、进气量控制失准

若发动机冷却液温度传感器、进气压力传感器、空气流量计等传感器或其线路发生故障,电控单元就会接收到错误信号而进行错误的怠速控制,引起发动机怠速进气量控制失准。

五、燃油系统故障

1. 喷油器故障

发动机个别缸的喷油器不工作或工作不良,以及各缸的喷油器喷油量不均、雾化不好,

会使各缸发出的功率不一致从而导致发动机怠速不稳。

2. 燃油压力故障

油压过低会使喷油器喷出的燃油雾化不良,且使喷油量减少导致混合气过稀;油压过高,实际喷油量增加,使混合气过浓,这两种情况都能导致发动机怠速不稳。常见的燃油压力故障原因有:燃油滤清器堵塞、燃油泵滤网堵塞、燃油泵工作不良、油管变形、燃油压力调节器故障等。

3. 喷油量失准

若发动机冷却液温度传感器、进气压力传感器、空气流量计等传感器或其线路发生故障时,电控单元就会接收错误信号而进行错误的怠速控制,引起发动机怠速喷油量控制失准。

六、点火系统故障

1. 点火模块与点火线圈故障

独立点火的发动机,个别缸点火模块或点火线圈不工作或工作不良,导致个别缸不工作或工作不良,造成发动机怠速不稳。如点火模块损坏,点火模块的电源电路、信号电路故障;点火线圈损坏或工作不稳定等。

非独立点火的发动机,若点火模块或点火线圈工作性能不稳定同样会造成发动机怠速不稳。

近些年来,各车型多将点火模块与点火线圈制成一体,点火模块或点火线圈有故障主要表现为高压火花弱或火花塞不点火。常见原因有:点火触发信号缺失;点火模块有故障;点火模块供电或搭铁线的连接松动、接触不良;初级线圈或次级线圈有故障等。

2. 火花塞与高压线故障

火花塞、高压线故障导致火花能量下降或失火。常见原因有:火花塞间隙不正确;火花塞电极烧蚀或损坏;火花塞电极有积炭;火花塞磁绝缘体有裂纹;高压线电阻过大;高压线绝缘外皮或插头漏电;分火头电极烧蚀或绝缘不良。

3. 点火提前角失准

由于发动机曲轴位置传感器、凸轮轴位置传感器及其线路故障,导致电控单元收到错误信号使点火提前角不正确。

七、机械部分故障

1. 配气机构故障

配气机构故障导致个别汽缸的功率下降过多,从而使各汽缸功率不平衡。常见原因有:正时皮带安装位置错误,使各缸气门的开闭时间发生变化,导致配气相位失准,各汽缸燃烧不正常;气门工作面与气门座圈积炭过多,气门密封不严,使各汽缸压缩压力不一致;凸轮轴的凸轮磨损,各缸凸轮的磨损不一致导致各汽缸进入空气量不一致;气门相关件有故障,如气门推杆磨损或弯曲,摇臂磨损,气门卡住或漏气,气门弹簧折断等。

若进气门背部存在大量积炭,则冷起动后积炭会吸附刚喷入的燃油,使进入汽缸的燃油量减小、混合气过稀,从而导致冷车刚起动时怠速不稳。

此外,装有液压挺柱的发动机,在通往汽缸盖的机油道上安装有一个泄压阀。当压力高于 300kPa 时,该阀打开。如果该阀堵塞,会使机油压力过高从而使液压挺柱伸长过多,导致气门关闭不严。

2. 发动机体、活塞连杆机构故障

发动机体的常见故障有:汽缸衬垫烧蚀或损坏,造成单缸漏气或两缸之间漏气;活塞与汽缸磨损,汽缸圆度、圆柱度超差;汽缸进水后导致连杆弯曲,改变压缩比。

活塞连杆机构的常见故障有:活塞环端隙过大、对口或断裂,活塞环失去弹性;活塞环槽内积炭过多。

发动机体、活塞连杆机构的这些故障都会使个别汽缸功率下降过多,从而使各汽缸功率不平衡。

3. 其他原因

对于装备废气再循环系统的发动机,若 EGR 阀由于积炭等原因发生卡滞并在发动机怠速时开启,会使一部分废气进入燃烧室,导致发动机燃烧变得不稳定,从而怠速不稳。

发动机曲轴、飞轮等转动部件动平衡不合格,以及发动机支撑胶垫损坏、松动同样会引起发动机怠速不稳。

操作指引

1. 组织方式

(1)场地设施:举升机一台,装有废气抽排系统和消防设施的场地。

(2)设备设施:整车。

(3)工量具:常用工具一套、车辆故障诊断仪、示波器、万用表等。

(4)耗材:熔断丝、线束等。

2. 操作要点

(1)穿戴干净整洁的工作服。

(2)遵守场地安全规定,注意用电安全。

(3)正确使用万用表、诊断仪等工量具。

(4)在检测电气与电子元件等线路时,严禁用力拉扯线束。

任务实施

1. 利用故障诊断仪进行诊断

发动机电控单元都具有自诊断功能,因此应该先利用电控单元的自诊断功能,查看是否有故障信息记录,从而为维修人员提供诊断方向。

(1)读取故障码。查看是否存在永久性或偶发性故障码,如果有故障码,则应该分析哪些故障码与怠速不稳故障有关。若有多个故障码,则应该对故障码进行分析,分析各故障码

之间是否具有关联性,同时了解故障码发生的原因、影响因素。分析完成后,即可根据故障码进行下一步检修。若没有故障码,则应该按照常规诊断方法进行诊断,重点检查发生故障但电控单元不能进行监测和记录故障码的部件。

(2)查看分析数据流。数据流可以提供发动机运转中的实时数据。发生怠速不稳故障时要查看发动机转速、节气门开度、怠速空气流量学习值、怠速空气调节值、怠速学习值、怠速调节、吸入空气量、点火提前角、 传感器信号电压、冷却液温度等数据。数据实时值、学习值和调整值以实际值或百分率表示,工况以文字表示。如果发现哪项数据流的实际值超出规定范围,则应该分析引起数值偏差的原因,并对相应的部件及线路等进行检修。

(3)还可以利用故障诊断仪的主动测试功能对可能有故障的部件进行动态测试,比如对喷油器、燃油泵等进行主动测试,即可观察它们是否能工作,以此来判断其自身及其线路是否有故障。

2.其他检测与诊断

根据故障现象、故障码内容、数据流数值确定检测内容。根据检测项目选择万用表、尾气检测仪、燃油压力表、真空表、汽缸压力表、示波器等检测设备。尾气检测和波形分析很重要,非独立点火的发动机也可以用断缸法迅速找到输出功率小的汽缸,使用真空表可以分析影响真空度的具体原因。检测的原则通常是从电到机、从简到繁,尽量在不拆卸或少拆卸的情况下确定故障部位。

诊断提示:在进行发动机怠速不稳的故障诊断时,要注意检查发动机在其他工况是否还存在工作异常情况,如发动机是否有起动不良、加速不良、动力不足、减速熄火等故障。若发动机只是怠速不稳,则在诊断时应该重点考虑影响发动机怠速不稳的故障原因;若还有其他症状,则在诊断时要综合考虑会同时引起多个工况工作异常的故障部位。

任务小结

(1)能对发动机怠速不稳故障进行基本的分析。
(2)能对发动机怠速不稳故障制定基本的故障诊断流程。
(3)能对发动机怠速不稳故障进行检测与诊断。
(4)能对发动机怠速不稳故障提出合理的解决方案。

子任务3　发动机动力不足故障诊断与修复

任务描述

车主刘先生反映他的捷达车最近出现发动机动力明显不足,而且油耗增大。

发动机动力不足涉及多方面的原因,比如点火系统、燃油系统、进排气系统等,遇到此类故障应该了解故障发生的条件、车辆的使用与维护情况,然后借助检测和诊断工具进行故障排除。

学习目标

(1)了解发动机动力不足的可能原因;

(2)能进行发动机动力不足的故障检测与分析;

(3)能制定发动机动力不足的故障诊断流程;

(4)具备信息查询和手册使用的基本能力;

(5)能够按照企业5S要求和安全生产规范进行操作;

(6)能与同学密切合作,规范安全地完成学习活动;

(7)养成自主学习的习惯,培养规范操作的工作作风及环保意识。

建议学时:4学时。

知识准备

发动机动力不足是指发动机无负荷运转时基本正常,但带负荷运转时加速缓慢,上坡无力,加速踏板踩到底时仍感到动力不足,车速提升很慢,达不到最高车速。

发动机动力不足的常见故障原因主要包括以下几种。

(1)发动机进、排气系统堵塞导致进排气不顺畅。

(2)节气门调整不当,不能全开,导致发动机进气不足。

(3)燃油压力过低导致喷油量不足,混合气变稀。

(4)喷油器堵塞或雾化不良,导致空燃比变大。

(5)冷却液温度传感器故障,导致空燃比失调。

(6)空气流量计故障导致空燃比失调。

(7)点火正时不当或高压火太弱,导致发动机燃烧不好。

(8)发动机汽缸压缩压力不足,导致发动机燃烧不好。

(9)废气涡轮增压器不工作或工作不良,导致发动机无增压效果。

(10)可变进气系统不工作或工作不良,导致发动机进气不足、排气不畅。

操作指引

1. 组织方式

(1)场地设施:举升机一台,装有废气抽排系统和消防设施的场地。

(2)设备设施:整车。

(3)工量具:常用工具一套、车辆故障诊断仪、示波器、万用表等。

(4)耗材:熔断丝、线束等。

2. 操作要点

(1)穿戴干净整洁的工作服。

(2)遵守场地安全规定,注意用电安全。

(3)正确使用万用表、诊断仪等工量具。

（4）在检测电气与电子元件等线路时，严禁用力拉扯线束。

任务实施

（1）将加速踏板踩到底，同时读取加速踏板位置传感器和节气门位置传感器的数据流，检查节气门是否存在卡滞、能否全开。

（2）检查空气滤清器有无堵塞：如有堵塞应更换。

（3）进行故障自诊断，检查有无故障码出现：影响发动机动力性的传感器和执行器有冷却液温度传感器、空气流量计或进气歧管绝对压力传感器、点火器、喷油器等。按所显示的故障码查找故障原因。

（4）检查节气门位置传感器的怠速开关和全负荷开关是否调整正确：如不正确，应按标准重新调整。

（5）检查点火正时：当发动机温度正常后，怠速时点火提前角及加速时的点火提前角都应符合规定。如点火提前角不正确，应对点火系统或相关部件进行检查。

（6）检查冷却液温度传感器：在不同温度下，冷却液温度传感器的电阻应能按规定标准值变化。如不符合标准值，应更换冷却液温度传感器。

（7）检查空气流量计或进气歧管压力传感器：如有异常应更换。

（8）检查各缸火花塞、高压线、点火线圈、点火器等：如有异常应更换。

（9）检查燃油压力：如压力过低，应进一步检查电动燃油泵、油压调节器、燃油滤清器等。

（10）拆卸喷油器，检查喷油量是否正常：如喷油量不正常或喷油雾化不良，应清洗或更换喷油器。

（11）测量汽缸压缩压力：如压力过低，应拆检发动机。

任务小结

（1）能对发动机动力不足故障进行基本的分析。

（2）能对发动机动力不足故障制定基本的故障诊断流程。

（3）能对发动机动力不足故障进行检测与诊断。

（4）能对发动机动力不足故障提出合理的解决方案。

参 考 文 献

［1］张凤山,张春华.速腾/迈腾轿车快修精修手册［M］.北京:机械工业出版社,2011.

［2］张西振,韩梅.汽车发动机构造与维修［M］.北京:机械工业出版社,2005.

［3］顾瑄.汽车发动机机械系统检修［M］.北京:人民邮电出版社,2013.

［4］黄俊平.汽车发动机维修实训［M］.北京:机械工业出版社,2009.

［5］曹向红.汽车发动机电控系统故障诊断与修复［M］.北京:人民邮电出版社,2013.

［6］舒华,姚国平.汽车电控系统结构与维修［M］.北京:北京理工大学出版社,2009.

［7］吴宗保.汽车发动机电控系统维修实训［M］.北京:机械工业出版社,2009.

［8］全国汽车维修专项技能认证技术支持中心编写组［M］.北京:教育科学出版社,2003.

［9］丁新隆,吴天林,赵金国.汽车发动机电控系统结构检修［M］.长春:吉林大学出版社,2015.

［10］邢忠义.汽车新结构与新技术［M］.北京:机械工业出版社,2008.